언어 의미학 개설

언어 의미학 개설

인쇄 | 2010년 4월 10일
발행 | 2010년 4월 20일

저 자 | 패트릭 그리피스
역 자 | 박 철 우
발행인 | 김 진 수
편 집 | 문 소 진
발행처 | **한국문화사**
주소 | 133-110 서울특별시 성동구 구의로 3 두앤캔 502호
전화 | (02)464-7708 / 3409-4488
팩시밀리 | (02)499-0846
등록번호 | 제2-1276호
등록일 | 1991년 11월 9일
홈페이지 | www.hankookmunhwasa.co.kr
이메일 | hkm77@korea.com
가격 | 18,000원

ISBN 978-89-5726-764-6 93740

이 도서의 국립중앙도서관 출판시도서목록(CIP)은 e-CIP 홈페이지 (http://www.nl.go.kr/cip.php)에서 이용하실 수 있습니다.
(CIP제어번호: CIP2010001284)

언어 의미학 개설

An Introduction to English Semantics and Pragmatics

패트릭 그리피스 저 | **박철우** 역

한국문화사

An Introduction to English Semantics and Pragmatics

Patrick Griffiths

머리말

필자가 에든버러 대학교에서 대학원 공부를 하기로 결심하게 된 것은 존 라이언즈의 저서 가운데 하나를 읽고 그에게서 의미론을 배우고 싶었기 때문이었다. 필자가 대학원 과정에서 교과목을 수강하던 해에는 그가 의미론을 가르치고 있지 않았지만 결국에는 필자가 참여할 수 있는 그의 의미론 세미나 과목이 여럿 개설되었고, 그래서 그의 저작들을 더 많이 읽을 수 있었다. 독자 여러분은 본서에서 그가 필자에게 미친 영향들을 되짚어 볼 수 있을 것이다.

의미 연구가 어떻게 의미론과 화용론으로 분리될 수 있는지에 대해 처음으로 필자에게 설명해 준 사람은 에든버러 대학교 언어학과 프로젝트의 객원 연구조교였던 마틴 앳킨슨이었다. 의미론은 언어에 의해 제공되는 자원(어휘와 구 · 절 · 문장 의미의 산출을 위한 체계)에 관한 것이며, 화용론은 이 자원들이 의사소통 속에서 사용되는 방식에 관한 것이다.

필자는 요크 대학교(영국)에서 처음 의미론과 화용론 가르치는 일을 시작했고, 나중에 사우스 퍼시픽 대학교, 요크 세인트 존 대학교, 벳푸 대학교(일본)에서 가르쳤는데, 그러면서 필자의 이해는 더욱 확고해졌다. 핵심을 전달해 주면서도 학생들에게 쉽게 잊히지 않고 오해의 여지가 없을 예들을 발견해 내는 일, 특히 이론적 개념들과 관련하여 좋은 예가 되기 위해 필요한 것을 생각해 내려고 노력할 때, 그것은 참으로 값진 수양이 아닐 수 없다.

이 시리즈의 편집장인 하인츠 기거리히에게 감사한다. 그는 필자에게 타당을 인정받고 있는 이론에 무리 없이 근거를 두고 있는, 영어에 대해 간결하고 요령 있는 기술을 제공하는 개설서 성격의 교과서들을 출판할 것을 제안했었다. 그것은 필자가 가르치고 배우는 방식과 성미가 잘 맞는 접근 방식이다. 필자가 이 시리즈에 기여할 몫이 가진 목표는, 독자들에게 영어 의미 체계의 주요 특질들과 또 그 체계를 사용하는 것인 화용론과의 적당한 정도로 상세한 첫 대면을 제공하는 것이다.

필자에게 책을 쓰도록 격려해 준 앤서니 워너에게 감사의 빚을 졌다. 요크 대학교에서 그와 함께 가지곤 했던 점심시간 대화에서 그는 의미에 관한, 뒤죽박죽된 필자의 생각들을 수차례 명쾌하게 정리해 주었다. 벳푸 대학교는 필자에게 저술에 도움이 되는 환경을 제공해 주었다. 영어영문학과 학과장 켄지 우에다 교수는 필자를 격려해 주었을 뿐 아니라 친절하게도 필자가 참고할 필요가 있었던 서적들의 구입을 승인해 주었다.

화용론은 청자들과 독자들이 만드는 추론, 또는 말을 하거나 글을 쓸 때 그들이 서로에게 만들도록 초청하는 추론을 다룬다. 이런 추론들은 대개 의식적인 것이고, 그래서 화용론은 의미론보다 이해하기 쉬운 경향이 있다. 왜냐하면 의미론은 종종 논리학이나 집합론에서 가져온 표기법에 의해 가장 잘 기술되는 추상적 잠재 의미에 관한 것이기 때문이다. 그러나 언어 의미는 화용론만 아는 사람에 의해서는 유용하게 연구될 수가 없다. 의미론과 화용론이 모두 의미의 완전한 기술에서 함께 작용하는 필수 부문이라는 것이 언어학자들 사이에 널리 공유되는 견해다.

본서에서 필자는 의미론을 화용론과 통합하려는 시도를 한다. 그러나 필자는 화용론에 대한 상세한 설명을 거의 끝부분(8장)까지 자제했고 상세한 예증도 마지막 장(9장)에서야 제시했다. 그러나 1장에 화용론에 대해 간략히 소개가 있고 그것이 모든 장에서 언급된다. 때로는 언급 이상의 것이 있기도 하다. 예컨대, 5장에서는 전제를 도입하고서 곧바로 그 개념을 적용한다. 화용론은 그라이스(Grice)의 것인데 거기에 오스틴(Austin)-설(Searle)의 화행이 보충되었다. 그리고 연관성 이론(Relevance Theory)에서 제안된 생각들을 두어 군데에서 사용하였다.

앞부분에서 의미론에 집중하는 취지는 독자들이 화용론을 가능한 "손쉬운 대안(soft option)"으로 간주해 버리기 전에 의미론을 붙들고 씨름해 보는 쪽을 권장하려는 것이다. 1장은 의미론의 토대로서의 함의를 합성성, 작용역과 함께 소개한다. 후자에 대해서는 2장과 7장에서 실전 경험을 얻을 것이다. 2장과 3장에서는 어휘 의미관계가 함의에 기초를 두고 있는 방식을 제시할 것이다. 처음부터 끝까지 그런 방식을 취하지만 특히 4장(동사와 상황유형에 관한 장)에서는 본문에서 의미의 분석만을 다루지 않고 그것들을 유발하는 증거와 추리를 제시한다. 각 장 끝에 있는 연습문제는 본문 내용에 대한 강화와 더 깊은 탐구의 독려를 위해 의도된 것으로, 책의 맨 뒷부분에서 권장 해법이 실려 있다. 5장은 의미의 비유적 정교화에 대한 짤막한 설명으로, 주로 조지프 스턴(Josef Stern)의 은유 이론을 전문적이지 않게 고쳐 쓰는 방식으로 제시된다. 6장은 영어의 시제와 상에 대한 기초를 다룬다. 7장은 양태, 작용역, 양화라는 상호 관련된 주제에 관한 것으로, 본서의 의미론적 정점이라 할 수 있다. 여기서는 일반 양화사 이론(Generalized Quantifier Theory)에 대한 짧은 소개도 포함하고 있다.

이론적인 개념들과 전문적인 용어들이 영어 의미 기술에서 핵심적인 사항들을 설명하는 데 필요한 범위 내에서 소개되었다. 본서가 영어 의미론과 화용론에 대한 자립적인 개설서이기는 하지만, 필자는 독자들이 좀 더 배우고 싶은 생각이 들 만큼 충분히 흥미를 느낄 수 있는 것이 되기를 바란다. 추가적인 독서를 할 기회를 가질 사람들을 위해 덧붙이자면, 여기에서 소개된 용어들 정도면 의미론과 화용론에 관한 중급 수준의 서적들의 범위까지 읽기 시작하기에 충분할 것이다. 각 장의 끝에 심화 독서를 위한 추천 자료를 첨부하였다. 찾아보기에 있는 굵은 글씨로 된 항목들은 전문용어가 설명되는 본문에서의 위치를 가리켜 준다. 맨 처음 출현했을 때뿐만 아니라 후속적으로 더 상세히 설명한 곳까지 그렇게 표시했다.

에든버러 대학 출판부의 위임 편집자 사라 에드워즈는 명확한 지침을 제공해 주었고 여러 가지 고충에 대해 효율적으로 응답해 주었다. 그녀는 필자가 각 장을 제 시간에 넘겨주는 데 번번이 실패하는데도 불구하고 인내해 줌으로써 필자에게 훨씬 더 감사한 마음이 들게 만들었다. 노먼 매클라우드는 편집 위원회의 일원으로써 모든 장의 초고를 세심하게 살펴 주었으며 전체 책의 개정본도 읽어 주었다. 노먼은 개선을 위한 매우 간명한 제안들을 제시했고 영어의 의미와 용법 가운데 수많은 미묘한 차이들을 환기시켜 주었다. 개를 반대로 돌려놓으면 꼬리가 따라오는 것이 아니라는 것(2장)을 일깨워 준 것도 그녀였다. 하인츠 기거리히는 친절하게도 본서의 최종에 가까운 수정본을 읽어 주었다. 본문의 품질 관리를 담당해 준 책임 데스크 편집자인 제임스 데일과 카피 편집자 사라 버넷에게 감사한다. 거의 마지막 작업을 할 때쯤에는 앤드루 메리슨이 동료 언어학자에 대한 순순한 호의로 원고를 읽고 불일치, 오타, 의심스러운 구두점 등의 목록을 건네주었다. 그것들 가운데 많은 것이 지금은 바로잡혔다. 그러나 출판된 표현과 내용에 대한 책임은 오로지 필자 자신에게 있을 뿐이다.

기르고 준비하고 맛을 내는 데 아낌없이 시간이 쏟아 부어진 "슬로푸드"가 더 맛이 있다. 이 책을 쓰는 데 필자에게는 긴 시간이 소요되었다. 불행히도, 그 모든 부분이 미리 재단되고 내성적인 방식으로 지어지지는 못했는데, 그것은 다른 일과 프로젝트가 필자의 주의를 끌어가는 바람에 급하게 마무리되기도 했기 때문이다. 필자는 그런 부분에도 흥미로운 독서를 만들어 줄 만한 충분히 고려된 것이 조금이라도 들어있기를, 그리고 "패스트푸드"의 침입이 지나치게 불쾌하게 만드는 것만은 아니기를 바라 마지않는다.

아내 재닛 그리피스는 시종 필자를 후원해 주었고, 의미에 관한 필자의 직관에 대한 검증(또는 머리 가로젓기)이 필요할 때 가장 손쉽게 이용할 수 있는 사람이었다. 그녀는 여러 장들의 초고를 점검해 주었고 꽤 여러 곳의 혼동되는 표현을 진단해 주었다. 필자는 그녀에게 온 마음을 다해 감사한다. 재닛 그리피스는 필자가 5장의 두 번째 수정본을 끝마쳤을 때 필자를 방문했었다. 그녀는 그것을 읽고 고마운 논평들을 제공해 주었다. 재닛, 고맙소.

역자 서문

한 대형서점 외서부에서 아무런 사전 정보 없이 이 책을 접하게 되었다. 저자의 이름이 눈에 익지도 않고 제목이 *An Introduction to English Semantics and Pragmatics*였기 때문에 큰 기대 없이 펼쳐보았는데, 살펴보는 중에 한번 교재로 사용해 보면 좋겠다는 판단을 하기에 이르렀다.

역자가 이 책의 장점으로 여기는 것 가운데 가장 중요한 것은, 의미론을 이해하는 데 도움이 될 전체적인 밑그림이 적절하다는 것이다. 이 책은 참-조건에 기반을 두고 합성성의 원리를 분석의 기준으로 삼는 형식의미론의 전통적인 틀을 근간으로 삼고 있으면서도, 언어기호와 세계 속에 실제로 존재하는 것들 사이의 만남과 관련된 문제를 소홀히 여기지 않고 있다. 뿐만 아니라, 주로 화용론이라는 이름으로 묶일 수 있는 여러 주제들, 열거하자면, 의사소통 과정에서 언어기호의 다의성·중의성을 해소하고 의미를 해석하고 추론하는 문제, 언어기호의 문자적 의미와 비유적 의미의 구별과 관련된 문제, 송신자가 수신자에게 언어로서 수행하는 행위의 문제, 수신자에게 이미 주어져 있는 지식을 전제한 송신자의 정보 전달 책략과 관련된 문제 등을 고르게 다루고 있다.

이 책은 또한, 기본적인 용어들과 의미에 대한 다양한 접근 방법을 가급적 쉬운 예시를 통해 설명하려는 노력이 돋보인다. 용어로 제시된 것을 제외하면, 설명 과정에서는 거의 일상적인 언어만을 사용하고 있다.

이 책의 저자 패트릭 그리피스는 의미론 분야의 전문서적을 통해서 흔히 접할 수 있는 인물이 아니다. 1942년생으로 에든버러 대학교에서 언어학과 심리학을 전공하고 같은 대학에서 박사학위를 받았는데, 학위논문은 제2언어 학습자들이 은연중에 가지게 된 영어 문법 지식을 이해의 성공과 실패 사례를 통해 살펴본 것이라고 한다. 이러한 배경을 바탕으로 아동 언어 프로젝트에 참여하기도 하였지만 주로 다양한 대학에서 의미론, 심리언어학, 아동 언어, 영문법, 응용언어학, 외국인을 위한 영어교육 등의 교과목을 지도하면서 강의와 교재 개발에 주력해 왔다(www.routledge.com/textbooks/languageinuse 참조). 그의 경력으로 보면 그는 정통 의미론 이론가 내지는 연구자라기보다는 의미론을 활용하는 입장에 서 있었던 사람임을 알 수 있다. 그런 그가 에든버러 대학교 출판부에서 입문서를 출판할 수 있었던 것은 아마도 그의 교육자적 자질을 인정받았기 때문일 것이다.

역자가 이 책을 번역하기로 결정한 것은 물론 의미론 강의를 위해서인데, 특별히 국어국문학과 학부생을 대상으로 한 강의를 위해서다. 번역을 했다고 해도 그 내용이 여전히 영어를 대상언어로 한 논의로 이루어져 있어서 실제 국어의미론 분야의 교재로 온전히 사용하기에는 충분치 않다고 여긴다. 하지만 개별언어의 의미론을 떠나서 의미론 자체를 이해하는 데 도움이 될 수 있다고 판단했다. 그래서 한국어판의 제목으로는 「언어 의미학 개설」이라는 언어 중립적인 이름을 붙여 보았다.

외국 책을 우리말로 번역하는 목적으로는 두 가지를 생각할 수 있을 것이다. 하나는 독자들로 하여금 언어적 제약이나 부담이 없이 다른 언어로 쓰인 저작의 내용을 접할 수 있게 하자는 것이고, 다른 하나는 그 저작의 내용을 우리말로 학문하는 세계 속에 편입시킴으로써 우리말 학문의 세계를 넓히자는 것이다. 역자로서는, 이 책을 주로 전자의 목적을 위해 번역했다. 본래 이 책은 교육용이다. 따라서 학문적 고전을 번역할 때 고민해야 할 만큼 번역어 하나하나에 고심을 했다고 자부하기는 어렵지만 그래도 오역을 막기 위해 초고를 두세 차례 활용해 보면서 검증을 거쳤다. 여전히 어딘가에 도사리고 있을 잘못과 읽기에 매끄럽지 않은 부분은 역자의 비재에 기인한 것일 터이므로 독자의 양해를 구한다. 지금은 그저 이 책이 우리말로 하는 의미론적 사유를 조금 더 자유롭게 해 줄 수 있었으면 좋겠다는 마음만 남아 있다.

예로 제시된 영어 단어나 문장이 그 언어 체계 내에서 유용한 것일 때에는 그대로 두었는데, 그런 경우에도 도움이 될 수 있다고 여겨지면 한국어 번역을 덧붙였다. 굳이 영어로 제시될 필요가 없는 경우에는 한국어로만 제시하기도 했다. 사람 이름의 경우, 본문에 언급된 경우에는 외래어표기법에 따라 한글 표기를 시도했지만 참고문헌이 로마자 표기로 되어 있으므로 본래 표기대로 그대로 두기도 했다. 참고 논저에서는 한글 표기와 로마자 표기를 함께 제시했다.

이 책의 번역 출간을 위한 모든 실무 절차를 진행해 준 한국문화사 왕근호 과장님과 편집을 담당해 준 문소진 선생, 그리고 영리와 무관한 책의 출판을 허락해 준 김진수 사장님께 깊이 감사드린다.

차례

제 1 장

의미 연구하기

Studying meaning

개관

이 책은 영어라는 언어가 어떻게 그것을 아는 사람들로 하여금 의미를 전달할 수 있게 해 주는가에 관해 다루고 있다. 의미에 대한 언어학적 연구의 두 주요 갈래는 의미론과 화용론이다. 그 두 분야는 이 책의 제목(원제)에도 함께 사용되고 있으며, 지금부터 본서에서 소개될 것들이다. **의미론**(意味論; semantics)은 의미를 만들어 내기 위한 "도구 모음(toolkit)", 즉 그 언어의 어휘 속에 부호화되어 있는 지식과, 문장 의미의 층위에 다다르기까지 더욱 정교한 의미를 구축하기 위한 어휘 배열방식 속에 부호화되어 있는 지식에 대한 연구다. **화용론**(話用論; pragmatics)은 의미 있는 의사소통에서 이 도구들을 사용하는 것과 관련된다. 화용론은, 사용의 맥락을 고려하는, 의미론적 지식의 세상에 관한 우리의 지식과의 상호작용에 관한 것이다.

예 (1.1)은 의미론과 화용론 사이의 차이에 대한 최초의 예시를 위해서, 그리고 의미를 기술하고 논의하는 데 필요한 더 많은 용어들을 도입하기 위해서 사용될 것이다.

(1.1) Hold out your arm. That's it. (네 팔을 벌려라. 그게 (바로) 그거다.)

언어는 언어 바깥에 있는 세상에 대해 소통하기 위한 것이다. *arm*(팔), *your arm*(네 팔), *hold out*(벌리다)는 사물(thing), 행위(activity) 등에 연결되어 있다. 이 책에서 자주 나올 다목적 전문용어로는 '**표의**(表意; denote)한다'고 하는 것이다. 그것은 의미 있는 언어항목들과, 언어 사용자들이 말하거나 글로 쓰는 세상 — 실제이든 가상의 것이든 — 의 모습들 사이의 연결을 일컫는 말이다. *Hold out your arm*(네 팔을 벌려라)은 화자가 원하는 상황을 표의한다. *hold out*(벌리다)는 행동을 표의하고; *arm*(팔)은 사람 신체의 부분을 표의하고, *your arm*(네 팔)은 '말하여지고 있는 사람의 팔'을 표의하는 등과 같은 방식이다. **표현**(表現; expression)이란 의미 있는 언어단위 혹은 문장 이하의 의미 있는 단위 즉, 절, 구, 단어, 단어의 의미 있는 일부 등의 연쇄다. 예컨대, *hopefully*라는 단어를 만들기 위한 일부분들로서 *hope*, *-ful*, *-ly* 같은 것들이다. 그러나 *holy*의 뒤쪽에 있는 *ly*의 경우는 그 단어에서 별도로 의미 있는 단위가 되지 못하니까 표현이 되지 못한다.

(1.1)의 *That's it*(그것이 (바로) 그것이다)는 '옳다, 맞다(OK; that is correct)'나 '더 말할 것이 없다, 이게 전부다(There is no more to say)'를 의미할 수 있는 표현이지만, 여기서는 잠시 *that*과 *it*을 분리해서 논의해 보자. 그것들은 무엇을 표의하고 있는가? *that*는 말이 건네지고 있는 사람(수신자)에게 명백한 어떤 것 — 아마도 팔을 펴는 것과 같은 행동 — 을 표의한다. 그렇다, 그런 행동(act)이나 사건(event)은 마치 그것들이 "사물(thing)"인 것처럼, 그것들에 대해 말하여질 수 있다. *that*이 표의할 수 있었을 다른 가능한 후보로는 '팔' 자체 또는 주변에 보이거나 들리는 다른 사

물이 있다. *it*는 대개 최근에 말하여진 어떤 것을 표의한다. (1.1)에서는 팔이나 그것을 펴는 행동이 두 가지 가능한 후보들이 될 것이다. 그것의 의미는 (1.1)이 발생한 맥락을 알지 않고서는 이 이상으로 더 확실하게 설명될 수가 없다.

실제로는, (1.1)은 조앤 롤링의 「해리 포터」 시리즈 중 첫 번째 책('마법사의 돌')에서 발췌한 것이다.[1] 그것은, 고급 마법봉 공급자인 올리반더 씨가 해리에게 말한 것이다. 올리반더 씨는 줄자를 꺼내 들고서 해리에게, '너의 마법봉 팔(wand arm)은 어느 쪽이지?'라고 물었다. 이런 맥락 정보는 *your arm*(네 팔)이 '해리의 마법봉 팔(해리는 자신이 오른손잡이이기 때문에, 자신의 오른팔일 것이라고 짐작한다)'을 표의한다는 것을 매우 확실하게 만들어 준다. 올리반더 씨는 (1.1)을 말한 직후, 마법봉을 맞춰 주기 위해 해리의 몸을 재기 시작한다. 이것은 그 이야기를 읽을 때, 해리가 그의 팔을 벌리라는 요구에 순순히 응했다는 것과 "That's it"이라는 말이, 올리반더 씨가 원했던 것을 해리가 완수했다는 것을 인정하기 위해 사용되었다는 것을 이해하기 쉽게 해 준다. 이 인정에 대해서는 다음과 같이 풀어서 말할 수 있다. *that*는 그 요구에 대한 반응으로 행해진 해리의 행동 — 올리반더 씨로 하여금 해리의 팔에 줄자를 사용할 수 있게 해 주는, 명백하고 가시적인 그의 팔의 움직임 — 을 표의한다. 또 *it*는 바로 그 전에 해리가 하도록 요구받은 구체적 내용, 즉 그의 팔을 벌리는 행동을 표의한다. 그리고 *'s*(*is*의 한 형태)는 부합을 가리킨다. 그러니까 그가 방금 행한 것이 그가 하도록 요구받았던 것이었다는 뜻이다. 표 1.1은 이상을 요약하면서, 화용론이 의미론적으로 가능한 것들 가운데서 선택된 것들과 어떻게 연관되는지를 보여준다. 그리고 언어 사용자들이 맥락을 고려하고 또 자신들의 일

1) 롤링(J. K. Rowling, 1997), 해리 포터와 철학자의 돌, 런던: 블룸즈버리, p. 94.

반적 지식을 사용하여, 어떻게 의미론에 토대를 둔 해석을 구성해 내는지를 보여준다.

표 1.1 예 (1.1)의 해석에 나타난 의미론적 정보와 화용론적 고려

의미론	화용론
arm – '상체에 속한 사지(四肢)' 또는 '의자의 몇 유형에서 나타나는 수평으로 된 측면 막대'	올리반더 씨의 앞선 질문은 마법봉 휘두르기에 관한 것이었다. 그러므로 *arm*은 '상체에 속한 사지'일 가능성이 크다.
your arm – '상체에 속한 왼편의 사지'나 '상체에 속한 오른편의 사지' *hold out* – '쭉 뻗다' 또는 '항복하기를 거부하다'	선호되는 손은 아마도 마법봉을 위한 것이고 해리는 오른손잡이다. 올리반더 씨는 줄자를 가지고 있고 해리의 팔을 재는 것은 그의 팔에 접근하는 것을 필요로 한다. 따라서 올리반더 씨는 그가 그의 상체에 속한 오른쪽 사지를 쭉 뻗기를 원하는 것이다.
*that*는 그 상황 속에서 명백한 어떤 것을 표의한다.	만일 해리가 방금 순순히 응하고서 그의 팔을 바깥쪽으로 움직였다면, 그것은 눈에 띄는 사건이었을 것이다. 그러므로 그 단어는 그 행위 자체를 표의할 개연성이 크다.
is - '~와 같다' ('is'에는 다른 의미들도 있지만 그것들은 여기에서 적합하지 않다.) *it*는 대개 이전에 언급된 어떤 것을 표의한다.	올리반더 씨가 이제, 오른팔과 관련된 해리의 행동이 그가 원했던 것이라는 것을 의미하려고 한다면 그것은 맥락에 맞을 것이다. 그러므로 단어 *it*는 이전에 있었던 구체적 요구 내용을 상기시킬 개연성이 크다; 그리고 올리반더 씨는 해리가 그의 말에 잘 따랐음을 인정하고 있다.

표 1.1의 오른쪽 줄에 주어진 추리는 철학자 그라이스(H. P. Grice; 1989

및 그 이전의 저작들)에 의해 도입된 의사소통에 관한 사유 방식에 부합하는데, 그것은 오늘날 화용론 연구에서 널리 수용되는 것이다. 이 관점에 따르면, 언어를 통한 인간의 의사소통은 리모컨의 버튼을 눌러 텔레비전의 회로에 영향을 주는 것과 비슷한 방식의 것이 아니다. 대신 그것은 그 메시지가 보내지는 사람, 즉 **수신자**(조앤 롤링의 책에 맥락을 둔 (1.1)의 독자나, 올리반더 씨가 (1.1)에서 말한 것을 듣고 있는 해리 포터 같은 청자) 편에서의 능동적인 협력을 필요로 한다. 수신자는 **발신자**(저자나 화자)가 전달하려고 하는 것을 추측하는 작업을 하고, 발신자의 의도가 인식되는 순간, 그것이 (바로) 그것이다(that's it!). 즉 그 메시지는 소통된 것이다. 발신자의 과업은, 수신자로 하여금 발신자가 소통하기 원하는 것을 인식하도록 하기 위해서 글로 쓰거나 말하여질 필요가 있는 것을 판단하는 일이다.

이상으로부터 따라오는 귀결을 아래와 같이 세 가지로 정리할 수 있다.

- 같은 메시지를 소통하는 다른 방식들이 있다. (그리고 같은 단어 연쇄가 다른 메시지를 전달할 수 있다.) 왜냐하면 그것은, 그 시간에 그 맥락에서, 수신자로 하여금 발신자의 의도를 인식하게 해 줄 것이 무엇인가에 달려 있기 때문이다. 그것은 텔레비전의 리모컨처럼 별로 노력이 들지 않아도 되는 쉬운 일이 아니다.
- 수신자의 능동적 참여는 때로, 약간의 말하여지거나 글로 쓰인 것만으로도 많은 것이 소통되도록 해 준다.
- 실수가 있을 수 있다. 대면 상호작용에서, 화자는 송신 의도가 바르게 감지되었는지 아닌지를 판단하기 위해서 청자(혹은 청자들)의 반응들을 살필 수 있다. 그것들은 씩 웃는 웃음이나 인상을 쓰는 표정, 말로 반응하는 것, 해리가 순순히 그의 팔을 들어 올린 것과 같은 행동 등 어떤 방식이든 될 수 있다. 그리고 그 다음에, 오해를 없애고 나아가 수신자를 의도된 것 쪽으로 더 안내하기 위해서 다시 새 말을 추가할 수 있다. 그런 가능성들은 전화 통화에서도, 좀 줄어들기는 하겠지만 여전히 존재하고, 인터넷 채팅에서도, 좀 더 좁은 범위에서이겠지만 가능하다. 글

> 을 쓴 사람들마저도 결국에는 그들이 쓴 것이 어떻게 이해되었는지에 대해 무엇인가를 발견할 수 있을 것이고, 그 다음에 더 많은 것을 쓰거나 말할 수 있을 것이다.

이 장의 남은 부분에서는 언어 의미의 연구에서 중요한 다른 개념들을 도입하고, 이후의 어느 장에서 그것들을 심화시킬 것인지를 제시할 것이다. 전문용어들이 도입될 것이지만, 독자들이 의미론과 화용론에 관한 적절한 만큼의 최초의 이해를 확립하고 이 영역의 기초 서적들을 읽을 수 있도록 스스로를 준비시키는 데 요구되는 것들만을 소개할 것이다.

유능한 언어 사용자들은 일반적으로 무슨 일이 일어나는지에 관한 세세한 것들에 대해 생각하지 않고 언어를 사용한다. 언어학 — 의미론과 화용론은 언어학의 하위분야다 — 은 그런 상세한 내용들을 발견하는 일이 흥미로울 것이라는 가정 위에서 이루어진다. 이런 접근은 사소한 일에 집착하는 것으로 보일 수도 있으며, 여러분도 첫 번째 예문에 대한 논의가 이루어질 때 그런 식으로 느꼈을지 모르겠다. 그것은 대부분의 시간에 자동적으로 전개되는 지식과 기술들을 접근이 용이한 의식 속으로 가져오려고 하는 일종의 프로젝트다. 이와 같은, 언어의 일부와 용법의 사례들 — 비록 그것들이 지극히 평범한 것들이라 해도 — 에 대한 면밀한 조사는 그것들이 어떻게 작동하는지를 이해하려는 목적으로 이루어지는 것이며, 그럴 때 그것은 매혹적인 일이 될 수 있다.

1.1 의미론과 구별되는 화용론

1.1.1 발화와 문장

언어 사용자로서 우리가 직접 경험하는 것들 중에서, 의미를 가진 것은 발화다. (1.2)에 세 개의 예가 제시된다.

(1.2) a. "Not so loud.(너무 크지 않게.)" (2005년 5월 6일 오후, 420호 강의실에서, 상당히 큰소리로 말하고 있는 학생에게 필자가 말한 것)
b. "In H101.(H101에서.)" (약 7년 전에 어떤 학생이 이 말을 하는 것을 필자가 들은 것이 생각난다.)
c. "People who buy these tickets often don't have loads of money.(이 표를 사는 사람들은 대개 돈 없는 사람들이에요.)" (BBC 웹사이트 보도에 따르면,2) 철도승객협회 정책간사가 2004년 세모를 앞두고 이렇게 말했다.)

발화(發話; utterance)는 언어학의 가공되지 않은 자료다. 각각의 발화는, 특정 발신자에 의해 특정 상황에서 생산되었기 때문에, 유일하다. (좀 이상하게 보일지 모르지만, 필자는 발화라는 용어를 입말 발화뿐만 아니라, 특정 사람에 의해 특정 시점에 만들어진, 문장 크기까지의 개별적이고 일정 길이만큼 지속된 글말까지도 포괄할 수 있도록 사용할 것이다.) 발화는 발신자와 시간에 단단히 결부되어 있기 때문에 반복될 수 없다. 2005년 5월 6일 필자가 아침 일찍 아파트에서, 우리 집 텔레비전 소리가 이웃에 방해가 될까봐 걱정이 돼서 'Not so loud.(너무 크지 않게.)'라고 말한 발화는 (1.2a)와는 다른 발화다. 사람들이 "자기 말을 되풀이하는 (혹은 다른 사람이 발화한 것을 따라하는) 경우처럼, 누군가가 "같은 것을 두 번" 말했다고 (또는 썼다고) 간주될 때도, 시간에서 차이가 나거나 다른 화자에 의해 만들어졌거나 간에 그 반복을 구성하는 하나 이상의 발화가 있을 것이다. 누구도 모든 발화를 기록해 둘 수는 없지만 원칙적으로 그것들은 모두 구별

2) 클레어 바비지(Clare Babbage), BBC 뉴스 온라인(국제판), 2004년 12월 1일, <http://news.bbc.co.uk>.

될 수가 있다.

표기법

구두점의 구별이 필요할 때 이 책에서는 그것들을 다음과 같은 기준으로 사용한다.

" "(겹따옴표)는 발화를 나타낼 때,
이탤릭체는 문장이나 단어를 추상화해서 사용할 때,
' '(홑따옴표)는 의미를 나타낼 때.

홑따옴표는 또한 다양한 저자들이 의미론이나 화용론에 대해 서술한 것을 인용할 때 사용하기도 할 것이다. 그런 인용은 근처에서 저자의 성을 언급했을 것이므로 확인할 수 있을 것이다.

그리고 겹따옴표의 추가적인 용법은, 위에서 필자가 의미론을 "도구 모음(toolkit)"이라고 한 것처럼, 엄격히 말하자면 정확한 표현이 아니지만 유용한 함축성 있는 표현들을 표시할 때다.

발화가 기초를 두고 있는 추상적인 언어학적 대상이 **문장**(文章; sentence)이다. 필자가 기억하기에는, (1.2b)의 "In H101"은 문장 *The class will be in Room H101.*에 기초를 두고 있다. 왜냐하면 그것은 필자가 "Where's the class going to be?"라고 물은 것에 대한 대답으로 말하여졌기 때문이다. 우리는 둘 이상의 발화들이 같은 문장에 기초를 두고 있을 때 반복(repetition) 되었다고 말한다.

발화는 맥락 속에서 해석된다. (1.2c)의 맥락을 보면, *often*은 명백히, 'People who buy these tickets often ...'과 같이 그것 앞에 오는 표현의

수식어로 사용된 것이라고 볼 수 없고, '... are often not rich'를 의미하기 위해 그 뒤에 따라오는 표현에 대한 수식어로 이해될 것임을 알 수 있다. (1.2c)는 필자가 인터넷 뉴스에서 읽은 것이다. 만일 필자가 그 발화를 귀로 들었다면, 그것을 보도하는 화자는 그 말을 할 때 두 가지 의미 가운데 어느 쪽이 의도된 것인지에 대해 신호를 보내 주었어야 할 것이다. '빈번한 구매자'라는 의미를 전달하기 위해서는 *often* 바로 뒤에 억양 단위의 단절이 있어야 할 것이다. 보도 작성자는 그것을 쉼표로 표시할 수도 있었을 것이다. 그런 단절이 없다면, 어느 쪽의 해석이나 다 가능할 것이지만 단절의 부재는 '흔히(대체로) 잘살지 못한다'는 쪽을 향한 지시자로 받아들여질 수 있다. 그럼에도 불구하고, 억양이 맥락 고려의 필요성을 제거하지는 못한다. 우리는 억양을 올바르게 들었는지 확인하기 위해 맥락을 사용하고 또한 억양을 어느 쪽의 맥락 정보를 사용할 것인지에 대한 단서로 취급하는 경향이 있다.

1.1.2 해석의 세 단계

문장과 발화 사이의 본질적인 차이는, 문장들의 경우 맥락에 결부되어 있지 않고 추상적인 반면, 발화는 맥락에 의해 확인된다는 것이다. 이것이 의미론과 화용론 사이를 구별하는 주된 방법이기도 하다. 만일 여러분이 의미를 다루고 있고 고려할 만한 맥락이 없다면, 여러분은 의미론을 하고 있는 것이지만, 만일 고려할 수 있는 맥락이 있다면 여러분은 화용론에 종사하고 있는 것이다. **화용론**은 발화 의미에 대한 연구이고, **의미론**은 문장 의미와 단어 의미에 대한 연구다.

이를 예증하기 위해서, (1.3)의 해석들을 세 개의 구별 가능한 단계로 나누어 논의할 수 있다. 첫 번째 단계는 의미론적인 것으로, **문자적 의미**(文字

的 意味; literal meaning)의 단계다. 나머지 단계들은 두 종류의 화용론적 해석과 관련된다. 곧 **명시의미**(明示意味; explicature)의 단계와 **함축의미**(含蓄意味; implicature)의 단계다.

(1.3) That was the last bus.

문장의 **문자적 의미**는 여러분이 그 언어에 대한 지식으로부터 가지고 있는 의미론적 정보에만 기초한다. 영어를 아는 사람들이 (1.3)의 의미에 대해 설명할 수 있어야 하는 것들 가운데는 다음과 같은 것들이 있다. 눈에 띄는 어떤 것(*That*)이, 지금보다 앞선 시간에(*was*가 과거형이므로) 마지막(*last*)이거나 아니면 바로 직전의(*last*) 버스인 것과 동일하다. 그 의미는 그 단어들을 누가 언제 어디서 말하거나 쓰더라도 아무런 이상할 것 없이 통용되는 것이다. 아무런 맥락에 대한 고려가 개입되지 않는다.

명시의미는, 무엇이 지시되고 있는지, 어떤 방식으로 단어 *last*와 같은 중의적인 표현들을 이해할 것인지 따위를 알아내기 위해 맥락 정보와 세상지식을 사용하는, 발화의 기본적인 해석이다. (1.3)의 문장에 기초를 둔 두 개의 가능한 맥락이 고려될 것이다. 그것들은 각각 다른 명시의미에 이르게 된다.

첫 번째 맥락에서는, 앤이 베스에게 "missed 10p.m. bus"라고 문자메시지를 보내고, 베스는 "That was the last bus"라고 답한다. 이 상황에서, 베스의 대답은 아마도 '그것이 오늘 밤 일정상 네가 가려고 하는 곳이라고 내가 알고 있는 곳으로 갈 계획을 가지고 있던 마지막 버스였다'는 의미로 해석될 수 있다.

두 번째는, 찰리가 분주한 종점에서 막 출발하려는 버스의 기사에게 다음같이 말한다. "이 버스들 중에 포르토벨로를 경유하는 것들이 있을 텐데,

이 차도 그 중 하나인가요?" 그때 그 기사의 황급한 대답이 "That was the last bus"다. 이것은 아마도 '여기서 바로 직전에 떠난 버스가 포르토벨로를 경유하는 것들 가운데 하나였다'는 뜻으로 해석될 수 있을 것이다.

이러한 발화의 명시의미들은 문장 *That was the last bus*의 문자적 의미를 넘어선다. 그것들은 언어학적 맥락(앤의 발화와 찰리의 발화 각각)과 비언어학적 맥락(앤의 경우는 밤늦은 시간이고; 찰리와 버스기사는 둘 다 한 대씩 순차적으로 출발하는 버스들을 볼 수 있다). 배경 지식도 도입된다. (버스는 일반적으로 일정한 늦은 시간에 운행을 멈춘다; 베스는 앤이 어디를 가려고 했었는지 알고 있고, 자기가 알고 있다는 것을 앤도 아는 것으로 간주한다). 맥락이 고려되어야 하기 때문에 이것은 화용론이다. 맥락은 (*last*의 '마지막'이라는 의미와 '이전'이라는 의미 사이의) 중의성 제거를 용이하게 해 주고, 각 시나리오에서 두 번째 사람이 "That"와 "the last bus"라는 표현들을 사용할 때 어떤 사물들이 지시되는지를 상정하는 데 도움을 준다. 다른 화용론적 해석들과 마찬가지로, 명시의미에도 불확실한 점들이 있다. 그래서 이전 단락들에서 '아마도'라는 단어를 계속 사용하고 있는 것이다.

함축의미를 알아내기 위해서는, 우리는 한 걸음 더 나아가서 특정 맥락의 발화에 의해 무엇이 암시되는지를 묻게 된다. 즉 발신자의 "어젠다(계획)"가 무엇인가 하는 것이다. 우리는 앤과 베스가 가진 관계의 성격에 대해, 그리고 찰리와 또한 그 기사의 얼굴에 나타난 표정에 대해 더 많은 것을 알아야 할 것이다. 만일 우리가 이런 대화들 속에 참여자로 있었다면, 베스의 대답이 동정심에서 나온 것인지, 질책인지, 혹은 자기 집에서 밤을 함께 보내자는 초대를 담고 있는 것이었는지 판단할 수 있었을 것이다. 그리고 기사가 찰리에게 대답할 때 성가심이나 사과를 전달하려고 의도된 것이었는지 어떤지에 대해 상당히 확신 있게 판단할 수 있었을 것이다. 아주 명백한 것으로는, 찰리의 질문에 대한 응답에서 버스기사의 대답은 함축적인 "아니요"로 받아들여질 수 있다는 것이다. 이런 것들이, 맥락 속에서 특정 명시의미들을 가질 것 같은 발화들을 발신자가 생산한 목적을, 맥락과 배경 지식 정보에 비추어 이해하려고 노력할 때 도출되어 나오는 추론(inference)들이다. 우리가 (1.3) 문장의 문자적 의미에 대해 잊어버릴 수는 없다. 문자적 의미는 명시의미의 기초가 되기 때문이다. 그런데 그 명시의미에 다시 함축의미가 기초를 두고 있는 것이다. 그러나 문장 *That was the last bus*가 일반적으로 '우리 집에서 밤을 보내라' 또는 '아니요'를 의미한다고 주장될 수는 없다는 사실을 주목하는 것이 매우 중요하다.

각 단계는 이전 것에 기초하여 구성되며, 우리는 세 단계 모두에 대해 이론을 개발할 필요가 있다. 요컨대, 문자적 의미 — 추상화된 문장의 의미론; 명시의미 — 지시와 중의성 제거의 화용론; 함축의미 — 암시(hint)의 화용론.

1.1.3 화용론의 일차적 대요

화용론적 추론을 만들어내는 한 가지 결정적인 기초로 발화될 수도 있었던 것과 실제로 발화된 것 사이의 대조를 들 수 있다. 예 (1.4)는 한 음식점에 대한 정보 전단지 조각의 내용으로, 제목이 붙어 있는 짤막한 부분이다. (미관상 겹따옴표 속에 넣지 않았지만, 이것은 발화들의 연쇄로 간주된다. 이 책에서 발화로 입말, 글말, 인쇄물 속에 있는 것 등을 모두 인정하고 있음을 기억하기 바란다.)

(1.4) Alcohol & Smoking

You are welcome to bring your own alcohol provided you are buying a meal. There is no charge for doing so.

주류와 흡연
식사를 주문하시면 본인이 마실 주류 반입 환영.
추가 요금 없음.

이 전단은 우리에게 흡연에 대해서 아무런 조건이 덧붙지 않는다는 것을 추론하도록 만들어 놓고서, 다른 화제로 넘어간다. 우리는 확신할 수 없다. 그들이, 흡연에 대해 말하려고 했던 허용적인 말을 덧붙이는 것을 그저 망각한 것일 수도 있겠지만, 그것은 흡연자들에게 효과적으로 부정적인 암시가 될 수 있다. 그 전단에 실제로는 흡연이 환영받지 못한다거나 허용되지 않는다는 아무런 말이 없다. 따라서 (1.4)의 이런 함축과 그것의 맥락은 그 전단에 나타나 있는 것의 문자적 의미를 훨씬 넘어선 정교화(elaboration)다.

1.1.2에서 기술된 해석 단계들 가운데 두 번째인 명시의미는 (1.4)의 제목이 알코올음료에 관한 것이고, 예컨대, 탁자 위를 소독하기 위한 병원용 알코올이 아니라는 것을 알아내는 것을 포함한다.

예 (1.5)는 단어들이 의미론적 척도로 순서 매겨질 수 있을 때 일반적으로 이용될 수 있는 화용론적 추론의 일종을 보여준다. 예컨대, *excellent* > *good* > *OK* 같은 가치 판단들이다.

(1.5) A: "What was the accommodation like on the work camp?"
B: "It was OK."
A: "Not all that good, hey?"

화자 A는 B의 반응으로부터 함축을 도출한다. 왜냐하면, 만일 숙박시설이 단순히 OK인 것보다 더 좋았다면, B가 *good*라는 단어를 사용했을 수 있고, 만일 아주 좋았다면 B가 *excellent*라는 단어를 쓸 수도 있었다. B가 *good*나 *excellent*를 말하지 않았기 때문에, A는 숙박시설이 전혀 만족스럽지 못했다고 추론한다. 발화 때에 A는 이와 같은 함축을 확인해 주는 징후들을 듣거나 보았을 것이다. 아마도 B는 열의 없는 음조의 목소리로 말하거나, 불편했던 침대를 떠올리면서 무의식적으로 몸을 움크렸을 수 있다. 그런 것들 또한 함축을 알아내는 맥락상의 증거들이다.

함축의미 이전의 명시의미의 단계는, A의 질문에 이어지는 맥락에서, (1.5)에 주어진 B의 발화가 명시의미로서 'The work camp accommodation was OK'를 가진다는 것을 이해하는 것과 관련되었을 것이다. 거기서 봉사캠프는 B가 알고 있는 것이고, 대화의 앞쪽에서 아마도 이전에 A와 B 사이에서 확인된 적이 있는 것이었음에 틀림없다.

함축의미와 **명시의미**라고 불리는 화용론적 추론은 의사소통에서 항상 일어난다. 그러나 그것들은 단지 정보에 기반을 둔 짐작일 따름이다. 취소될 수 있다는 점이 그것들의 결정적인 특질들 가운데 하나다. (1.5)에서, B는 "No, you've got me wrong; the accommodation was good"이라고 되받아 말할 수도 있었을 것이다. 이 말은 아무런 모순을 일으키지 않으면서 함축의미를 취소한다. 왜냐하면 'good'인 숙박시설이면 'OK'이기 때문이다. 따라서 좋은 숙박시설에 대해 그것이 오케이(OK)였다고 말하는 것은 거짓말이 아니다. (화용론은 8장과 9장에서 논의의 초점이 된다. 그러나 대부분의 다른 장들에서도 몇몇 절에 등장한다. 명시의미는 5장의 비유적 언어의 설명에서 중요한 역할을 한다.)

1.2 의미의 유형

발신자 의미는[3] 화자나 저자가 발화를 이용하여 전달하려고 하는 의미다. 발신자 의미는 수신자들이 그것에 대해 끊임없이 정보를 바탕으로 한 추측을 만들어 내야 하는 대상이다. 수신자들은 자신들의 다음 발화에서 그들이 발신자의 발화를 어떻게 해석하는지에 대해 표시할 수 있다. (아니면 다른 행동을 수행함으로써 그렇게 할 수도 있다. 예컨대, 해리 포터가 예 (1.1)의 두 발화들 중간에 그의 오른팔을 쭉 뻗은 것처럼 말이다.) 발신자나 동료 수신자들 또는 방관자들조차도 때때로 다음과 같은 확인, 수정, 가공을 제공할 것이다. “그래, 그것은 일부 내가 의도한 것이기는 해. 하지만 내가 ...라고 말하려고 한 것은 아니야.”, “너는 내 말을 잘못 이해했어.”, “그녀가 말한 것의 진짜 의도는 ...”, “그래, 그리고 그걸 보면 그는 네가 ...을 알기를 원했다는 것을 알 수 있잖아.”, “내가 이 단락의 마지막 문장을 이해하는 방식은 다르다.” 등과 같은 방식으로 말이다. 그렇다면 발신자 의미란, 발신자가 가진 전달의 목적이고, 수신자에게는 해석적 목표인 것이라고 할 수 있다. 그러나 그것들은 상당히 사적인 것들이다. 발신자들은 때로 그들이, 이기적인 함축이나 남에게 상처가 될 함축을 전달하려 한다는 것을 인정하지 않을 것이고, 때때로 그들이 그 발화를 산출함으로써 이미 전달해 버린 것 이상으로 발화 이면의 의도를 더 잘 이해시킬 능력이 없을 수도 있다.

발신자의 생각들은 사적이지만 발화는 공공연히 관찰될 수 있다. 활자화되거나 글로 쓰인 발화들은 종이 위나 디지털 장치들의 화면 위에서 세밀

---

3) 이것은 일반적으로 화자 의미(speaker-meaning)라고 불린다(Lycan 2000: 103을 보라). 그러나 필자는 입말과 글말 모두에 적용되는 개념으로서의 발신자 의미에 대해 말하는 편을 선호한다.

히 검토될 수 있다. 입말 발화들은 녹음되어 재생될 수 있다. 어떤 발화가 생산될 때 현장에 있었던 다른 사람들은 그들이 무엇을 들었는지, 혹은 무엇이라고 쓰여 있는 것을 보았는지에 관해 질문을 받을 수 있다. 우리는 발신자 의미가 항상 수신자 해석과 일치하는지 확신할 수 없고, 그래서 무엇을 발화의 의미로 여길 것인지에 대해 딜레마가 있다. 발신자 의미인가, 아니면 수신자(들)에 의해서, 맥락 속에서, 발화로부터 만들어진 해석인가? 우리는 이것들이 둘 다 정확히 무엇인지 알 수 없다. 그러나 언어 사용자들로서 우리는 발신자나 수신자로서의 경험을 모두 얻게 되고 어떤 발화가 주어진 맥락에서 전달할 것 같은 의미에 대한 직관을 계발한다. 그러므로 **발화 의미**는 의미론과 화용론을 연구하는 언어학자들이 연구대상으로 삼아야 하는 필연적 허구다. 어떤 발화가, 그 언어를 알고 맥락을 알고 또 무엇이든 발신자가 합리적으로 수신자에게 가용할 것이라고 추정할 수 있을 법한 배경 지식을 가지고 있는 사람들에 의해서 해석될 때, 그때 그 발화가 전달하는 것으로 이해될 것 같은 것이 바로 발화 의미 — 명시의미와 함축의미를 합한 것 — 다.

발화는 언어학을 위한 자료다. 따라서 의미에 관심이 있는 언어학자들은 발화 의미를 설명하고 싶어한다. 그러나 발화는 사용된 문장의 실제 사례이기 때문에, 발화 의미 설명을 위한 중요한 첫 단계는 문장의 의미에 대한 설명이다. 본서에서는 **문장 의미**를 **문자적 의미**와 같은 것으로 간주할 것이다. 발화 의미가 어떻게 문장 의미에 관련되는지를 보여주는 예로, (1.1)의 부분을 이루는 성분인 문장 *That's it*을 생각해 보라. 이 문장은 맥락이 무시된다면 (1.6a)에 주어진 것과 같은 의미를 가지겠지만, 올리반더 씨가 마법봉을 위해 해리 포터의 몸을 잴 때 이 문장이 사용되었다는 것을 아는 사람에게는 그 문장의 명시의미(기본 발화 의미)가 마땅히 (1.6b)처럼 제시될 수 있을 것이다.

(1.6) a. '명백한 것 = 이전에 언급된 것'
b. '해리 포터, 네가 오른팔을 내가 요구한 것처럼 쭉 폈다.'
c. '수신자의, 발신자의 전달적 의도에 대한 인지 = 그 의도의 소통'

필자는, 앞서 본문 중에 표 1.1에 대해 논의하는 부분 — 수신자, 발신자라는 용어들을 도입한 단락에서 — 에서 발화 "그것이 (바로) 그것이다(that's it)"의 기반으로서 동일한 문장 *That's it*을 사용한 적이 있다. 그 발화는, 예 (1.1)과 마찬가지로 (1.6a)에 제시된 문장 의미에 근거를 두고 있지만, 그것의 명시의미로 (1.6b)와는 상당히 다른 (1.6c)를 가졌다. (각각의 함축의미는 무엇이었을 것 같은가? 올리반더 씨는 아마도 '이제 그만 움직여라.'라는 뜻을 전달하고 있었을 것이다. 해리는 그때까지 그의 팔을 바람직한 각도가 될 때까지 뻗어 움직이고 있었을 것이고 그는 해리에게 "옳지, 착하지" 하고 말하듯이 머리를 끄덕거리며 동의를 표시하고 있었을 것이다. 필자의 발화의 경우에, 필자는, 발신자의 의도에 대한 수신자의 인지가, 그러지 못했다면 자칫 까다로운 과정이 될 수도 있을 상황에 대해 갑작스러운 종결을 가져오는 것을 독자 여러분이 알 수 있기를 바랐었다.)

일상적인 언어 사용자들은 문장에 대한 즉각적으로 접근 가능한 직관을 가지고 있다. 영어에 능숙한 사람들이 그들의 언어 지식에 기초하여 쉽게 깨달게 될 수 있는 다른 항목들 가운데, 예 (1.7a)가 (1.7b)와 (1.7c)에 나타난 것 같은 두 가지 의미를 가진다는 것을 들 수 있다.

(1.7) a. *He is a conductor*.
b. 'He is a public transport ticket checker' (검표원)
c. 'He regulates the performance of a musical group' (지휘자)

단어 의미에 대한 일상적인 언어 사용자들의 접근은 덜 직접적이다. 어떤 단어의 의미는, 그 단어가 출현한 문장의 의미에 대해 그 단어가 차지하는 만큼의 기여라고 할 수 있다. 물론 사람들은, 그들이 단어들을 사용할 줄을 안다는 의미에서, 그들의 언어에 있는 단어들의 의미들을 안다고 할 수 있다. 그러나 이 지식은 확실한 직관의 형식으로 직접 이용 가능한 것이 아니다. 언어학자가 아닌 사람들에게 *strong*이 *powerful*과 같은 것을 의미하는지 어떤지 물어 보라. 또한 *finish*가 *stop*과 같은 것을 의미하는지 어떤지 물어 보라. 그러면 그들은 아마 그렇다고 대답하는 것이 당연할지 모른다. 그러나 그들의 대답은 적어도 부분적으로 옳지 않을 것이다. 이 단어들이 무엇을 의미하는지에 대해 적절한 느낌을 가지기 위해서는, (1.8a-d)에서처럼 그 단어를 포함하고 있는 문장들을 고려하는 것이 가장 좋다.

(1.8) a. Mavis stopped writing the assignment yesterday, but she hasn't finished writing it yet.
(마비스가 어제 과제 쓰는 일을 멈추었지만, 아직 끝낸 것은 아니다.)
b. *Mavis finished writing the assignment yesterday, but she hasn't stopped writing it yet.
(*마비스가 어제 과제 쓰는 일을 끝냈지만, 아직 멈춘 것은 아니다.)
c. This cardboard box is strong. (그 마분지 상자는 강하다.)
d. ?This cardboard box is powerful. (?그 마분지 상자는 세다.)

표기법

(1.8b) 문장 머리에 있는 별표(*)는 중요하다. 의미론에서 그것은 의미에 관한 한 심각하게 문제가 되는 예임을 표시한다. (1.8b)는 모순인 문장이다. (1.8d)에서처럼 의문부호(?)가 있는 것은 의미가 이상하다는 신호이지만 별표만큼 심각한 문제는 아닐 때 쓴다.

예 (1.8a,b)는 *finishing(끝냄)*이 *stopping(멈춤)*의 특별한 한 종류, 즉 '목적이 달성된 다음의 stopping'이라는 것을 보여준다. 예 (1.8c,d)는 *strong (강하다)*이 'durable(내구성이 있다)'이나 'powerful(힘이 세다)'을 다 의미할 수 있는 중의적 단어라는 것을 보여 주는 증거의 일부다. 두 의미 가운데 단 하나만이 마분지 상자에 대해 적용될 수 있다.

1.2.1 표의, 개념의미, 지시, 화시

이 장의 서두 부근에서, 언어의 표현 — 문장, 단어 등 — 은 세상의 양상을 표의한다고 했다. 표현의 표의는 그 표현이 가리키는 대상이다. 많은 단어들에서, 표의는 사물의 커다란 집합이다. 명사 *arm*은 세상 사람들과 원숭이들 등에게 있는 모든 상체에 속한 사지들을 표의한다. (수많은 무기를 표의로 가지는 *arms*라는 명사가 있는 것도 맞다. 그러나 그것은 항상 복수형으로만 출현한다.) 만일 표현이 표의를 갖지 않는다면 언어는 별로 용도가 없을 것이다. 언어를 거의 필수불가결한 것으로 만드는 것은 그것이 우리가 세상에 대해 소통하는 것을 가능하게 해 준다는 사실이다.

언어가 세상에 대한 유용한 연결을 가지기 때문에, 단어(또는 표현의 다른 종류)의 의미가 단순히 그것의 표의라고 생각하고 싶은 유혹이 있다. 그리고 여러분은 '팔'의 신체 일부로서의 의미를 몰랐던 사람에게, 여러분이 그 사람의 팔들을 가리킬 때마다 한 팔에 대해서 한 번씩 그 단어를(*팔*) 말함으로써, 또는 여러분 자신의 두 팔 가운데 하나를 흔들고 그 다음에 다른 쪽을 흔듦으로써, 그 의미를 명확히 설명할 수 있는 가능성도 있을 것 같다. 유아기에 우리가 말한 첫 단어들은 아마도 생생한 시범과, **실물지시**(ostension)라고 알려진, 손가락으로 가리키는 과정에 의해서 배워졌다. 그러나 이것은 의미에 대한 일반적인 접근으로서는 설득력이 없다. 왜냐

하면,

- 유아기 이후 우리가 단어들의 의미를 설명하기 위해서 실물 지시 대신 언어를 사용한다는 사실을 무시하고 있다("*도망친다*는 것은 '피해서 달아난다'는 뜻이야.").
- 사람들이 의미를 설명하기 위해서 실제로 실물 지시에 의존할 때는, 그들이 수반하는 발화들이 그 부담의 많은 부분을 담당하고 있는 것일지도 모른다(토피(toffee; 일종의 캔디) 조각을 가리키면서 "*베이지*는 이런 색이야"라고 하는 것; 책에서 도식 속에서 보아야 하는 것이 무엇인지를 지시해 주는 그 도식 부근에 있는 설명문에 대해 생각해 보라. 만일 여러분이 손가락으로 가리키기나 보여주기를 하는 동안 문장 크기의 발화들, 예컨대 "이것이 네 팔이다.", "이것은 내 오른팔이다." 같은 것들을 함께 산출한다면 *팔*이라는 단어가 '상체에 속한 사지를 움직여라.'와 같은 동사적인 의미를 가진다고 생각하는 오해를 피하기에 더 수월할 것이다.).
- 손쉽게 제시될 수 없는 모든 종류의, 추상적인 표의들, 존재한다는 것이 의심스러운 표의들, 관계적인 표의들이 있다(*기억(memory), 결석(absence), 설인(雪人; yeti), 대신에(instead of)* 따위의 표의들을 생각해 보라. 이것들은 거대한 문젯거리 더미에서 뽑아낸 극히 적은 본보기일 따름이다.).

두 가지의 일반적인 해법이 있다. 이것들은 서로 양립이 가능하지만 서로 다른 선입관을 가지고 있다. **형식의미론**이라고 불리는, 의미론의 가장 엄밀한 변종들은 표의의 종류들 사이에 존재하는 차이를 중시한다. (형식의미론이라고 불리는 이유는, 의미 기술을 보여주거나, 다른 종류의 표현들이 어떻게 작은 표현들의 의미들로부터 구성되는지에 대한 이론을 표상할 때 형식논리학의 체계를 이용하기 때문이다. Lappin(2001)을 참조하기 바란다.) 따라서 *tree*와 같은 가산명사(count noun)는 사물(thing)의 집합을 표의한다고 할 수 있다(그리고 관심의 대상이 되는 것은, 그 집합 속에 어떤 사물들이 있는가 하는 것보다는, 그 표의가 집합이라는 점 그 자체다.) *purple* 같은 속성어(property word) 또한 집합(문제의 속성을 가진 사물의 집합)을 표의한다. 단수 명칭(singular name)은 개체(individual)를 표의한다. *honey* 같은 물질명사(mass noun)는 물질(substance)을 표의한다. *in* 같은 공간 관계어는 서로 공간적 관계를 가지고 있는 사물들의 쌍을 표의한다. *Amsterdam is in Holland* 같은 문장의 가장 단순한 유형은 사실(fact)이나 거짓(false)을 표의하는 것으로 분석될 수 있다. (2, 3, 4장에서 이에 대해 좀 더 살펴볼 것이지만 형식 논리 기제를 사용하지는 않을 것이다.)

필자가 의미에 관한 언어학적 연구의 값진 출발점이라고 믿고 있는 다른 하나의 접근방식은, 본서에서는 나중에 형식의미론을 배우기로 선택할 사람을 위한 적절한 토대를 형성해 주는 정도로만 제시될 것이다. 이 접근방식에서의 중심 개념은 **개념의미**(sense)인데, 이것은 어떤 표현에 그 표현이 가진 표의를 부여하는 기준과 관련되는 의미의 측면이다. 그러므로 개념의미에서의 차이는 표의에서의 차이를 낳는다. 그래서 표현이 가진 명백히 구별되는 의미들에 대해 개념의미라는 용어가 사용된다. 예컨대, 예 (1.7)은 *conductor*의 두 개념의미를 예시한 것이고, 이 단어의 세 번째 개념의미는 전기, 열, 빛, 소리를 전달하는 사물 혹은 물질을 표의한다.

단어의 표의에 대한 “조제법”을 진술하려고 할 때 시도해 볼 수 있는 여러 다른 방식이 있을 수 있을 것이다. 그 한 가지 방식은 **의미관계**(sense relation)의 측면에서 하는 것이다.[4] 의미관계란 표현들이 가진 개념의미 사이에 존재하는 의미론적 관계다. 이것은 본서에서 사용될 방식이기도 하다. 그리고 그것은 우리가 의미를 설명하기 위해서 언어를 사용하는 일이 잦다는 사실과 잘 조화된다. (1.9)에는 우리가 영어의 의미관계를 알기 때

4) 이 접근은 의미론 연구자 존 라이언즈 경의 저작들에 의해 1960년대, 1970년대, 1980년대에 탄력을 받았다. 일례로 라이언즈 1977을 보라.

문에 가지고 있는 의미론적 지식 항목들 가운데 몇 가지 예들이 나열되어 있다. 그것들이 의미의 설명에 이르게 되는 것에 주목하기 바란다.

(1.9) an *arm* is a *limb* (*팔은 사지다*)
an *arm* is an *upper limb* (*팔은 상체의 사지다*)
a *leg* is a *limb* (*다리는 사지다*)
a *leg* is a *lower limb* (*다리는 하체의 사지다*)
a *person* has an *arm* (*사람은 팔을* 가지고 있다)
an *arm* has a *hand* and a *wrist* and an *elbow* and *biceps* (*팔은 손과 손목과 팔꿈치와 이두근을* 가지고 있다)
extend is a synonym of *hold out* (*펴다는 벌리다의* 동의어다)
pursue is the converse of *flee* (*뒤쫓다는 달아나다의* 관계반의어다)

단어들 (그리고 (1.9)의 *upper limb*과 같은 구들) 사이의 의미관계에 대해서는 2장, 3장, 4장에서 연속적으로 형용사, 명사, 동사를 다루면서 더 깊이 설명되고 예시될 것이다. 개념의미들 사이의 그러한 유대가 표의와 관계가 있다고 생각하는 이유는 다음과 같다. 잘 정의된 의미관계들로 상호 연결되어 있는 단어들을 안다면, 어떤 관계망에서 출발점이 되는 몇몇 단어의 표의를 알고 있는 사람은 그 체계의 나머지 부분에 있는 의미(개념의미)들에 대한 이해를 계발할 수 있다.

지시(指示; reference)는 화자나 저자가 그들의 청중 혹은 독자들을 위해 특정 사람("나의 누이")이나 사물("파르테논 대리석"), 시간("2007"), 장소("저 구석"), 사건("그녀의 생일파티"), 생각("우리가 들은 계획")을 식별할 수 있는 표현을 사용할 때 그들이 하는 것이다. **지시 표현**의 예는 괄호 속에 넣어서 제시했다. 언어 밖에 있는 관련 실재물(entity)은 그 지시 표현의 **지시대상**(referent)이라고 불리며, 앞에서 예로 든 표현들에 대해 내 누이인 사람, 실제의 대리석 프리즈, 그 연도 자체 등이 대응된다. 지시는 발신자들에 의해서 수행된 화용론적 행동이고 명시의미 단계에서 해석된다(1.1.2절을 보라). 지시는 맥락과 관련하여 이루어지고 해석된다. 편지에서 쓰였을 법한 내용으로 (1.10)을 고려해 보라.

(1.10) "우리는 오늘 에딘버그로 드라이브를 갔답니다."

이 발화가 텍사스 주에 있는 에딘버그(Edinburg)나 스코틀랜드에 있는 에든버러(Edinburgh)로까지 여행한 내용으로 잘못 이해되지 않으려면, 편지를 쓴 사람은 수신자가 이미 그들이 인디아나 주(여기서 에딘버그는 인디아나 주에 속한 지명이다)에 산다는 것을 알고 있다는 것에 확신을 가지고 있었어야 할 것이다. 대명사 *우리*를 사용할 때 (1.10)의 글쓴이는 그 자신과 그와 관련된 사람을 함께 지시하는 것이다. 그 편지의 수신자는 누가 그것을 썼는지를 앎으로써 그 지시에 대해 알아낼 수 있고, 그 편지가 언제 쓰였는지에 대한 지식으로부터 "오늘"의 시간 지시에 대해 화용론적으로 추론할 수 있다. 그러나 그 편지가 결국 찢기어졌고 한 나그네가 바람에 날아다니는, 그 위에 오로지 (1.10)만 남아 있는 한 조각을 발견했다고 상상해 보라. 발화의 상황에 대해 확실한 것이 없기 때문에, 그 나그네는 그 여행자가 누구였는지, 그들이 어느 에딘버그로 차를 몰고 갔는지, 언제 그렇게 했는지 알 수 없을 것이다.

화시(deictic) 표현은 발화된 상황과의 관련 속에서 해석되어야 하는 단어, 구, 문법 자질로서, *me(나)* '이 발화의 발신자', *here(여기)* '발신자가 있는 장소' 등과 같은 것이다.

한번은, 그 학년도의 제1주차에, 강의 게시판에 (1.11)과 같이 표현된 공지문이 게시된 적이 있다.

(1.11) “첫 수업은 다음 주에 있을 예정”

그 공지문에는 날짜가 적혀 있지 않았고 교수는 그것을 떼어내는 것을 잊었다. 둘째 주에 그것을 읽은 학생들은 둘째 주 수업에 참석하지 못했는데, 왜냐하면 “다음 주”가 그때에는 셋째 주가 되었기 때문이다. ‘다음 주’는 ‘화자나 저자가 발화 시에 속해 있던 어떤 주의 다음 주’를 의미하는 화시 표현이다.

화시(話示; deixis)는[5] 어느 언어에나 대개 있는데, 그것은 아마도 ‘언제’, ‘어디서’, ‘누구’, ‘무엇’ 등을 가리킬 때 발화 상황에 대한 좌표들을 가지고 시작하는 것이 매우 유용하기 때문일 것이다. 다음과 관련된 다양한 종류의 화시가 있다.

시간: *now*, *soon*, *recently*, *ago*, *tomorrow*, *next week*
장소: *here*, *there*, 2km *away*, *that side*, *this way*, *come*, *bring*, *upstairs*
참여자, 사람, 그리고 다른 실재물: *she*, *her*, *hers*, *he*, *him*, *his*, *they*, *it*, *this*, *that*
담화 그 자체: *this* sentence, the *next* paragraph, *that* was what they told me, I want you to remember *this* ...

화시 표현들의 의미들에 대해 우리가 알고 있는 의미론적 지식은 우리가 맥락에 따라 화용론적으로 그것들을 어떻게 해석해야 하는지에 대해 안내해 준다. 그러므로 우리는 *yesterday* ‘발화 날보다 하루 전날’, *this* ‘화자 가까이 있거나 곧 다가올, 맥락상 명백한 사물’, *she* ‘여성 개체’ 등등과 같이 해석을 가지게 된다. 화용론에서 늘 그렇듯이, 그 해석들은 확실한 것이라기보다는 추측일 것이다. 여러분은 화자가 *this*라는 단어를 그가 가리키

---

5) *deixis*(화시)는 *deictic*(화시적)에 대응하는 추상명사다.

고 있는 것으로 보이는 물주전자를 지시하기 위해서 사용하고 있다고 추론할 수 있지만 그때 여러분의 해석이 틀렸을 수도 있는 것이다. 그는 어쩌면 여러분에게 그의 손 검지에 끼워져 있는 반지를 보여주고 있었을지도 모르는 일이다.

화시는 5장에서 제시되는 은유에 대한 설명에서 중요한 역할을 한다. 시제(예를 들어, *tell*과 대조되는 과거 시제 *told*)도 화시적이다. 시제는 6장에서 다룰 두 주제 가운데 하나다. 대부분 장들에서 지시에 대한 더 많은 것들이 설명될 것이지만 특히 9장에서 많이 다루어질 것이다.

1.3 의미론

의미론은 사용의 맥락으로부터 분리(추상화)된 단어 의미와 문장 의미에 대한 연구인데, 기술적인(descriptive) 성격의 과목이다. 그것은 사람들이 어떤 언어를 앎으로부터 가지게 되는 자신들의 언어 속에 있는 의미에 대해서 그 지식의 본질을 기술하고 이해하려고 하는 시도다. 그것은 화자나 저자들에게 어떤 의미를 포기하게 하고 다른 것을 채택하도록 권고하거나 압력을 가하는 데 관심을 가진 처방적(prescriptive) 기제가 아니다(현학적인 사람들은 자신들이 일정한 규칙을 정하고 싶은 언어의 의미를 연구함으로써 자신들이 관습적 의미의 어떤 측면들을 싫어하는지, 어느 쪽에 호의를 가지고 있는지에 관해 스스로 분명해질 수 있을 것이므로, 틀림없이 덕을 볼 것이지만 말이다.). 관련된 요점 한 가지를 제시하자면, 우리는 어떤 언어의 역사를 충분히 알지 않고서도 그 언어를 완벽히 알 수가 있다. 의미에서의 유사성을 공유하는 단어들(예를 들면, $\textit{arms}_{\text{body parts}}$, $\textit{arms}_{\text{weapons}}$, *army*, *armada*, *armadillo*)의 발음과 철자 사이에 왜 유사점들이 존재하는지를 설명해 주는 역사적인 흐름들과 변화들에 대해 알아내는 것이 매력적이기는 하다. 그러나 그런 종류의 지식은 오늘날 그 언어를 사용하는 데는 필수적인 것이 아니므로 이 책에서 다루지 않는다. 시간에 걸친 언어 변화를 조사하는 역사언어학자들이 때로 의미론(과 화용론)에 관심을 가지기도 한다. 그러면 그들은 역사(언어학적) 의미론(과 화용론)을 하고 있는 것이다.

언어 지식에 대한 의미론적 기술은, 일반적 지식을 목록에 올리는 백과사전 제작자의 작업과는 다른 것이다. *tangerine*(탄제린)과 *clementine*(클레멘타인; 탄제린과 광귤나무(sour orange)의 잡종인 소형 오렌지)' 같은 단어들은, 영어에 대한 우리의 지식의 부분이 아니라 과수 재배자의 전문 지식의 일종일 법한 구별에 대해 예시해 준다. 이에 대해 아는 사람들도 있지만, 그것에 대해 대부분의 영어 사용자들이 알 필요는 없다. 그들이 이것들이 감귤류 과일들이라는 것을 알기만 하면 될 일이지, 이 점과 관련해서 영어 수업을 받을 필요는 없을 것이다.

1.3.1 명제

서로 다른 문장들이 동일한 의미를 전달할 수가 있다. (1.12a-c)를 보라.

(1.12) a. Sharks hunt seals.
b. Seals are hunted by sharks.
c. Seals are prey to sharks.
d. These chase and kill these others.

명제(命題; proposition)란 (1.12a-c)에서 동일하게 유지되는 추상적인 생각, 즉 일종의 핵심 문장 의미를 가리키는 용어다. 이와 같은 전문적인 의미에서의 명제는 매우 추상적이고, 특정 단어나 문장들에 매인 것이 아니다.

(1.12c)에서 볼 수 있듯이, 그 명제는 동사 *hunt*를 사용하지 않고도 표현될 수 있다. 어느 쪽이 물개고 어느 쪽이 상어인지 모르는 어린아이는 (다소 잔혹한) 자연 프로그램을 시청할 때, (1.12d)의 두 가지 *these*의 출현에 대해 각각 상어들과 물개들을 손가락으로 가리키면서, (1.12a-c)에서 사용된 어느 단어도 사용하지 않고 같은 명제가 도입될 수 있게 할 것이다.

모든 **명제**가 가지는 유일한 특질 — 그리고 이것이 명제에 대한 리트머스 테스트와 같은 것인데 — 은 그것들에 대해 참인지 거짓인지 궁금해 하는 것이 타당하다(참인지 거짓인지 분간할 수 있다)는 것이다. 이렇게 말하는 것이, 누구나 주어진 명제가 참인지 그렇지 않은지를 확실히 알기에 충분할 만큼의 정보를 가지고 있을 필요가 있다는 뜻은 아니다. 단지 원칙적으로 명제들은 참이거나 거짓이라는 뜻이다. 필자는 (1.12a-c)에 있는 명제들이 참이라고 지금껏 들어 왔다. 문장에 의해 표현되는 명제는, 그것에 대해 명시의미가 밝혀질 때 — 맥락 정보를 사용하여 지시와 중의성이 모두 해결될 때 — 까지 알려지지 않는다. (1.12a-c) 같은 총칭문들은 상대적으로 이해하기가 쉽다. '모든 전형적인 상어들과 모든 전형적인 물개들에 대해, 그것들이 전형적인 행태를 보일 때, 전자가 후자를 사냥한다.' 그래서 처음에 총칭문을 제시한 것이다. 그러나 (1.12d)에서는, 그것의 참 여부를 물을 만큼 분별이 생기기 전에 "These"와 "these others"에 의해 지시되는 것을 알 필요가 있을 것이고, 그러기 위해서는 그 문장에 기초를 둔 발화가 사용되는 특정 맥락에 대한 정보를 필요로 할 것이다.

(1.12)에 있는 문장들은(그리고 이 책에 있는 매우 많은 다른 문장들)은 평서문(declarative)이다. 평서문은 **진술**(statement; 명시적으로 사실적 정보를 전달하는 발화)이 기반을 두고 있는 문장 유형이다. 일단 그것이 명시적으로 제시되면, 그것이 명제를 표현한다는 것을 아는 것은 쉽다. 왜냐하면 그것에 대해 다음과 같은 반응들이 충분히 만들어질 수 있기 때문이다. "그

래, 그 말이 옳아", "그건 거짓말이야", "그거 정말 사실이야?" 등. 다른 문장 유형에 기초한 발화는 이와 같은 반응을 쉽게 얻을 수가 없다. (1.13)의 문장들 같은 예에 대해 그런 반응들이 나올 만한 가상적인 대화를 생각해 보라. (예를 들어, A: "이름이 뭐예요?" B: "그건 거짓말이에요.")

(1.13) a. 이름이 뭐예요?
b. 제발 저를 도와주세요.

(1.13)의 문장들에 대해 생각할 수 있을 법한 대부분의 명시의미들이 명제를 표현하고 있지는 않겠지만, 그것들은 그럼에도 불구하고 명제들을 포함하고 있다. (1.13a)의 질문은 '수신자의 이름이 ____이다'처럼 공백을 가진 명제를 전달하며, 협조적인 수신자들은 그 공백을 채울 수 있도록 그들의 이름을 제공할 것이다. (1.13b)의 요구는 명제 '수신자가 발신자를 돕는다'는 명제를 제시하며, 발신자는 수신자가 그 명제를 참이 되도록 만들기 위해서 행동하기를 바란다. ((1.13)의 예들과 같은 비평서문의 더 많은 예들에 대해서는 8장에 있는 화행에 관한 절을 참조하라.)

명제라는 개념이 필요한 다른 이유는 중의 표현들(ambiguities) 때문이다. 예 (1.14)는 적어도 두 개의 다른 명제들을 표현할 수 있는데, 왜냐하면 거기에서 *right*가 'correct'와 'right-hand' 사이에서 중의적이기 때문이다.

(1.14) She took the right turn.

1.3.2 합성성

우리는 발화 의미에 대한 설명을 전개하기 위해서 문장 의미에 대한 설명을 필요로 한다. 왜냐하면 발화는 사용된 문장이기 때문이다. 인간 언어에서 문장의 수는 잠재적으로 무한하다. 따라서 우리의 설명이, 그 옆에 해석이 덧붙어 있는 모든 문장의 목록일 수 없는 것이다. 우리는 일반화를 할 수밖에 없다. 그래서 사람들이 특정 맥락 속에 있는 발화가 그렇게 의도된 의미들을 가질 수 있는 문장들을 선택할 수 있게 해 주고, 그들의 수신자들이 자신들이 듣거나 읽은 것을 이해하는 것이 가능하도록 만들어 줄 수 있는 원리들을 발견하려는 시도를 해야 한다.

그러므로 의미론 연구자들은 각 문장의 의미를, 한편으로 그것의 부분들의 의미로부터 발생하는 것과, 다른 한편으로 그 부분들이 서로 결합되는 방식으로부터 일어나는 것으로서 나누어서 설명하는 것을 지향한다. 그것이 결국 의미의 **합성**(compositional) 이론이다. 문장 내의 의미 있는 부분들이란 절, 구, 단어 들이다. 그리고 단어 속의 의미 있는 부분들은 형태소를 말하는 것이다.

수학 계산법에 유추하여 설명해 보자. 덧셈에 포함되는 수들은, (1.15a)에서처럼, 답에 영향을 준다. 그러므로 우리가 수들을 결합시킬 수 있는 덧셈, 곱셈 같은 연산(1.15b)을 해 보라. 둘 이상의 연산이 있으면, 그것들이 수행되는 순서에 따라 차이(1.15c)가 만들어질 수 있다. 거기서는 먼저 수행되는 연산을 소괄호로 묶어서 표시한다.

(1.15) a.	3+2=5	그러나	3+4=7
b.	3+2=5	그러나	3×2=6
c.	3(2+4)=18	그러나	(3×2)+4=10

(1.16)의 예들은 형태소로 단어를 구성하는 것에서 비슷한 예를 보여준다. 비슷하지만 동일하지는 않다. 왜냐하면 이것은 덧셈이나 곱셈이 아니라, 접두사 *un*-에 의해 수행되는 부정(negation) 또는 반대 방향(reverse) 연

산과 접미사 *-able*에 의한 "능력" 형용사 형성이기 때문이다.

(1.16) a. *un(lock able)* 'not able to be locked'
b. *(un lock)able* 'able to be unlocked'

(1.16a)에서 소괄호에 의해 가리켜지는 분석은 잠그는 고리가 망가진 로커를 묘사할 수 있을 것이고, (1.16b)는 열쇠가 방금 발견된 로커를 묘사할 수 있을 것이다. 괄호는 그 연산들의 작용역(scope), 즉 그 표상의 어느 부분에 *un*-과 *-able*이 연산을 가하는지를 보여준다. (1.16a)에서, *un*-은 *lockable*에 작용하지만 *-able*은 *lock*에만 작용한다. (1.16b)에서는, *un*-은 *lock*에만 작용하지만 *-able*은 *unlock*에 작용한다. (1.16)에서 작용역 차이에 기초를 둔 의미 차이들은 그 단어(아니, 단어의 쌍) *unlockable*만 나타나는 기이한 행태가 아니다. 이와 동일한 괄호 묶기 방식으로 *unbendable*, *unstickable* 등 수많은 다른 단어들에 대해 상응하는 의미를 산출할 수 있을 것이다.

통사론에도 마찬가지로 연산들이 적용되는 순서에 의존하는 의미 차이들이 있을 수 있다. 예 (1.17a)는 중의성이 없는 문장이다. 그것은 이틀 동안 깨어 있던 사람의 사례에 적용된다. 그러나 같은 단어들을 포함하는 (1.17b)는 중의적이다. 그것은 (1.17a)와 동일한 의미를 가지거나, 아니면 잠을 자던 누군가에 대해서는 적용되고 이틀에 대해서는 적용되지 않는 (그래서 시간은 단 두 시간일 수도 있고 어쩌면 사흘이어도 상관없는) 의미를 가진다.

(1.17) a. For two days, I didn't sleep. 'for two days (it was not so (that I slept))'

b. I didn't sleep for two days. 'for two days (it was not so (that I slept))'
아니면, 'it is not so (that for two days (I slept))'

예들의 오른쪽에 제시한 '의미들'은 표준적인 표기법으로 이루어진 것이 아니다. 그것들은 전체적인 의미가 어떻게 구성되는지에 대해서만, 형식적이지 않은 방법으로 보여주기 위해서 거기에 제시된 것일 뿐이다. (1.17a)에서 청자나 독자는 먼저, 잠자는 것의 부정을 고려하고 다음에 부정적인 상태 — 깨어 있음 — 가 이틀 동안 지속되는 것에 대해서 생각해야 한다. (1.17b)에 주어진 두 번째 의미를 이해하기 위해서는, 먼저 이틀 동안 잔다는 것이 무엇을 의미하는지 생각하고 그 다음에 그 생각을 취소하면 될 것이다. 통사론적으로, *for two days*는 (1.17a)에서 부가어(adjunct)이고 또한 (1.17b)에 보인 두 가지 의미 중에서 첫 번째 것에 대해서도 부가어다. 그것이 *slept*에 대한 보어(complement)일 때, 우리는 (1.17b)의 두 번째 의미를 얻는다. 만일 여러분이 그 문장을 처음 들었을 때 두 번째 의미를 얻는 것이 어렵다고 느꼈다면, (1.17b)를, *two*에 강세를 주어서 말해 보기 바란다.

(1.17)의 해석은, 이틀 동안 자는 것 — 또는 안 자는 것 — 에 대한 특정 문장과 관련된 일회적인 사실이 아니다. 부정과, 부가어나 보어인 전치사구 사이의 연산을 포함하고 있는 다른 문장들도 마찬가지로 상응하는 의미를 가진다. 예를 들어, 우리 가족이 읍내에서 떨어진 마을에 살고 있었을 때, 한번은 필자의 가족 중 한 사람이 전화로 (1.18)과 같이 말하는 것을 우연히 들은 적이 있다.

(1.18) I won't be in town until 4 o'clock. 'until 4 p.m. (it is not so (that (I be in town))'
아니면, 'it is not so (that until 4 p.m. (I be in town))'

필자는 (1.17b)에 대해 주어진 두 의미와 비슷한 이 의미들 중에서 어느 쪽이 의도된 것인지 분간할 수가 없었다. 오후 4시까지 읍내에서 벗어나 있고 바로 그때나 그 이후에 읍내에 도착할 수 있다는 뜻이었는지, 아니면 좀 이른 시간에 읍내에 도착하지만 그 다음에 오후 4시까지 또는 그보다 늦게까지 읍내에 머무를 수는 없다는 뜻이었는지 알 수 없었다. 만일 화자가 그 말 대신 "Until 4 o'clock, I won't be in town."이라고 말했다면, 그것은 (1.17a)처럼 중의성이 없었을 것이다. (합성성과 작용역에 대한 보다 상세한 것은 2장과 7장에서 살펴보기로 한다.)

관용어는 예외적인 것들이다. 어떤 표현의 의미가 합성적이지 않으면 그것은 관용어라고 할 수 있다. 즉 그것은 그것의 부분의 의미들에 대한 지식과 그것들이 결합된 방식으로부터 산출될 수가 없다. *come a cropper*는 '곤두박질치다'를 의미하지만 우리는 이 의미를 *come*, *a*, *crop*, *-er*로부터 도출할 수 없다. '시무룩한'을 의미하는 *browned off*, '동의하다'를 의미하는 *see eye to eye*가 또 다른 그런 예들이다. 관용어는 단순히 전체로서 습득되어야 한다. (더 많은 논의를 위해서는 Grant and Bauer 2004를 참조하라.) 통상적인 단일형태소로 된 단어들은, 어떤 의미에서는 이와 마찬가지로 관용어라고 할 수 있다. 우리가 단어 *pouch*에 대해 뭔가 할 수 있기를 바란다면 기껏해야 그것을 그것의 의미 'small bag'과 짝지어 주는 것뿐일 것이다. 'pouch'의 의미는, *ouch*의 의미와 *p*에 대해 가정될 수 있는 의미로부터 합성적으로 산출될 수가 없다.

1.3.3 함의

함의(entailment)는 의미론에서 가장 중심이 되는 중요한 추론 유형이다. 명시의미나 함축의미라고 불리는 화용론적 추론은 취소될 수 있지만(1.1.3절 마지막 부분 참조), **함의**는 보증된 것이다.

> **표기법**
>
> ⇒는 함의를 표상한다.

(1.19a)는, 함의를 나타내는 표기법 ⇒를 사용하여, *The accommodation was excellent*가 참이라면, 우리가 그것(동일한 시점에서의 동일한 숙박시설)이 아주 좋았다(very good)는 것을 확신해도 좋다는 것을 가리켜 준다. (1.19b)에 있는 진술은 만일 그것이 훌륭했다(excelent)면 그것이 (적어도) 좋았다(good)는 것을 나타내며, (1.19c)는 그것이 (적어도) 괜찮았다(OK)는 것을 나타낸다.

(1.19) a. The accommodation was excellent ⇒ The accommodation was very good
b. The accommodation was excellent ⇒ The accommodation was good
c. The accommodation was excellent ⇒ The accommodation was OK

엄밀히 말해서, **함의**는 명제들 사이에 성립하는 것이다(1.3.1절 참조). 그러나 평서문에 기반을 두고 명시화된 발화가 명제를 표현하는 것이므로, 어떤 문장에 대해 그 문장이 다른 문장을 함의하고 있는 것으로 생각하는 식의, 중간 단계 생략이 그다지 해가 되지는 않을 것이다. (각 문장이 그것이 가진 의미들 가운데 단 하나의 것으로 생각되고 그래서 결국 그것이 명시화된 발화인 것으로 여겨지기만 한다면 말이다.) (1.1.2절 참조)

(1.5)에서 A가 만들었던 'not all that good'이라는 추측의 취소 가능성과 (1.19)의 추론들이 가진 확실성 사이의 대비를 관찰해 보기 바란다.

(1.20)의 예들은 함의의 더 많은 특징을 보여준다.

(1.20) a. Moira has arrived in Edinburgh.
b. Moira is in Edinburgh.
c. Moira has arrived in Edinburgh. ⇒ Moira is in Edinburgh.
d. *Moira has arrived in Edinburgh and she is not in Edinburgh.

(1.20a)가 참이면, 우리는 (동일한 Moira와 동일한 도시에 대한 것이라면) (1.20b)도 참이라고 확신할 수 있다. 이것은 (1.20c)에서 함의에 대한 진술로서 제시되어 있다. 함의를 취소하려는 시도는 (1.20d)과 같이 결국 모순에 이르고 만다. 만일 (1.20d)의 선행절이 참이라면, 그것은 *and* ... 절의 비-부정형으로 표현된 명제를 함의한다. 부정 절에 결합시키면 모순을 낳는다.

예 (1.21a,b)는 (1.20a)의 다른 함의들을 보여준다.

(1.21) a. Moira has arrived in Edinburgh ⇒ Moira is not in Birmingham
b. Moira has arrived in Edinburgh ⇒ Moira went to Edinburgh

*arrived*라는 단어는 제시된 함의들을 가지기 때문에 (1.20a)에 중요한 기여를 한다. 예를 들어 *lived*나 *been*이 *arrived*를 대신한다면 함의들이 달라질 것이다. 만일 영어에 충분히 숙달되지 않은 사람이 *arrive*가 무슨 뜻이냐고 묻는다면, (1.20a) 같은 문장이 예로 주어질 수 있다. Moira가 다른

곳(말하자면 버밍엄 같은 곳)에서 여행을 떠났고 지금은 에든버러에 있다는 것을 의미한다고 설명하면서 말이다. ((1.20a)에 있는 *has*를 가진 구성은 문법책에서 현재 완료라고 불리는 것인데, (1.20c)의 함의에 결정적인 것이다. 6장을 보라.)

만일 (1.20a)가 이해되고 참으로 받아들여진다면, (1.20c)와 (1.21a,b)에 있는 함의들 가운데 어떤 것도 굳이 말로 나타내질 필요가 없다. 그것들은 (1.20a)가 참이라는 것으로부터 자연히 따라온다. 즉 그것들은 그 문장으로부터 추론된다. *arrive*의 의미로부터 도출되는 것이다. 말하거나 글을 쓸 때 어느 단어들을 사용할 것인지 선택하는 주된 요령은, 함의들 가운데 적절한 것을 선별하는 것이다. 단어의 **개념의미**는 이제 문장들이 그 단어를 포함함으로써 얻는 특별한 함의 가능성이라는 측면에서 정의될 수 있다. 단어 의미의 어떤 측면이 될지 모르겠지만, 문장이 그것의 함의들을 가지게 되는 데 책임이 있는 것이 바로 그 단어의 개념의미인 것이다. (2, 3, 4장은 단어의 다른 종류들의 개념의미에 대해 탐색한다. 함의라는 개념은 모든 장에서 다시 출현할 것이다.)

요약

청자들과 독자들은 발화의 발신자가 전달하려고 하는 것을 추측하는 일을 한다. 만족스러운 추측이 만들어지는 순간 발신자는 그 의미를 전달하는 데 성공한 것이 된다. 화용론은 우리가 발화들을 어떻게 해석하는지, 그리고 어떻게 해석 가능한 발화를 생산하는지에 대한 것이다. 어느 방향으로든 맥락과 배경 지식을 고려하면서 말이다. 그런 해석은 정보에 기반을 둔 추측이다. 거기에는 실수가 있을 수도 있다. 명시의미는 화용론적 해석에서 중의성 제거와 지시되고 있는 것을 알아내는 일을 포함하는 기본 단계다. 지시하는 일과 다른 사람들의 지시 행동을 이해하는 일은 대개 화시를 사용하거나 화용론적으로 해석하는 것을 필요로 하는데, 그것들은 발화 상황과 직접 연결된 의미를 가지고 있다. 화용론적 정교화의 그 다음 단계는 함축의미, 곧 발화의 취지가 무엇인가에 대한 추측을 산출한다.

의미론은 언어 사용자들이 단어와 문장 의미에 대해 가지는 문맥-독립적인 지식에 대한 연구다. 구성의 의미는 더 작은 단위들의 의미로부터 합성적으로 조립되어 만들어지며, 어느 연산들의 작용역 속에 무엇이 들어오느냐가 구성의 의미에 영향을 줄 수 있다.

의미론은 기술적인 것이며, 단어들이 역사적으로 어떻게 그것들이 가지고 있는 의미를 가지게 되었는지는 주요한 관심사가 아니다. 의미론 연구자들은 모든 인간 지식에 대한 백과사전적 개요를 작성하는 것을 지향하지 않는다. (평서문에 기반을 둔) 명시화된 발화는 명제를 표현하는데, 그것은 참이거나 거짓일 수 있는 것이다. 의미론에서 중심이 되는 추론의 종류는 함의다. 함의는 주어진 명제가 참일 때 마찬가지로 참인 것으로 보증되는 명제들이다. 엄밀하지 않게 다룬다면, 우리는 함의를 문장들 사이의 연결로 생각할 수도 있다.

단어의 개념의미는 그것이 표의하는 것(그것이 언어 바깥의 세상과 어떻게 연결되는가)과 그 단어가 문장들에 제공하는 함의 가능성들을 결정한다. 본서에서, 개념의미는 한 언어 내에서 표현들의 개념의미들 사이에서 성립하는 의미 관계들을 통해서 접근될 것인데, 그 의미 관계들의 성립 방식은 후속하는 장들에서 더 분명해져야 할 것이다.

연습 문제

1. 다음과 같은 두 가지 단어 집합이 있다. {*arrive*, *be in/at*, *leave*}와 {*learn*, *know*, *forget*}. 이 두 집합 사이에는 전체적인 의미의 유사성 — 평행 — 이 존재한다. 여러분은 그것을 볼 수 있는가? 이렇게 시작해 보자. 어떤 장소에 있지 않던 사람이 도착에 의해 그곳에 있게 될 수 있다. 그 사람이 그 다음에 떠나면 어떻게 되는가? 두 집합 사이의 유사성을 발견했다면, 다음의 부차적 질문에도 답해 보라. 이것은 의미론의 소관인가, 아니면 화용론의 소관인가?

2. 학생: "제 시험 성적이 어떤가요?" 선생님: "낙제는 아니야." 선생님이 말하기로 선택한 것은 학생으로 하여금 어느 정도의 성적이 달성된 것으로 추측하는 것을 허용하는가? 그 성적은 높을 것 같은가 아니면 낮을 것 같은가? 여러분이 그렇게 답한 이유를 간략히 제시하여 정당화해 보라. 이렇게 하는 동안 여러분은 의미론을 한 것인가, 아니면 화용론을 한 것인가?

3. *Pick the right lock*는 중의적인 문장이다. 적어도 그것이 가질 수 있는 두 가지 의미를 진술해 보라. 얼마나 많은 다른 명제들이 관련될 수 있었겠는가?

4. *dishonest*라는 단어는 'not honest'를 의미한다. 다음 다섯 단어들 또한 모두 의미의 일부로서 'not'를 가지고 있다. *distrust*, *disregard*, *disprove*, *dislike*, *dissuade*. 각각의 의미에 대해서, 앞에서 *dishonest*에 대해서 앞에 제시한 것처럼, 두 단어짜리 주석을 달아 보라. 단어들에 대해 그것이 들어간 문장을 생각해 보는 것이 아마도 도움이 될 것이다. 두 가지 다른 배열 방식이 있다. 그 차이를 설명하기 위해 (1.3.2절에서 도입된) '작용역'이라는 말을 사용하라.

5. 아래에 *not good enough*의 의미를 설명하는 만족스럽지 못한 시도가 제시되어 있다.

*not good*은 'bad or average'를 의미한다. *enough*는 'sufficient(ly)'를 의미한다. 따라서 *not good enough*는 'sufficiently bad-or-average'를 의미한다.

소괄호를 활용하여, 왜 그 구가 실제로는 'inadequate'를 의미하는지 설명해 보라.

6. (수업 시간 토론 문제) 한번은 어떤 사람이 필자에게 말했다. "You and I are well suited. We don't like the same things(당신과 나는 잘 어울려요. 우리는 같은 것들을 좋아하지 않지요.)" 필자는 그 맥락이 다음을 암시한다는 것을 물어서 확인했다. 화자는 다음과 같은 내용을 전달하려고 한 것이다. 'You and I are well suited, because the things we don't like are the same.(당신과 나는 잘 어울린다. 왜냐하면 우리는 좋아하지 않는 것들이 같다.)' *We don't like the same things(우리는 같은 것들을 좋아하지 않는다)*는 중의적이다. 그러나 *We dislike the same things(우리는 같은 것들을 싫어한다)*는 관련된 점에서 중의적이지 않다는 데 주목하라. 중의성에 대해 설명해 보라. 그리고 중의적이지 않은 다른 대안에 대해서도 논평하라.

7. 다음 문장들에서 어느 것이 어느 것을 함의하는가?

1. The students liked the course.
2. The students loved the course.
3. The rain stopped.
4. The rain ceased.

추천 논저

더 자세한 내용을 제공하고 있는 읽을 만한 교과서로는 컨즈(Kearns,

2000)와 사이드(Saeed, 2003)가 있다. 둘 다 형식의미론에 대한 소개를 포함하고 있는데 이 점에서는 컨즈가 특히 좋다. 크루즈(Cruse, 2000)는 단어 의미에 관한 많은 흥미로운 통찰을 제공하고 있다. 블레이크모어(Blakemore, 1992)는 4장에서 해석의 세 단계, 즉 문자적 의미, 명시의미, 함축의미에 대해 상세히 설명해 준다. 그런디(Grundy, 2000)는 화용론에 관한 이해하기 쉬운 책이다. 웨일즈(Wales, 1986)는 아동 언어에서의 화시에 관한 흥미로운 논문이다.

제 2 장

형용사 의미

Adjective meanings

개관

크루즈(2000: 289)는 형용사 의미들은 흔히 일차원적이라는 점에 주목한다. *thin-thick, fast-slow, cool-warm, young-old, true-false* 같은 단어 쌍들에 대해 생각해 보라. 두께(thickness)는 오직 하나의 단조로운 차원에만 관심을 가질 뿐, 길이나 넓이에는 관심을 가지지 않는다. 속도(speed)에 대해서, 우리는 기온, 높이, 연한을 무시할 수 있다. 형용사 의미는 이런 식이다. 이것은 형용사를, 단어 의미에 대해 이해하려는 시도에서 좋은 출발점으로 만들어 준다. 이 장은 형용사들 사이에 성립하는 다양한 종류의 의미 관계, 특히 유사성과 대립성에 관심을 가진다. 다음 세 가지의 다른 주제에 대해서도 운을 뗀다. 그것들은 의미 공준, 등급성, 형용사가 명사를 꾸밀 때 일어나는 의미들을 어떻게 설명할 것인가에 대한 것이다.

2.1 단어 의미를 제시하기 위해 언어를 사용하는 것

(2.1) little - small, not big; not much
small - little in size
big - large in size
much - large in quantity
large - ample in extent
ample - large in extent
tiny - very small
short - 1. not long; 2. small in stature, not tall

(2.1)에 단편적으로 제시된 표제어들은 사전에서 나타날 법한 것들이다. *short*에 대한 표제어에서, 숫자 1과 2는 그 단어의 두 가지 다른 개념의미들을 구별해 준다. 여러분이 이것들처럼 익숙한 단어들을 사전에서 찾아볼 것 같지는 않지만, (2.1)의 항목들은 단일 언어 사전의 순환성을 예시해 준다. 그것은 자신의 꼬리를 뒤쫓는 강아지가 생각나게 한다. 그럼에도 불구하고, 그런 사전은 단어 의미에 대한 유용한 표시를 제공할 수 있다. (2.1)에 숨어 있는 암시를 통해서 우리는, 이 모든 단어들이 크기/양/넓이와 관련되는 것; *little*과 *small*은 *large*와 *big*처럼 서로 아주 유사한 의미를 가진다는 것; *big*은 *little*과 의미에서 대립된다는 것 등등과 같은 단어 의미들 사이의 관계들을 목록화할 수 있다. 만일 그런 관계망이 몇몇 곳에 닻 내려질 수 있다면, 즉 만일 몇몇 기본 단어의 의미가 알려진다면, 그것은 유용한 체계가 된다.

유아기에 우리는, 우리를 돌보아 주는 분들에 의해 힘들게 중재를 받아 (때로는 1장에서 실물 지시라고 불렀던 종류의, 가리켜 말하기의 실연(實演)이 동반되기도 하면서) 세상과 가까이 조우하는 과정에서 우리의 첫 단어들(first words)의 표의를 알게 된다. 그러나 일단 우리가 언어를 시작하면, 우리는 대부분의 다른 단어들의 의미를 언어 그 자체를 통해 습득한다. 즉 단어가 우리에게 말로 설명되도록 함으로써(어린이가 *tiny*가 'very small'을 의미한다는 말을 들을 때처럼), 또는 단어들이 포함되어 들어가는 구성들로부터의 추론에 의해서(좀 더 큰 어린이가 제럴드 더렐(Gerald Durrell)의 책 '내 가족과 다른 동물들(*My Family and Other Animals*)'이라는 제목을 보고서 사람들이 동물들로 분류되어 있는 관점도 있다는 것을 깨달을 때와 같은 예에서처럼) 말이다.

우리 책의 주된 관심은 표현들(주로 단어들, 때로 구들이기도 한 것들)의 개념의미들 사이에 있는, 한 언어 내의 의미 관계들에 대한 체계적인 기술이다. 목표는, 그 언어에 유능한 개체(개인)들의 언어학적 지식에 따라서 어느 표현들이 어느 다른 것들과 의미에 있어서 등가인가, 또는 그것들과 다양한 방식으로 대조되는가에 대해 경제적으로 그리고 통찰력 있게 진술하는 것이다.

2장의 대부분은 형용사들 사이의 의미 관계에 대한 것이지만, 2.3.2절은 형용사에 의한 명사 수식을 논의하면서 합성적 주제들에 대해서도 다룬다. (1장의 1.3.2절에서 합성성을 소개했었다.)

표의는 어떠한가? 의미론 연구자들은, 단어들과 세상 사이에 연결을 확립하는 것과, 단어에 의해 표의되는 "사물"을 인지하게 해 주는 지각 과정을 심리학자의 문제로 여기는 경향이 있다. 그러나 의미 관계에 대한 의미론적 연구가 여기에 기여할 수 있는데, 그것은 단어의 개념의미가 그 단어가 표의할 수 있는 것에 한계를 그어 주기 때문이다. 그리고 형식의미론 역시 관련되는데, 더 큰 표현들의 합성적 개념의미들이 그것들이 표의할 수 있는 것을 한정해 주기 때문이다.

2.2 형용사와 관련된 개념의미 관계

1장에서 함의라는 개념이 소개되었고, 단어의 개념의미가 문장이 전달하는 함의에 영향을 준다는 점이 지적되었다. 함의란, 개가 오면 꼬리도 자연히 따라오듯이 — 꼬리가 개보다 먼저 들어오는 경우가 아니라면 —, 주어진 명제가 참일 때 자연히 따라오는 명제다. 만일 어떤 사람이 에든버러에 도착했다는 것이 참이면, 그 사람이 그 시간에 에든버러에 있다는 것도 참이고 어딘가 다른 곳에서 여행해 왔다는 것도 참이 된다. 함의는 싫든 좋든 이해되는 것으로 반드시 표현되어야만 하는 것이 아니다. (의사소통을 할 때 시간을 많이 절약해 준다.) 이 장과 다음 장에서의 의미 관계에 대한 설명은 함의 가능성의 측면에서 구성될 것이다.

2.2.1 동의어

동의성(同意性; synonymy)은 개념의미의 등가성이다. 명사 *mother, mom, mum*은 (서로서로의) 동의어들이다. 문장 속의 한 단어가 **동의어**(synonym), 즉 개념의미가 같은 단어로 교체되면, 그 문장의 문자적 의미는 바뀌지 않는다. *My mother/mum's/mom's family name was Christie.* 사회언어학적 차이(*mom*과 *mum*이 비격식체이고, *mum*이 영국 영어에서 통용되는 반면, *mom*은 북미 영어에서 사용된다고 하는 것)는 별로 중요하지 않다. 왜냐하면 그런 것들은 문자적 의미에 영향을 주지 못하기 때문이다. (1장에서 설명되었듯이, 문자적 의미는 사용의 맥락으로부터 추상화된다.)

같은 의미를 가진 문장들은 **환언**(換言; paraphrase)이라고 불린다. (2.2a,b)의 문장들은 환언들이다. 그것들은 동의어들인 *impudent*와 *cheeky*의 상호대체성에서만 다르다.

(2.2) a. Andy is impudent.
b. Andy is cheeky.
c. (2.2a⇒2.2b)&(2.2b⇒2.2a)
d. *Andy is impudent but he isn't cheeky.
e. *Andy is cheeky but he isn't impudent.

(⇒는 함의를 표상하며, 문장 앞의 별표는 그 문장이 의미에 심각한 문제를 가지고 있음을 나타내는 기호다.)

같은 시점에 같은 앤디에 대한 것이라면, 문장 (2.2a)는 그것이 참이면 (2.2b)를 함의한다. 즉, (2.2b)의 참을 보장한다. (2.2a)가 참일 때 (2.2b)도 참이어야 한다. 그러나 환언을 상정하기 위해서는, 한 문장이 다른 문장을 함의한다는 것을 보이는 것 이상을 필요로 한다. 그때의 함의는 (2.2c)에 정리된 것처럼 양방향으로 다 성립해야 한다. 즉 (2.2a)는 (2.2b)를, 그리고 (2.2b)는 (2.2a)를 함의해야 한다. 통상적인 담화에서,[1] (2.2d)와 (2.2e)는 모순이다. 왜냐하면 함의는 취소될 수 없기 때문이다. 함의된 문장이 거짓일 때, 그것을 함의하는 문장은 참일 수 없다.

동의어 *impudent*와 *cheeky*에 대해 설명된 것은 서로 다른 두 방향으로 이용될 수 있다. 한편으로, 만일 여러분이 영어의 의미론적 기술 작업을 하고 있고, 어떤 사람이 *cheeky*를 쓸 곳에 다른 사람은 *impudent*를 쓴다는

1) '통상적인 담화에서'라는 제한을 둔 이유는 언어라는 것은 어느 정도 언어 사용자들 사이의 협상에 열려 있기 때문이다. 특히 일시적으로 언어 그 자체가 화제일 때 그렇다. 화용론 층위에서, 발신자가 뚜렷한 진지함을 가지고서 말을 하거나 글을 쓰면서 동의어인 것들을 마치 의미가 다른 것처럼 취급하고 있는 것처럼 보인다면, 수신자들은 일반적으로 합리적인 해석을 찾으려고 열심히 노력할 것이다. 그러므로 *cheeky*와 *impudent* 사이의 문체적 혹은 언어사용역(register) 면에서의 차이들이 특정 논의에서 실제적 가치를 가지는 해석을 가진다면 (2.2d)나 (2.2e)가 모순이 되지 않는 용법이 있을 수도 있을 것이다.

점에서만 서로 다른 (2.2a,b)와 같은 환언을 발견할 수 있다면, 여러분은 이 두 형용사들이 서로 동의어라는 증거를 가진 것이다. 다른 한편으로, 만일 어떤 다른 사람의 영어에 대한 의미론적 기술이 *impudent*와 *cheeky*를 동의어로 나열하고 있다면, 그것은 여러분에게, 그들이 (2.2a,b)와 같은 문장들이 서로에 대한 환언이어서 (2.2c)에 나열된 양방향 함의가 성립될 것으로 예측하고 있다는 것을 말해 줄 것이다. *impudent*가 *cheeky*의 동의어라는 주장은 (2.2d,e)와 같은 문장들이 모순이라는 것, 아니면 그 모순들이 그 두 단어가 서로 동의적이라는 증거로서 인용될 수 있다는 것을 예측한다.

두 문장 사이의 **환언**은 함의에 의존한다. 정의상, 환언은 그 문장들 사이의 양방향 함의이기 때문이다. 이전 단락의 주된 논점들은 함의는 단어들 사이의 의미 관계를 나타내고, 의미 관계는 단어들의 함의 잠재력을 나타낸다는 것이다.

우리는 어떻게 환언을 발견할 수 있는가? 아마도, 사용된 언어를 관찰해야 하고, 골똘히 생각하고 자신의 힘으로 시험 문장들을 고안해서, 특정한 함의가 있는지 없는지 판단해야 할 것이다. (2.3)의 예들은 접속사 *so*가 함의를 위한 시험 문장에서 사용될 수 있는지를 보여준다.

(2.3) a. You said Andy is cheeky, so that means he is impudent.
b. You said Andy is impudent, so that he is cheeky.

*so*는 일반적으로 추론이 만들어지고 있음을 표시한다. 우리가 문장들을 맥락 밖에서 다루고 있을 때((2.3a,b)에서의 Andy가 누구인지 중요하지 않은 경우처럼)의 추론은, 상황에 대한 지식에 기초한 일종의 추측이나 특정 앤디의 성격에 대한 것이라기보다는 함의인 것이다.

문장 (2.3a)는 전적으로 타당한 주장이다. 그것을 타당하다고 수용하는 사람들은 (적어도 암묵적으로라도) *Andy is cheeky*를 함의한다. 만일 (2.3a,b)의 주장들이 둘 다 타당하다고 수용된다면, 우리는 *Andy is cheeky*와 *Andy is impudent* 사이의 양방향 함의 — 환언 — 를 가진 것이며 그 두 형용사가 서로 동의어라고 결론지을 수 있다. ((2.3a,b)를 타당한 주장이라고 받아들이지 못하는 사람들은 문제의 형용사들 중 하나나 둘 모두를 알지 못하거나, 이 단어들 가운데 하나나 둘 모두에 대해 이 책의 저자에 의해 사용된 것과는 다른 의미들을 사용하거나, 언어학의 다른 하위분야, 예컨대 사회언어학이나 문체론의 관심사가 될 만한 차이들에 관심을 집중하고 있는 것이리라.)

동의적 형용사들의 다른 쌍들이 (2.4)에 나열되어 있다.

(2.4)	silent	noiseless
	brave	courageous
	polite	courteous
	rich	wealthy

(2.2c)에서 예시된 양방향, 전 · 후방 함의 유형은 동의성을 정의하고 있다는 것을 깨닫는 것이 중요하다. *huge*와 *big*은 의미상 서로 관련되지만 동의어가 아니다. 그런 사실은 다음 사실로부터 확인된다. *The bridge is huge*는 'The bridge is big'을 함의하지만, 반대 방향에서는 그런 함의를 얻을 수 없는 것이다. *The bridge is big*이 참일 때 'The bridge is huge'까지도 참일 필요는 없기 때문이다. (거대할(huge) 수도 있지만, 거대하지 않으면서도 클(big) 수 있으니까.)

동의성은 형용사가 아닌 다른 단어 부류에서도 나타날 수 있다. (2.5)를 보라.

(2.5) truck lorry (명사)
depart leave (동사)
quickly fast (부사)
outside without (전치사)

원칙적으로, 동의성은 한 쌍의 단어에 국한되지는 않는다. *sofa, settee, couch*는 세 단어가 서로 동의적이다.

2.2.2 상보어

그림 2.1은, 주어진 시점에서 무엇이 되었든 움직일 수 있는 것들 또는 고정되어 있는 것들의 전체 영역이 그 두 개의 중첩하지 않는 집합들 사이에 남는 것이 없이 양분된다는 사실을 묘사하려고 한 것이다. 영어에서 일상적으로 경험되고 이야기되는 세상에서, *moving*과 *stationary*는 완전한 대립이다. (물리학과 과학 소설에서 다중적인 지시점과 상대성이 출현할 가능성에 대해서는 무시하고 있다.)

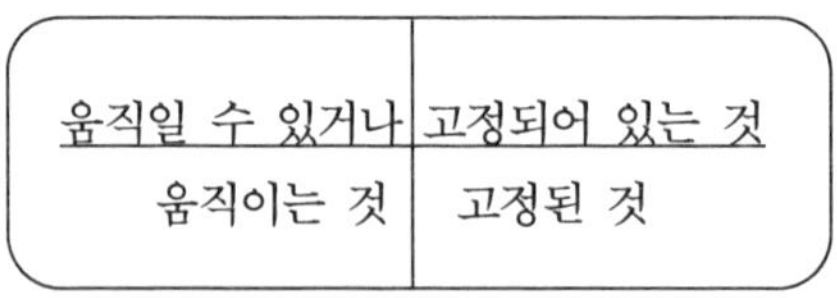

그림 2.1 상보어들은 영역을 나머지 없이 양분한다

연관된 영역들을 선명하게, 남김없이 양분하는 다른 형용사들이 (2.6)에 나열되어 있다.

(2.6)	same	different
	right	wrong
	true	false
	intact	damaged
	connected	disconnected

이것들은 상보적인 말의 쌍들이다. **상보어**(相補語; complementary)는 (2.7c)에 예시된 함의 유형으로 정의된다. (영어로는 철자에 유의해야 한다. 두 번째 음절의 모음이 *i*가 아니고 *e*다. 공짜표 — 영어로 증정용 티켓을 *complimentary ticket*라고 함 — 와는 상관이 없다!)

(2.7) a. Maude's is the same as yours.
b. Maude's is different from yours.
c. (2.7a⇒NOT2.7b)&(NOT2.7a⇒2.7b)&(2.7b⇒NOT2.7a)&(NOT2.7b ⇒2.7a)

다소 따분한 일이 될 수 있겠지만, (2.7c)에 있는 네 개의 함의들이 어떻게 모두 논리적으로 자연스럽게 뒤따라올 수 있는지에 대해 설명해 보겠다. 여기서 (2.7a,b) 두 문장의 명시의미들 사이에서 사람과 소유물은 변함없이 그대로라고 가정한다. (2.7a)가 참일 때, 즉 Maude의 것이 너의 것과 같을 때, Maude의 것이 너의 것과 다르지 않다는 것은 참이다. (이것은 (2.7c)에서 NOT2.7b로 표상되었다.) Maude의 것이 너의 것과 같지 않을 때 (NOT2.7a), 그때 (2.7b)는 반드시 참이어야 한다. 즉 Maude의 것이 너의 것과 다르다. Maude의 것이 너의 것과 다를 때(2.7b), 그때 Maude의 것은 너의 것과 같지 않다(NOT2.7a); 그리고 Maude의 것이 너의 것과 다르지 않을 때(NOT2.7b), 그때 Maude의 것은 너의 것과 같다(2.7a).

동의성의 경우와 비교해 보자면, (2.7c)가 두 **환언** 쌍(같은 의미를 가진 문장들, 또는 — 그것을 말하는 다른 방법 — 같은 명제를 표현하는 문장들)에 대한 증거를 제공한다. 만일 함의들의 양방향 쌍 (2.7a⇒NOT2.7b)와 (NOT2.7b⇒2.7a)가 성립한다면, (2.7a)는 (NOT2.7b)의 환언이다. 즉 *Maude's is the same as yours*는 *Maude's is not different from yours*를 환언한다. 그리고 (NOT2.7a⇒2.7b)&(2.7b⇒NOT2.7a)에 요약된 상호 함의가 있다면, *Maude's is not the same as yours*는 *Maude's is different from yours*의 환언이다. 그러므로 상보어들은 부정 동의어로 보일 수도 있다.

2.2.1에서의 동의어에 관한 논의에서는, 형용사를 넣도록 된 문장 틀이 지속적으로 유지되었었다. *Andy is* ________, 그러나 상보어에 대해 그 예문 틀은 (2.7a) *Maude's is the* ________ *as yours*와 (2.7b) *Maude's is* ________ *from yours* 사이에 약간 달라진 부분이 있다. 이것들은 영어 문법의 세부 사항들에 의해 야기되는 차이들이다. 그것들은 현재의 논의에서 의미론적 의의를 가지지 않는다. 여러분은 아마도 "Maude's is same from yours" 같은 잘못들을 저지른 능숙하지 못한 영어 학습자를 이해할 것이다. 대신, 상보어에 대한 필자의 설명이 한 단어 이상의 표현들, *the same as*와 *different from*과 관련해서 만들어진 것으로 보면, 그것들이 그 다음에 (2.7a,b)에서 고정된 틀에 들어맞는 것으로 볼 수 있을 것이다.

상보어들에서 우리는 긍정문들((2.7c)에서 NOT이 없는 것들)로부터 부정문들(2.7c에서 NOT을 가지지 않는 것들)로의 함의들을 얻으며, 다시 거꾸로 부정문들로부터 긍정문들로의 함의들을 얻는다. 다음 절에서 필자가 *반의어(antonym)*라고 부르고 있는 대립의 종류는 (2.7c)에 보이는 네 개의 함의 가운데 둘과만 평행한 유형을 나타낸다는 것을 볼 수 있을 것이다.

2.2.3 반의어

반의어라는 말은 때로 어떤 종류의 대립이라도 의미할 수 있도록 사용된다. 필자가 (2.8)의 *noisy*와 *silent*에 의해 예시되는 한 가지 특별한 종류의 대립에 그 말을 적용하는 것은 대부분의 의미론 연구자들의 관행을 따른 것이다.

(2.8) a. The street was noisy.
b. The street was silent.
c. (2.8a⇒NOT2.8b)&(2.8b⇒NOT2.8a)
d. ~~(NOT2.8a⇒2.8b)&(NOT2.8b⇒2.8a)~~

(2.8d의 줄을 그어 지운 것은 의도된 것이며, 아래에서 설명될 것이다.)

반의성(反意性; antonymy)은 (2.8c)에 있는 것 같은 함의 유형에 의해 정의된다. 만일 우리가 (2.8a)가 참임을 알면, 우리는 동일한 시간에, 동일한 거리(의 같은 부분)와 관련하여 (2.8b)가 거짓이라거나 똑같이 (2.8b)의 부정이 참(2.8a⇒NOT2.8b)이라는 것을 확신한다. 그리고 만일 우리가 (2.8b)가 참임을 알면, 다시 장소와 시간을 늘 동일하도록 유지한다면, 그 거리가 시끄럽지 않다는 것이 자연히 따라온다(NOT2.8a).

(2.8c)에 보인 함의들은 둘 다 긍정문으로부터 부정문 쪽으로 일어난다. 반의어 쌍들을 가지고서, 우리는 (2.8d)의 함의를 얻지 못한다. 그것들은 그것들이 유지되지 않는다는 것을 나타내기 위해 삭제되었다. 그것들이 성립되지 않는 이유는 그림 2.2에서 필자가 제안하려고 하는 것처럼, *noisy*가 표의하는 것과 *silent*가 표의하는 것 사이에 중간 지대가 있기 때문이다.

시끄럽거나	조용할 수	있는 것
시끄러운 것	시끄럽지도 조용하지도 않은 것	조용한 것

그림 2.2 반의어들 사이에는 중간 지대가 있다.

어느 도시에서 어떤 거리가 시끄럽다고 하는, 시장에 대한 민원이 있었다고 가상해 보라. 그 시장이 이를 부인하자, 그 다음에 그 민원인은 “이런, 그곳은 조용하지 않아요.”라고 말한다. 이에 대해 시장은 다음과 같이 말함으로써 적절하게 답할 수 있다. “맞아요, 그렇지만 시끄럽지도 않지요.” *시끄럽다(noisy)*고 여길 만큼 크지도 않고 *조용하다(silent)/소음이 없다(noiseless)*고 말하여질 수도 없는, 소리 층위의 중간적인 범위가 있다.

(2.9)에는 다른 반의어 쌍들이 나열되어 있다.

(2.9)	thick	thin
	rich	poor (또는 *wealthy*가 *rich*의 동의어이므로, *wealthy-poor*)
	polite	rude (*courteous*와 *polite* 사이의 동의성 때문에, 이것은 다음과 같은 대립이다. *courteous-rude/discourteous/impolite*)
	humble	vain/proud/boastful
	rare	frequent/common
	patient	impatient
	brave/courageous	cowardly
	early	late
	harsh/severe	lenient

stubborn/obstinate	compliant
happy	sad
full	empty

(2.9)에 있는 목록은 (2.4)와 (2.6)에 주어진 것들보다 더 길다. 세 개의 목록은 모두 쉽게 확장될 수 있을 것이지만, 반의어 쌍들의 목록은 동의어나 상보어의 목록보다 쉽사리 더 길게 만들어질 수 있다. 그렇게 많은 동의어들이 있지 않은 것에 대한 설명은 그것이 일종의 사치라는 것이다. *courteous*는 우리가 *polite*라는 단어를 사용하는 것으로부터 얻는 것보다 더 많지도 더 적지도 않게 동일한 함의들을 제공하다. 그러므로 정보의 전달이 우리의 유일한 관심이라면, 그것들 가운데 하나가 없어도 아무 문제가 없다. 동의어들은 아마도 우리로 하여금 표현력 있게 말하거나 쓸 수 있게, 우리가 같은 정보를 전달하고, 모음 압운(assonance), 각운(rhyme), 리듬을 조종하는 방식을 다양할 수 있게 해 주기 때문에 용인되는 것이다. 이와 비슷한 이유로, 상보대립쌍의 두 구성원을 다 가지는 것도 사치로 생각된다. 예를 들어, 우리가 어떤 정보를 전달하든지, *false*라는 단어는 *not true*를 말함으로써 마찬가지로 이해될 수 있고 그 역도 성립한다. 그러나 어떤 상황에서는 부정이나 긍정을 더 적절하게 만드는 관점에 대한 고려들이 있기 때문에, 우리는 각 상보대립쌍 가운데 한쪽을 기꺼이 포기하지 못하는 것뿐일 것이다.

2.2.4 관계반의어

반의어 쌍 구성원들의 일반적 특질은 문법학자들이 비교형이라고 부르는 것을 가지고 있다는 것이다. 그것들은 비교 접미사 *-er*(예를 들면, *thicker, poorer, humbler*)나 *more*+형용사 구성(예를 들어, *more humble,* *more patient, more obstinate*과, *humble*처럼 두 가지 방법 어느 쪽에 의해서나 만들어질 수 있는 약간의 단어들을 포함함)이다. 반의어 쌍의 비교 형식은 그것들 사이에 관계반의성이라고 불리는 흥미로운 의미관계를 가진다. {*richer, poorer*} 쌍은 (2.10)에 예시된 것처럼 사용된다.

(2.10) a. California is richer than some countries.
b. Some countries are poorer than California.
c. (2.10a⇒2.10b)&(2.10b⇒2.10a)

(2.10)에 예시된 함의 유형은 **관계반의성**(關係反意性; converseness)을 정의해 준다. 우선, (2.10c)가 (2.10a)에서 (2.10b)로, 또 반대로 (2.10b)로부터 (2.10a)로 양방향 함의를 나타낸다. 이것은 (2.10a)와 (2.10b)를 서로의 환언일 수 있게 해 준다. 이런 관점에서, 그것은 동의어와 유사한 관계이다. 그러나 (2.10a)와 (2.10b) 사이에는 중요한 부가적인 차이가 있다. (2.10a)로부터 (2.10b)로 가면서 *richer*가 *poorer*로 대체되었을 뿐만 아니라, 명사구 *California*와 *some countries*가 맞교환 되었다. 관계반의어들은 이와 같이 명사구의 재배열을 요구하는 동의어의 일종이다. (*is*로부터 *are*로의 변화는 여기서는 의미론적으로 관여되지 않는 영어 문법의 세부적 문제다.)

관계반의성은 비교 형용사들뿐만 아니라 다른 단어류에서도 발견된다. (2.11)에서 몇몇 예들이 제시되어 있다.

(2.11) parent of	child of	(명사)
precede	follow	(동사)
above	below	(전치사)

2.2.5 네 가지 의미 관계의 비교

이 장에서 더 많은 의미 관계가 도입되지는 않을 것이다. 따라서 이쯤에서 정리를 한번 하는 것이 좋을 것 같다. 표 2.1은 이 장에서 언급되었던 많은 특질들과 관련하여 지금까지 다루어진 의미 관계들을 비교한다. (3장에서, 세 개의 의미 관계가 더 도입될 것이다.)

표 2.1 네 개의 다른 의미 관계를 정의하는 함의 유형

	함의 유형			
의미관계	*양방향 함의*	*부정에 대한 긍정*	*긍정에 대한 부정*	*환언 구성 방법*
동의어	○			대체
상보대립어	○	○	○	대체와 부정
반의어		○		환언 구성 불가
관계반의어	○			대체와 명사구 재배열

표에 있는 항목들과 관련시키는 것을 용이하게 하기 위해 이 네 의미 관계에 대한 함의의 정의 유형을 (2.12)에 요약한다.

(2.12) 동의어: (2.2a⇒2.2b)&(2.2b⇒2.2a) (2.2c)
상보어: (2.7a⇒NOT2.7b)&(NOT2.7a⇒2.7b)&
(2.7b⇒NOT2.7a)&(NOT2.7b⇒2.7a) (2.7c)
반의어: (2.8a⇒NOT2.8b)&(2.8b⇒NOT2.8a) (2.8c)
관계반의어: (2.10a⇒2.10b)&(2.10b⇒2.10a) (2.10c)

2.2.6 의미 공준

의미 공준(意味公準; meaning postulate)은 루돌프 카르납(1891-1970)에

의해서 단어 의미로부터 온 정보 함의를 논리 체계 속으로 통합하기 위한 방식으로 개발되었다. 이것에 대한 간략한 설명은 의미 기술의 몇 가지 더 넓은 의의를 감상하는 데 도움을 줄 것이다. 먼저, 우리는 구조에만 의존하는 추론들과 특정 단어들의 의미에도 의존하는 추론들 사이를 구별할 필요가 있다.

(2.13) Rupert is a friend of mine
and if he is a friend of mine then I am willing to lend him my bicycle.
Therefore I am willing to lend Rupert my bicycle.

(2.13)의 끝에 있는 추론 — *Therefore*라는 단어 위에 따라오는 것 — 은 전적으로, 삼행 담화의 구조에 의존한다. 그 논증(reasoning)은, 전제(첫 번째 진술문)가 옳으면 항상 참인 결론이 따라오는 특정한 양식에 맞는다는 단순한 이유로 타당하다. 그 양식은 (2.14)에 제시되어 있다.

(2.14) p
& (if p then q)
There q

처음 두 줄에서 두 전제들이 참일 때, 그 결론은 반드시 참이어야 한다. 여기서 타당성을 보증해 주는 것은 개별적 단어들이나, 말하여진 특정한 생각들보다는 담화의 구조라는 것을 강조하기 위해서, 같은 양식의 또 다른 예인 (2.15)를 보자.

(2.15) We are sailing towards the Arctic
and if we are sailing towards the Arctic then we are sailing

northwards.
Therefore we are sailing northwards.

반면, (2.14)나 (2.15)와 대조적으로, (2.16)은 특정 단어의 의미에 결정적으로 의존하는 추론이다.

(2.16) The A380 is bigger than a B747.
(+ 'bigger'와 'smaller' 사이의 의미 관계에 대해서 진술되지 않은 사실)
Therefore a B747 is smaller than the A380.

괄호 속에 있는 것을 제외해도 (비록 그들은 여기서의 지시가 두 종류의 항공기라는 것을 깨닫지 못하더라도) 영어를 아는 사람들에 의해서 타당한 것으로 받아들여지는 주장이 이루어진다. *The A380 is bigger than a B747, therefore a B747 is smaller than the A380*. 그러나 그것은 담화의 구조로부터 따라오지 않는 주장이다. 그 담화는 구조 'p therefore q'를 가지며, 그것은 논증의 일반적으로 타당한 방식의 배열이 아니다. 만일 공식 'p therefore q'가 일반적으로 타당하다면 우리 p와 q를 무엇으로 대치하든 그것은 만족스러운 논증을 도출해야 한다. 그러나 실제로 이 양식은 (2.17)에 제시된 것처럼 무의미한 말을 내놓을 뿐이다.

(2.17) Rupert is a friend of mine.
Therefore we are sailing northwards.

의미공준은 (2.16)의 논증이 타당한 것으로 보이기 이전에, p와 'therefore q' 사이에 요구된다. (2.16)에 대해 요구되는 특정 의미공준은 영어에 대한 언어학적 사실을 나타내야 한다. '어떤 사물 x가 다른 사물 y보다 더 클

때, 그럴 때 y는 반드시 x보다 작다; 그리고 그 역도 성립한다.' 결과적으로, 이것은 관계반의성의 의미 관계로 요약되는 정보다. 논리의 형식적 체계에는 이것과 위에서 논의되어 온 다른 의미 관계들을 나타내는 방식이 있다. 의미 관계를 명시적으로 수용하는 설명에 대해서는 Cann(1993: 218-24)을 보라. (그러나 기호논리에 대한 공부 없이는 그 세부사항들을 파악하기는 어렵다는 것을 알게 될 것 같다.)

2.3 형용사가 들어 있는 구성

2.3.1 등급화가능성

2.2.4절에서 논의된 비교형들은 더 일반적인 현상의 한 측면이다. 많은 형용사들 — 부사들도 그렇지만 여기서는 일단 무시하기로 한다. — 은 등급화할 수 있다. 이 말은 그 언어가, 그들이 표의하는 질(質)의 다른 수준이나 정도를 표현할 수 있는 방법을 가지고 있다는 뜻이다. (2.18)에 예들이 주어져 있다. 관련된 등급화가능성과 연관된 지시자들을 이탤릭체로 표시하였다.

(2.18) Card is thick*er* *than* paper.
Showers will be *more* frequent tomorrow.
He is the rud*est* person I've ever met.
They are *too* rare to stand any chance of survival.
Just *how* patient do you have to be?
The conditions were *very* harsh.

(2.18)에 주어진 예들에서 형용사들은 모두 다른 단어와 함께 반의어 쌍

의 구성소가 되는 것들이다. 그것들은 척도의 한쪽 끝으로 향하는 영역을 표의한다. 예를 들어, 두께(thickness)의 척도가 있는데, 거기에서 *thick*는 한쪽 끝을 향하는 값들을 표의하고, *thin*은 다른 쪽 끝을 향하는 값들을 표의한다. 흥미롭게도, 흔히 그 척도상의 위치를 질문할 때 사용하는 경우, 각 쌍의 한쪽 구성원은 선입관을 나타내며, 반면 그 쌍의 다른 구성원은 중립적인 질문에 사용된다. (2.19)의 짧은 대화를 보라.

(2.19) a. A: "How thin is that piece of wood?" B: "It's very thin."
b. C: "How thin is that piece of wood?" D: "It's not thin; it's as thick as my forearm."
c. E: "How thick is that piece of wood?" F: "It's very thick."
d. G: "How thick is that piece of wood?" H: "It's pretty thin, about 4 millimetres."

*thin*을 가진 질문들 (2.19a,b)는 선입관이 있다. 발신자 A와 C는 그 나뭇조각을 'thin' 영역 내의 어느 곳에 두는 질문들을 기대한다. 그래서 만일 화자 D가 두꺼운 나뭇조각을 마주하고 있다면 먼저 "It's not thin."이라고 말해서 C의 기대를 부인하는 것이 자연스럽다. 그러나 *thick*를 가진 중립적인 질문 (29c,d)는 단순히 그 나뭇조각이 thin-thick 척도 위의 어디에 있는지에 대해 묻는 것일 뿐이다. 그러므로 화자 H에게 "It's not thick"와 같이 말함으로써 대답을 시작해야 한다는 부담감이 없다.

상보대립어 쌍(*same-different, right-wrong* 등)의 구성원들은 등급화에 저항한다. (2.20)의 예들을 보라.

(2.20) *Twins are sam*er/more* same than siblings.
*That is the right*est* answer I have heard today.

*The jury heard evidence that was *too* false to accept.
?*How* disconnected is this kettle from the power supply?
?They left the door *very* open.

최상급(*best*와 *fastest* 같은 것)과 암시적 최상급(*freezing* 같은 것)은 척도의 극단을 나타낸다. (2.21)에 등급화 불가능의 경향성을 보이는 몇 가지 예들이 주어져 있다.

(2.21) *The other team was best*er* than ours.
*In the inner city walking is *more* fastest.
*The presentation was *very* excellent.
?The hospital kitchen was *too* spotless.
**How* scorching was the weather in Luxor.

상보대립어나 암시적 최상급과 모두 어울릴 수 있는 부사들이 있는데, 그것들은 대부분의 통상적인 반의어들과는 어울리지 못한다. "극대화사(maximalizers)" *absolutely*와 *completely*가 이런 부사들에 속한다. (2.22)에 몇몇 예들이 제시되어 있다.

(2.22) 반의어들과 어울려 : *The shrink wrapping was absolutely thin.
*Her friends were completely proud of her.
상보대립어들과 어울려 : You'll look completely different with your hair restyled.
What you say is absolutely true.
암시적 최상급과 어울려 : ?Digital sound reproduction is completely perfect.
The weather has been absolutely freezing.

2.3.2 명사 수식 형용사

*green bicycles*에서처럼 형용사가 명사를 수식할 때 명사와 형용사 의미들은 어떻게 결합되는가? 여기서는 흥미로운 문제들이 이 분야에서 생겨난다는 것을 보이는 데 충분한 정도로만 언급하려고 한다. 그림 2.3에서 묘사된 것처럼, 어떤 경우들에 대해서는 집합들 사이의 교집합이라는 측면과 관련된 단순한 해석이 잘 들어맞을 것이다.

그림 2.3에서 왼편의 타원은 *green*인 것들, 즉 있을 수 있는 모든 녹색 실재물들에 의해 표의되는 집합을 표상한다. 오른편의 타원은 *bicycle*에 의해 표의되는 실재물들, 즉 모든 자전거들의 집합을 표상한다.

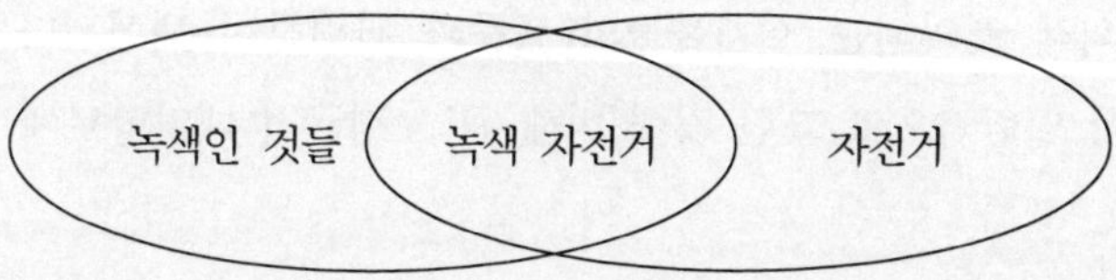

그림 2.3 명사를 수식하는 형용사의 단순한 예들은 집합들의 교집합과 같다.

두 타원형의 교집합은 두 집합 모두에 포함되는 것들, 즉 녹색이면서 자전거인 것들을 포함한다. 이것은 두 의미가 어떻게 결합되는지를 설명하기에 충분히 만족스럽다. 이 교집합 도식에 맞는 형용사들은 **교집합적**(intersective) 형용사라고 불린다.

어떤 형용사들은 직접적으로는 비교집합적이다. *former, imaginary, fake. former champions*는 *champion*이라는 단어에 의해 단순한 방식으로 표의되지 않는다. *fake Stradivarius*는 더 이상 Stradivarius가 아니다. Lappin (2001)은 그런 경우를 다루기 위한 형식의미론적인 몇 가지 제안에 대해 개관해 주고 있다.

여기에, 비교집합적 수식에 해당하는 두 가지 유형이 더 언급될 것이다. 한 부류는 상대적 형용사(relative adjectives; Cruse 2000: 290)라고 불릴 수 있는 것으로부터 생겨난다. (2.23)에 두 개의 예들이 있다.

(2.23) A big molecule is a small thing. (큰 분자는 작은 사물이다.)
A narrow shipping lane can be a wide stretch of water (if you are thinking of swimming it). (좁은 대양항로는 넓은 펼쳐진 물일 수 있다 — 만일 여러분이 그곳을 헤엄쳐 건널 생각이라면 — .)

small, big, wide, narrow 또는 수많은 다른 관계적 형용사들 가운데 어떤 것을 통한 수식을 교집합적으로 설명하는 것의 문제점은 형용사가 그 명사에 의해 표의되는 실재물들의 표준과 관련하여 해석된다는 것이다. '분자들이 일반적으로 그런 것에 비해 큰', '평균적 대양항로에 비교될 때는 좁은'.

수식에 대한 교집합적 설명이 가능하지 않은 또 다른 경우들의 집합은 (2.24)의 중의성에 의해 예시된다.

(2.24) He's the best politician in the country. (그는 나라에서 제일 좋은/최고의 정치인이다.)

우리는 (2.24)를, 인간으로서의 그에 대해서 동의가 되든 되지 않든 정치 활동에 유능한 사람을 묘사하기 위해서 사용할 수도 있고, 다른 한편 정치 수행 능력에서는 유능하든 그렇지 않든 좋은 사람이고 우연히 정치인이 된 사람에 대해 기술하기 위해서 사용할 수도 있다. 첫 번째 의미는 사람들의 특정 부류들에 대해서 특징적 역할, 의무, 행위 또는 기능이 있다는 사실에 의존하는 것으로 보인다. 정치인은 정치에 종사하고, 자수가는 수놓고, 농부는 경작하고, 배관공은 관을 배설하거나 급·배수 시스템을 수리한다. 이제 어떤 형용사들은 특징적인 역할이 수행되는 범위에 대한 자격 제한을 가하는 것으로 여겨질 수 있다(이런 해석에서 *best politician*은 정치를 가장 잘 수행하는 사람이다.). 동일한 형용사가 또한 사람들로서 사람들의 됨됨이를 기술하기 위해 사용될 수 있다면 중의성이 있다(*best politician*은 가장 고결한 사람으로 이해될 수 있을 것이다). 명사가 무생물인 어떤 것을 표의하는 경우라면, 그 유일한 해석은 그 기능이 형용사에 의해 자격 제한이 되는 해석일 것 같다. 예를 들어, *good shovel*은 삽질에 평균적으로 적합한 것보다 더 나은 삽이라는 뜻이 될 것이다.

2.3.3 쌍보다 더 큰 집합

이 장에서 논의되는 형용사들의 대부분은, 동의성의 경우에는 쌍에 제한되지 않는다는 점을 지적했었지만, 대체로 쌍으로 된 것들이었다. 3장에서, 쌍보다 더 클 수 있는 단어들의 집합들의 의미들 사이에 유지되는 또 다른 의미 관계가 도입될 것이다. 그것은 양립불가성(incompatibility)라고 불린다. 그 논의에 앞서, 명백히 의미에서 흥미로운 상호관련성을 가진 어떤 형용사들이 둘 이상의 집합에서 출현한다는 것이 주목되어야 한다. 예를 들어, (2.25)를 보라.

(2.25) {black, purple, blue, brown, green, yellow, orange, red, pink, white, grey}
{circular/round, triangular, rectangular}
{previous, current, next}

만일 특정 바위가 노랗다는 말이 참인 진술로서 우리에게 말하여졌다면,

(2.25)에 제시된 색깔 가운데 다른 어느 것이 아니라는 점도 자연히 따라온다. 이것은 아주 분명한가? 그렇다면 만일 무엇인가가 하나의 속성을 가지고 있다고 말하여진다면 그것이 다른 속성은 가지지 않는다는 것도 항상 참이 되는 것은 아닌가? 그렇지는 않다. 그것은 오직 그런 집합 내에서만 성립한다. 노란 바위가 삼각형 모양의(triangular) 것일 수 있고, 지질학자가 조사하고 있는 표본 더미 중에서 이전의(previous), 이번의(current), 다음의(next) 표본일 수도 있을 것이다.

요약

이 장에서 형용사 의미를 체계화하기 위해 제시된 틀은 의미들을 단어들의 개념의미들 사이의 제한된 수의 관계들의 측면에서 의미를 설명하는 것이다. 다음의 네 의미 관계들이 정의되고 예시되었다: 동의성, 상보대립성, 반의성, 관계반의성. 의미 기술을 하는 과정에서, 문장들 사이의 함의들은 단어들 사이의 의미 관계들에 대한 증거였다. 그리고 다르게 말하자면, 의미 기술에서의 의미 관계는 단어들의 함의 잠재력을 가리킨다. 형식의미론에서는 의미 공준이 이 정보를 전달한다. 등급화가능성 — 반의어들의 특질이지만 상보대립어에는 해당되지 않는 — 이 설명되었다. 형용사들에 의한 명사 수식은 단어들에 의해 표의되는 집합들의 교집합이라는 측면에서 완전히 설명될 수는 없다는 것이 관찰되었다.

연습 문제

1. *soundless, silent, noiseless*를 동의어로 상정할 수 있는 예문들을 제시하고, (2.2c)에 비할 만한 함의 유형들을 쓰라.

2. *awake*와 *asleep*는 상보대립어인가? 여러분의 답에 대한 이유를 제시하라. 여러분의 답이 '예'였든 '아니요'였든, *awake*와 *asleep*의 설명에 *half-awake, half-asleep*와 *dozy*를 어떻게 포함시킬 것인가?

3. *quite*라는 부사는 형용사를 꾸밀 때, 두 가지 다른 의미를 가진다. 한 가지 개념의미에서 그것은 "완화사(downtoner)"다. *quite friendly*는 'moderately friendly'로 어휘 주석이 붙을 수 있다. 다른 개념의미로, 그것은 "극대화사(maximaliser)"다. *quite exceptional*은 '최대한으로 예외적인'과 동의적이다.

다음 표에서 제시된 판단들이 *quite*가 주어진 형용사들(그리고, 한 예에서는, 과거분사)을 수식할 때 일어나는 의미에 관해서 옳다고 가정하라. 다음 두 열에 있는 형식들 사이의 적절한 의미 차이에 대해 설명하라.

*quite*는 아래의 형식들과 어울려서는 "완화사"만 될 수 있다.	*quite*는 아래의 형식들과 어울려서는 "극대화사"만 될 수 있다.
clever	right
late	finished
small	impossible
unusual	alone

4. 수업 시간 연습. 모든 사람이 잘 알고 있지 않다면, 수업 중 절반은 Roget의 유의어 사전(*Thesaurus*)이 어떻게 조직되는지, 특히 동의성과 대립성이 그 속에 어떻게 사용되고 있는지 알아내야 한다. 다른 절반은 하나 이상의 "동의어 사전"(때로 "동의어 찾아보기(finder)"라고 불림)을 찾아야 한다. 두 집단은 이것들에 대한, 예문을 포함한 짧은 기술을 각자 준비해야 한다.

5. 다음 형용사들 중 어느 쪽이 통상적으로 선입관이 있는 *How* 형용사 *is/was x?* 질문을 산출하는가, 그리고 어느 쪽이 그렇지 않은가? 여러분의 대답을 정당화해 보라. 쌍으로 된 두 형용사가 모두 선입관이 있는 것일 수도 있다.

old	young
miserable	pleasant
unpalatable	tasty
weak	strong

6. 다음 구들 가운데 어느 쪽이 수식의 교집합적 설명에 의해 다루어질 수 있는지, 이유도 제시하면서 답해 보라.

   royal visitor
   royal correspondent
   heavy eater
   wise fool

추천 논저

크루즈(Cruse, 2000)의 9장은 의미의 대립에 관한 면밀한 논의다. 그리피스(Griffiths, 1986)은 유아들이 최초 어휘의 단어 의미 습득에 대해 논의한다. 래핀(Lappin, 2001)은 형식의미론에 관한 좋은 개관을 제공하며, 사이드(Saeed, 2003)의 10장은 한정된 수의 주제들을 매우 상세히 다룸으로써 이를 보완해 준다. 의미에 관한 매우 많은 것들이 특정 단어 부류(형용사, 명사, 동사)에 결부되어 있을 때 배워질 수 있다. 쿼크 외(Quirk et al., 1985)나 허들스턴 · 풀럼(Huddleston and Pullum, 2002)와 같은 영어 주요 문법서의 연관된 절을 살펴보는 것이 도움이 된다.

제 3 장 명사 어휘

Noun vocabulary

개관

명사는 특정 언어의 어휘 가운데 대다수를 이룬다. 2장에서 탐색되었던 형용사들의 단차원적 의미와 대조적으로, 명사는 전형적으로 '속성들의 풍부하고, 고차원적으로 상호 연결된 복합체를 표의한다'(Cruse 2000: 289). 이 장은 필자가 *가짐*-관계라고[1] 부르는 의미관계로 시작하여 그 복합성을 기술하는 방법들을 개관한다. 어떤 명사들에 의해 표의되는 "사물들"은 그 명사들의 의미 속에 들어 있을 수 있는 부분들을 가지고 있다. 예를 들어, *정사각형(square)*은 네 개의 동일한 변과 90° 각을 가지고 있고, *정사각형*이 무엇인지 말할 때 그것의 네 변과 직각들에 대해서 말하는 것을 피할 수 없다. 이 장에서 다루어지는 것은 또한 명사들이 의미 범주들로 분류될

1) 어떤 의미론 연구자들(예를 들면, 크루즈 2000)은 *전체어*(*holonym*; 전체에 대한 단어)와 *부분어*(*meronym*; 부분에 대한 단어) 사이를 구별한다. 필자의 *가짐*-관계는 전체성(holonymy)이라고 불릴 수도 있을 것이다. 필자가 다른 명칭을 사용하는 이유는 필자가 그것을 그것의 통상적인 역(inverse)인 부분관계 — 전체에 "속하는" 부분들의 관계 — 와 짝짓지 않았기 때문이다. 3.1.2절 끝에 이에 대한 변호를 제시한다.

때, 예를 들어 *정사각형, 원, 삼각형*은 모두 *모양*으로 함께 묶인다. 아래에 도입될 의미론 용어로, *정사각형, 원, 삼각형*은 *모양*이라는 **상위어**의 **하의어**들이다. 주어진 상위어 아래 있는 다른 종류들 사이의 대조는 주로 *양립불가성(incompatibility)*이라고 하는 용어를 통해 포착되는데, 이 역시 곧 설명될 것이다. 이 장은 가산명사와 물질명사 사이의 의미 차이들에 관한 논의로 마무리된다. *물질명사*란, 영어에서 물질들 — 구별될 수 있는 부분들을 가지지 않는 것들 — 을 표의하는 것으로 처리하고 있는 명사다.

3.1 *가짐*-관계

일상적인 단어들 *사각형, 원, 삼각형*은 마찬가지로 기하학의 전문적 용어들이기도 한데, 거기서는 그것들이 엄격한 정의를 가지고 있다. 예를 들어, 닫힌, 직선 변을 가진 도형은 그것이 정확히 세 개의 변을 가질 때 그리고 그럴 때만 삼각형이 된다. 이것은 다음과 같은 함의를 뒷받침해 준다: *저 도형은 삼각형이다 ⇒ 저 도형은 세 변을 가지고 있다*. 그러나 많은 단어들에 대해, 우리는 단순히, 원형의 측면에서 *가짐*-관계가 진술된다면 모든 부분들도 거기에 있다고 확신할 수 있을 뿐이다. **원형**(原型; prototype)인 것들은 명백하고, 단어 표의의 중심적인 구성원들이다.

어떤 아이가 얼굴을 그린다고 할 때, 여러분이 그 아이에게 그려 넣으라고 조언할 것 같은 것에 대해 생각해 보라. 아마도 눈 둘, 코 하나, 입 하나일 것이다. 아이가 집을 그릴 때는 어떨까? 아마도 지붕, 문(들), 창문이 아닐까? 단어 *얼굴(face)*에 의해 표의되는 사물들 사이의 원형은 눈 두 개, 코 하나, 입 하나를 가진다. 눈을 하나만 가진 키클롭스(혹은 외눈박이 도깨비)의 *얼굴*은 원형적인 얼굴은 아닐 것이다. 필자는 창 없는 집(루이스 섬의 아놀에 있는 검은 집)을 본 적이 있다. 그것은 논란의 여지가 없는 집이지만, 국어의 *집*(영어의 *house*)의 표의에 대한 원형은 아니다. 이런 의미론적 사실들을 반영하기 위해 의미 공준 속으로 구성되어 들어갈 필요가 있는 정보가 (3.1)에 나열되어 있다.

(3.1) 원형 얼굴은 눈 두 개가 있다.
원형 얼굴은 코 하나가 있다.
원형 얼굴은 입 하나가 있다.
원형 집은 지붕이 있다.
원형 집은 문이 있다.
원형 집은 창문이 있다.

필자는 원형 얼굴과 집이 (3.1)에 나열된 것들 이외의 다른 부분들을 가질 수도 있다는 것을 인정한다. 예를 들어, (얼굴에 대해) 볼과 턱, (집에 대해) 아마도 침실과 부엌. 필자는 단순히 주된 것들만을 나열하려고 노력한 것이다. 중요한 사실로, 원형이 가지지 않는 많은 것들이 있다. 예를 들면 여드름이나 간이 차고 같은 것인데, 이것들은 각각 많은 실제 얼굴과 집에 있을 법한 것들이다.

원형에 제한될 때, *가짐*-관계(*has*-relation)는 유효한 함의를 만든다. (3.2)의 예들을 보라.

(3.2) *There's a house at the corner*(*모퉁이에 집이 있다*) ⇒ '만일 '집'의 원형처럼 생겼다면 그것에는 지붕이 있다.'
The child drew a face(*아이가 얼굴을 그렸다*) ⇒ '만일 얼굴이 원형적이라면, 그 아이는 입을 그렸다.'

1장에서, 함의들은 보증이라고 소개되었다. 여기서 그 보증들은 원형에 대한 조건이 됨으로써 약화된다. (3.2)에 있는 함의된 명제는 '만일'로 시작되는데 그 이유는 평균적 영어 단어들은 *triangle(삼각형)*처럼 전문적인 단어들로 엄격하게 정의되지 않기 때문이다. *가짐*-관계가 어떤 단어들에 대한 원형으로 제한되어야 한다는 조건이 주어지면, 그것은 이 관계에 들어오는 모든 단어들에 대해 동일한 것을 하도록 문제들을 단순화시킨다.

3.1.1 *가짐*-관계로부터의 화용론적 추론

원형에 제한된 *가짐*-관계는 언어 사용에서 우리의 몇 가지 화용론적 기대에 대한 기초가 된다. 이것은 부정관사를 정관사로 전환하는 데서 확인될 수 있다. 먼저 무엇을 대화 속에 가져오는 명사구는 보통 비한정적이다(예를 들어, 부정관사 *a*나 *an*으로 표시된 것들). 그러나 그 대화에서 같은 것의 두 번째, 그리고 후속적인 언급에서 그것은 한정적 명사구로 지시될 것이다(예를 들어, 정관사 *the*에 의해 표시되는 것들). (3.3a,b)가 이를 보여준다.

(3.3) a. A: "I've bought a house."
B: "Where's the house?" ("Where's a house?"(×))
b. C: (a child showing off a drawing): "I draw a face."
D: (responding to the child and commenting on the drawing) "I like the face you drew." ("I like a face you drew."(×))

그러나, 만일 부분을 가지는 전체가 언급되었다면 첫 번째 언급에서 그 부분은 한정적 명사구에 의해 지시될 수 있다. (3.4a,b)의 B와 D의 반응에서 *the*의 사용이 이를 예시한다.

(3.4) a. A: "I've brought a house."

B: "I hope the roof doesn't leak."

b. C: "I drawed a face."

D: "Where's the nose?"

3.1.2 부분은 부분을 가질 수 있다

전체를 표의하는 단어들은 그것들의 부분에 이름을 붙이기 위해서 *가짐-*관계를 지닌다. 그러나 그 부분들은 다시 부분들을 가질 수 있고, 전체는 더 큰 전체의 부분일 수 있다. 그림 3.1의 예를 보라.

필자는 *가짐-*관계에 대한 역(inverse) 관계, 즉 부분이 나타나는 때는 언제든지 관련된 더 큰 전체의 존재를 보증하는 관계를 단정하지 않다. 왜냐하면 부분들은 더 큰 전체의 부재 가운데서도 존재할 수 있기 때문이다. 예를 들어, 새로 주조되거나 잘린 연석(連石)이 나뒹굴고 있어도, 그것이 어느 거리의 부분이 아닐 수 있다; 건설자재 상인은 지어지지 않은 집들을 위한 창문들을 재고로 가지고 있기도 하다. 나아가, 같은 종류의 부분이 다른 종류의 전체들에 속할 수도 있다. 같은 연석이 거리의 부분이 아니어도 된다; 그것은 길에서 얼마쯤 떨어져 있는 주차장의 부분일 수도 있는 것이다.

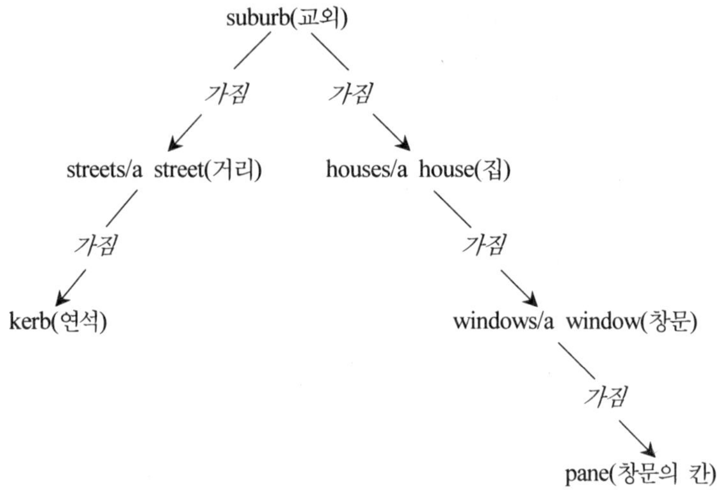

그림 3.1 교외와 집: 부분은 부분을 가질 수 있다

3.1.3 공간적 부분

바위와 같은 원형 *사물(thing)*은 *윗면(top)*, *아랫면(bottom/base)*, *옆면(sides)*, *앞면(front)*, *뒷면(back)*을 가진다. 두 가지 점들이 이 단어들에 대해 주목될 필요가 있다. 하나는 그것들이 일반적이라는 것이다. 매우 많은 다른 종류의 사물들 — 임의적으로 몇 개만 거명하자면, *창문(window)*, *머리(head)*, *얼굴(face)*, *발(foot)*, *버스(bus)*, *나무(tree)*, *협곡(canyon)* 등은 모두 *윗면(top)*과 *아랫면*, *옆면*, *앞면*, *뒷면*을 가진다. 3.2절에서는 이것이 공간적 부분을 가지는 *사물*이라는 측면에서 설명될 것인데, 그때 그런 부분들의 소유가 *사물* 범주의 원형들의 특성이 된다. 공간 부분 단어들의 다른 주목할 만한 특질은 그것들이 흔히 화시적(deictic)이라는 것이다.

화용론은 화시어의 해석에 착수한다. 1장에서 설명되었듯이, 화시어의 의미는 발화의 상황에 결부된다. 바위의 *앞면*은 화자와 대면하게 되고 바위의 *뒷면*은 화자로부터 반대쪽을 향하고 있으며, *옆면*들은 화자의 시점(視點)으로부터 왼쪽이나 오른쪽을 향하고 있다. 바위의 *윗면*으로 생각되는 것과 그 바위의 *아랫면*으로 생각되는 것은 발화 순간에 그 바위가 우연히 어느 쪽을 위로 하여 놓여 있었는가에 달려 있다. 그러나 많은 사물들 ― *버스*가 좋은 예가 된다 ― 은 내재적으로, 가리킴에 의한 것이 아닌(비화시적) *윗면, 아랫면, 앞면*과 *뒷면,* 그리고 *옆면*들을 가진다. 버스의 *윗면*은, 심지어 길옆에 뒤집어져 놓여 있는 버스처럼 불행한 경우를 생각하더라도, 그것의 지붕이다; 버스의 *앞면*은 화자가 그것을 어디로부터 보고 있는가에 상관없이 운전자 쪽 끝이다. 나머지도 마찬가지로 생각할 수 있다. 화시적 *윗면, 아랫면, 앞면, 뒷면, 옆면*이 유효한 경우는 이런 부분들을 내재적으로 가지고 있지 않은 사물들의 경우다. 전복된 버스의 (화시적으로 말할 수 있는 것으로서의) "윗면에" 서 있는 구조원은 그 버스의 *윗면 (부분)*에 서 있는 것이 아니다. 표 3.1의 목록은 더 많은 예들을 제공한다.

표 3.1 두 종류의 공간적 부분들의 예

내재적인 공간적 부분을 가짐	오직 화시적으로만 공간적 부분을 가짐
people	balls
houses	planets (망원경을 들여다보는 비전문가들의 대화 속에서)
trees (윗면, 아랫면, 옆면)	trees (앞면, 뒷면)
hills (윗면, 아랫면, 옆면)	hills (앞면, 뒷면)
animals	
pianos	

더 충분한 설명과 함께 다루어져야 할 추가적인 미묘한 것들이 있다. 예를 들어, 화시적 중심성을 발화시의 청자에게 양도하는 것이 가능하다. 예

를 들어, 어떤 사람이 나무 뒤에서 말하면서, "눈을 뜨면 바로 안내문이 보일 거야. (네가 있는 곳으로부터) 나무 앞에 붙어 있어."

3.1.4 끝과 시작

길고 가는 사물들은 *끝(end)*을 가지며, 때로 두 개의 다른 종류의 끝들이 구별된다. *시작(beginning)과 끝*. 원형적으로 *끝*을 가지는 몇 가지 사물의 목록이 (3.5)에 주어져 있다.

(3.5) 밧줄/노끈(ropes)
선/줄(string) (가닥들)
배(ships) (뱃사람들은 그것들에 대해 따로 특별한 단어들, 즉 *고물(stern; 선미)*과 *이물(bows; 선수)*을 가지고 있지만)
길/도로(roads)
기차(trains)
널빤지(planks)

시간의 구간을 표의하는 명사들은 *시작*과 *끝*을 가진다. 그것들은 *중간*도 가진다. (3.6a)에 몇 예들이 나열되어 있다.

(3.6) a. 날(day), 주(week), 달(month), 시대(era), 기간/임기(term), 학기(semester), 세기(century)
b. 대화(conversation), 실연(demonstration), 의식(ceremony), 식사(meal), 환영회/피로연(reception), 과정(process)

(3.6b)의 단어들은 여러분이 위에다 발끝을 대거나 문지를 수 있는 구체적인 실재물들이 아니라, 시간과 공간 속에 위치함에도 불구하고 가리키는

데 사용될 수 있는 사건과 과정을 표의한다. 말하자면 대화, 실연 같은 것들이 언제, 어디에서 일어났는지 궁금해 하는 것이 이치에 어긋나지 않는다는 말이다. 그것들도 *시작, 중간, 끝*을 가질 수 있는데, 그것들은 4장과 6장에서는 동사 의미에 관련되는 것으로 제시될 것이다.

3.1.5 다른 부분들

신체는 은유의 근원이다. (5장을 보라.) 예를 들어 *lose one's head*(흥분하다/분별력을 잃다)는 '크게 당황하다/공황 상태에 빠지다(panic)'을 의미한다. *가짐*-관계는 신체 부분을 표의하는 다양한 단어들 사이에 적용된다. *사람(person)*은 물리적 사람 — 예컨대, *크다(big)*나 *못생겼다(ugly)*라고 할 수 있는 — 을 표의하거나, 아니면 심리학적 개인 — *친절하다(kind)*거나 *바보 같다(silly)*는 식으로 말할 수 있는 — 을 표의할 수 있는 중의적인 단어다. 물리적 사람은 원형적으로 *머리(head)*를 가지며, *몸통(torso)*을 가지며, *팔(arms)*을 가지며, *다리(legs)*를 가지며, *생식기(genitals)*를 가지며 *피부(skin)*를 가진다. 이 부분들과 이것들이 다시 원형적으로 가지는 부분들 가운데 몇 가지를 (3.7)에 제시하였다.

(3.7) 사람은 머리, 몸통, 팔, 다리, 생식기, 피부를 *가지고 있다(has)*
머리는 얼굴, 머리카락, 이마, 턱을 *가지고 있다*
얼굴은 입, 코, 눈, 턱을 *가지고 있다*
입은 입술을 *가지고 있다*
몸통은 가슴, 등, 배, 어깨를 *가지고 있다*
팔은 상박(上膊), 팔뚝(前膊), 알통, 팔꿈치, 팔목, 손을 *가지고 있다*
손은 손바닥, 손가락, 주먹을 *가지고 있다*
사람의 피부는 모공(毛孔)을 *가지고 있다*

1장에서는 의미론적 기술이 백과사전의 편집과는 다르다는 점이 지적되었었다. 의미론은 모든 인간 지식을 분류 목록으로 만들려고 하는 시도가 아니다. 대신, 의미론 연구자들은 언어 사용자들이 단순히 그 언어의 사용자들이라는 그 이유만으로 가지고 있는 의미에 대한 지식을 기술하는 것이 목적이다. 해부학자들, 접골사들, 안마사들, 그리고 그 비슷한 일의 전문가들은 (3.7)에 있는 용어들만이 아니라 신체 부분에 대해 말하는 훨씬 더 상세한 어휘를 가지고 있다. 영어에 능한 화자라면 누구라도 (3.7)에 있는 단어들의 의미를 안다고 가정하는 것은 안전하다. 그리고 거기에 나열된 *가짐*-관계들은 추론의 기초가 된다. 만일 여러분이 마추픽추(Machu Picchu)에 있는 산이 얼굴처럼 생겼다는 말을 듣는다면, 여러분은 그것이 입, 코, 턱, 눈, 볼 등에 대응하는 부분들을 가질 것이라고 기대할 수 있지만, 일상적인 대화에서, 해부학 책의 얼굴에 대한 설명방식에서 나타난 모든 것에 대응하는 부분들이 있어야 한다고 기대하는 것은 터무니없는 일일 것이다.

명료성을 위하여, 필자는 (3.7)에서 *몸/신체(body)*라는 단어를 사용하는 것을 피했다. 왜냐하면 *몸*은 중의적이고, 그것의 여러 다른 의미 가운데 둘이 그 예에서 사용되었을 수 있기 때문이다. 한 의미(그리고, 그 차이를 추적하기 위해서 필자는 그것을 *몸*$_1$이라고 부를 것이다)는 *(물리적인) 사람*과 동의어이고 다른 의미(지시 편의상 *몸*$_2$로 부름)는 *몸통*과 동의어다. (3.7)의 첫 번째 줄은, '*몸*$_1$은 머리, 몸$_2$, 팔, 다리, 생식기, 피부를 *가지고 있다*'고 쓰일 수도 있었다. *몸통*보다 *몸*$_2$라는 단어를 선호하는 독자들은 그것을 더 좋아했을 것이다.

원형 *의자(chair)*는 *등(등받이; back)*, *좌석(앉는 자리; seat)*, *다리(leg)*를 가진다. 흥미롭게도 *등*과 *다리*라는 단어들은 신체 부분의 명칭이기도 하다. 신체 부분 명칭 *머리(head)*, *목(neck)*, *발(foot)*, *입(mouth)*은 사물들의 더 넓은 범위의 부분들을 부르기 위해서 사용된다. 예를 들어, *산(mountain)*은

*head(머리)*와 *foot(발)*을 가지며, *가로등 기둥(lamppost)*과 *병(bottle)*은 모두 *목(neck)*을 가지고 있다, *동굴(cave)*과 *강(river)*은 *입*을 가진다. 아마도 이것은 가장 친밀하게 이해하고 있는 것, 즉 우리 자신의 몸에 대한 유추에 의해 세상을 해석하고 이름 붙이는 인간의 경향을 나타내 준다.

3.2 하의성

이 관계는 명사를 기술하는 데 중요하다. 그러나 동사의 기술에서도 역할을 하며(4장을 보라), 좀 덜한 정도지만 형용사의 기술에도 관여한다. 그것은 단어 표의의 하위범주들에 대한 이름 붙이기와 관련된다. 즉 어떤 종류의 X들이 있는 것이며, 어떤 다른 종류의 실재물들이 Y라고 간주되는가 하는 식의 문제 말이다. 예를 들어, *집(house)*은 일종의 *건물(building)*이며, *공장(factory)*과 *교회(church)*는 다른 종류의 *건물*이다. *건물*들은 *구조물(structure)*의 일종이며, *댐(dam)*은 다른 종류의 *구조물*이다.

하의성을 정의하는 함의 유형이 (3.8)에 예시된다.

(3.8) a. There's a house next to the gate. (성문 옆에 집이 있다.)
b. There's a building next to the gate. (성문 옆에 건물이 있다.)
c. (3.8a⇒3.8b)&~~(3.8b⇒3.8a)~~

만일 성문 옆에 집에 있는 것이 참이라면, (같은 역사적 시점에 같은 성문과 관련하여) 성문 옆에 건물이 있다는 것도 참이어야 한다. 반대 방향으로는 성립하지 않는다. 다른 한편, (3.8b)가 참인 정보로 주어져 있으면 우리는 (3.8a)가 참이라고 확신할 수 없다. 그것이 참일 수도 있다. 그러나 다른 가능성들도 있다. 즉 성문 옆에 있는 건물이 헛간이나 다른 종류의 건물일 수도 있는 것이다. (3.8c)에서 뒤쪽 절반을 선을 그어 지운 것은 그런 이유 때문이다. (3.8a)가 — (3.8b)로부터 따라올 수도 있지만 — 저절로 따라올 필요가 없다는 것을 보이기 위해서다. 용어: *건물*은, *집*과 다른 종류의 건물들에 대해 그것들을 아울러 부르는 상위어다.[2] *집, 헛간, 교회, 공장, 차고* 등은 *건물*의 하의어들이다.

(3.8)에 나타난 유형에 대해 다음과 같이 일반화하여 말할 수 있다. 주어진 상위어의 **하의어**(下意語; hyponym)를 포함하는 (3.8a)와 같은 문장은, (3.8b)처럼 **상위어**(上位語; superordinate)가 그 하의어를 대체한다는 점에서만 본래의 문장과 다른 문장을 함의한다. 하의어를 가진 문장은 그것을 대체하는 상위어를 가진, 상응하는 문장을 함의한다. 그러나 그 함의는 일방(단방향)으로만 가능하다 — 상위어를 포함하는 문장으로부터는 안 된다 — . 이 일반화는 물샐틈없이 완벽한 것은 아니다. 언급돼야 할 몇 가지 다른 조건들이 있다. 예를 들어, 그 문장들은 부정이어서는 안 된다. (3.8)을 다시 참조하자면, 만일 우리가 *there isn't a building next to the gate(성문 옆에 건물이 없다)*가 참이라는 것을 안다면, 우리는 (같은 시점에 같은 성문에 대해 말하면서) *there isn't a house next to the gate(성문 옆에 집이 없다)*라고 확신할 수 있었을 것이다. 부정의 *n't* 때문에, 함의가 역방향으로, 즉 상위어를 가진 문장으로부터 하의어를 가진 상응하는 문장 쪽으로 적용된다. 우연적으로, 이것은 성문 옆에 건물이 있음이 성문 옆에 집이 있음의 필요조건이라는 사실을 강조한다. 만일 성문에 아무 건물이 없다면, 거기에 집이 있을 수도 없다. 직관적으로 *건물*은 *집*의 의미의 구성 요소라

---

2) *hypernym*과 *hyperonym*이 *상위어(superordinate)*라는 용어 대신 의미론 서적에서 이따금 발견되는 대안들이다. *hyperonym* 쪽이 *hyponym*과의 짝에 속한다는 것을 분명히 해 준다. 그러나 상위어가 배우기 쉬운 용어이고 그것을 쓰면 학생들이 다소 혼동스러운 두 용어, *hyperonym*과 *hyponym* 사이의 구별을 기억하는 일에 당면하지 않아도 된다.

고 말하는 것은 타당하다. *집*은 '들어가서 살도록 지어진 건물'이다.

가짐-관계를 고려할 때는 원형성이 도입되어야 했지만, 하의성에 대해서는 그럴 필요가 없다.

3.2.1 하의어들의 위계

*집*은 상위어 *건물*의 하의어다. 그러나 *건물*은 다시 상위어 *구조물*의 하의어다. 또 다시 *구조물*은 상위어 *사물*의 하의어다. 주어진 층위에서의 상위어는 그림 3.2에 나타난 것처럼, 그 자체로 더 높은 층위의 하의어일 수 있다.

사물　　*구조물*의 상위어
|
구조물　*사물*의 하의어; *건물*의 상위어
|
건물　　*구조물*의 하의어; *집*의 상위어
|
집　　　*건물*의 하의어

그림 3.2 상위어들은 하의어들을 가질 수 있고 그 반대도 성립한다

하의관계는 위계에서 중간 층위들을 관통한다. 그것은 *집*이 *건물*의 하의어일 뿐만 아니라 *건물*의 중간 상위어인 *구조물*의 하의어이기도 하며, *구조물*을 거쳐, *집*은 *사물*의 하의어이기도 하다는 것을 의미한다. *사물*은 그림 3.3에서 나타나듯이, 그 위계 안에서 그것으로부터 따라 내려갈 수 있는 줄들에 있는 모든 단어들에 대한 상위어가 되고, 그렇게 계속 이어질 것이다.

사물 *구조물, 건물, 집*(그리고 어떤 다른 단어들)의 상위어
|
구조물 *사물*의 하의어; *건물*과 *집*(그리고 어떤 다른 단어들)의 상위어
|
건물 *사물*과 *구조물*의 하의어; *집*(그리고 어떤 다른 단어들)의 상위어
|
집 *사물, 구조물, 건물*의 하의어; 어떤 다른 단어들의 상위어

그림 3.3 하의성은 중간 층위들을 관통한다

중간 층위들을 관통하는 하의성의 중요성은 이런 종류의 위계가 수많은 추론들을 보장한다는 것이다. 그와 같이 만일 참인 것을 말하고 있는 누군가가 우리에게 집에 대해 말한다면, 우리는, 문제의 실재물이 건물인지를 물어볼 필요도 없이 확신을 가지고서, 그것이 구조물이고 건물이라는 것을 안다.

*그리고 어떤 다른 단어들*이라는 구가 그림 3.3에서 사용된 것은 그 도식이 그 위계의 단편만을 보여줄 뿐이기 때문이다. *구조물* 외에도 *사물*의 다른 종류들(예를 들면, *식물(plant)*은 사물이다)이 더 있다; *건물*이 아닌 *구조물*의 다른 종류들(예를 들면, *댐*은 *구조물*이다)도 있다; *집*의 하의어인 단어들(예를 들면, *오두막*과 *방갈로*를 생각해 보라)도 있다. 3.2.2절에서 이것이 흥미로운 방식으로 *가짐*-관계와 상호작용을 하여 더 많은 추론을 가능하게 만든다는 것을 보게 될 것이다.

위계의 높은 쪽에서, 단어들의 개념의미들(그것들의 표의를 결정하는 명세들; 1장을 보라)은 얼마간 일반적이고 별로 상세하지 않다. 그래서 이 단어들이 많은 다른 종류의 실재물들을 표의하는 결과를 낳는다. 이어지는 낮은 층위에서는, 의미들이 더 상세하고, 따라서, 그 단어들은 사물들의 더 좁은 범위을 표의한다. (그림 3.4를 보라)

사물 '물리적 실재물'
|
구조물 '연결부를 가진 사물' = '연결부를 가진 물리적 실재물'
|
건물 '벽과 지붕을 가진 구조물' = '연결부를 가진, 벽과 지붕을 가진 사물' = '연결부를 가진, 벽과 지붕을 가진 물리적 실재물'
|
집 '들어가서 살도록 지어진 건물' = '벽과 지붕을 가진, 들어가서 살도록 지어진 구조물' = '연결부를 가진, 벽과 지붕을 가진, 들어가서 살도록 지어진 사물' = '연결부를 가진, 벽과 지붕을 가진, 들어가서 살도록 지어진 물리적 실재물'

그림 3.4 하의어 개념의미들은 차례로 더 상세해진다

'연결부를 가진'을 '그것의 부분들 사이에 연결부를 가진'이 축약된 것으로 받아들이시기 바란다. **하의어**의 의미는, 수식어에 의해 정밀해진 직접 상위어의 의미라는 것에 유의하라. 그러면 *집*의 의미는 수식어를 가진 *건물*의 의미인데, 이 경우의 수식어는 '들어가서 살도록 지어진'이다. *건물* 자체가 *구조물* 바로 아래 층위의 하의어이기 때문에 그것의 의미는 *구조물* 더하기 수식어, '벽과 지붕을 가진'의 의미와 같다. 그런 식으로 계속 이어질 수 있다.

그림 3.5는 영어 명사들에 대한 하의어 위계의 더 많은 것 — 그래도 여전히 작은 부분일 뿐이기는 하지만 — 을 보여준다. (*정원용 연장(garden tools)*이나 *대학원생(postgraduate)*과 같은 합성어들은 단일어들과 마찬가지 방식으로 의미론적 관계 속에 들어간다.)

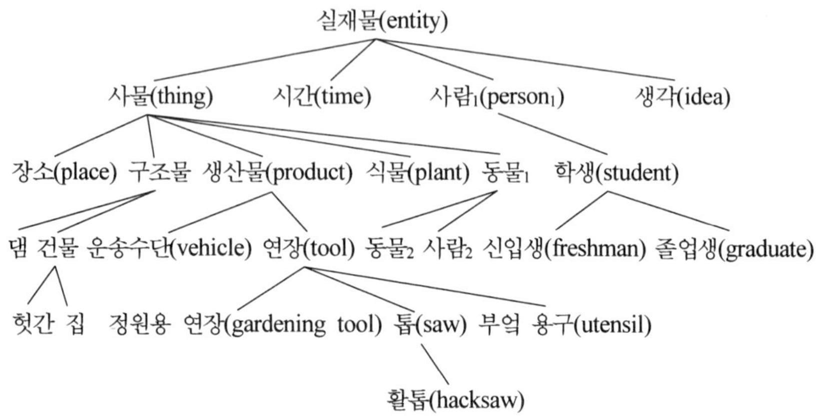

그림 3.5 영어 명사들의 하의어 위계의 일부

그림 3.5에서 불완전한 점들은 명백하다. *장소* 중에 다른 종류의 것들(예를 들자면, *섬, 산꼭대기, 들판, 마을*)도 있다. *시간* 중에 다른 종류의 것들(예를 들어, *새벽, 정오, 저녁*)도 있다. *연장*이나 *운송수단* 외에도 다른 *생산물*(예를 들면, *가구*)이 있다. *건물*과 *댐*은 존재하는 *구조물*을 망라한 것이 아니다. (*다리(bridges)*도 다른 예가 될 것이다.) *학생*이 *사람*$_1$*(person*$_1$*)*의 유일한 종류가 아니라는 것 등. 3.1.5절에서 언급된 중의성을 인정하여, *사람*은 두 번 나타난다. 즉 *사람*$_2$로 나타나 있고 *동물*$_1$의 하의어인 '물리적 사람', 그리고 *사람*$_1$로 나타나고 *학생*의 중간 상위어인 '심리학적 개인'. *동물*도 나무에서 두 번 나타나는데, 그것은 일상적인 영어에서 *동물*이 두 가지 개념의미를 가지기 때문이다. 즉 '식물이 아닌 살아있는 사물'인 *동물*$_1$ — 이것은 당연히 인간을 포함한다 — 과, '인간이 아닌 동물$_1$'인 *동물*$_2$. 3.1.5절에서 논의된 신체 부분들에 *가짐*-관계를 가지는 것은 *사람*$_2$이다.

Miller and Fellbaum(1991)은 영어 단어 의미의 실질적이고 체계적인 전산 데이터베이스인 WordNet 개발에 관해 보고한다. 1991년까지 WordNet

은 54,000개 이상의 다른 단어들의 표제어들을 포함했다. 데이터베이스를 만들면서 그들은 *시간, 식물, 동물* 등과 같은 26개의 고차 상위어를 가진 하의어 위계가 '모든 영어 명사에 대해 자리를 제공하고 있다(1991:204)'는 것을 발견했다. 그림 3.5에 주어진 가장 높은 세 개의 층위는 대체로 그들의 영어 명사 하의어 위계 기술에 기초를 두고 있다. 그러나 필자는 도식을 다루기 쉽게 만들기 위해서 그들의 26개의 고차 상위어 가운데 19개를 생략했다. 그러므로 그림 3.5는 전체 그림의 아주 작은 표본만을 나타내고 있을 따름이다.

3.2.2 하의성과 *가짐*-관계

이 두 의미론적 관계들이 혼동되어서는 안 된다. 하의성은 상위적인 용어들 아래에 분류되는 범주들에 대한 것이다. (예를 들어, *2인승 자전거(tandems), 산악자전거(ATBs), 관광용 자전거(tourers), 경주용 자전거(racers)*는 *두발자전거(bicycle)*의 종류들이고, *두발자전거(bicycles), 외발자전거(unicycles), 세발자전거(tricycles)*는 *자전거(cycle)*의 종류들이지만, *가짐*-관계는 범주들의 원형적 구성원들이 가지는 부분들에 관련된 것이다. (예를 들어, 원형 *자전거*는 *바퀴(wheel), 골조(frame), 손잡이(handlebar), 페달(pedal)*을 가지며, 원형 *두발자전거*는 이런 부분들도 가지면서 *체인(chain)*도 가진다.) 간혹 *가짐*-관계와 하의성을 혼동하는 사람은 잘못 생각하는 경우가 있는데, *두발자전거*가 *2인승 자전거*를 부분으로 가진다거나, *체인*이 *두발자전거*의 일종인 것은 절대로 아니다!

그럼에도 불구하고, 두 관계들 사이에는 연결이 존재한다. 하의어는 그것의 상위어가 가지는 부분들을 "상속한다"(Miller and Fellbaum 1991: 206). 만일 원형 상위어가 특정 부분들을 가지면, 그 상위어의 하의어들의 원형적 구성원들도 마찬가지로 그 부분들을 가지고 있다. 그림 3.6에 있는 정보는 이것을 예시하기 위해서 사용될 수 있다.

그림 3.6의 위계의 최하위층에서, 원형적 *집*에는 *부엌*이 하나 있고, *침실*이 적어도 하나 있다.) 원형적 *집*은 또한 그것의 원형적 상위어들이 가지는 부분들을 가진다. 벽과 지붕(원형적 건물들이 그것들을 가지므로), 부분들 사이의 연결부(한 층위 높은 상위어인 *구조물*로부터 "상속해서"), 그리고 *윗면, 아랫면, 앞면, 뒷면, 옆면*(*사물*로부터 상속해서)을 가진다. 방금 언급된 것들이, *집*과 *가짐*-관계로 연결되는 부분들에 대한 전체적인 설명으로 제시된 것은 전혀 아니다. 예를 들어, *건물* 범주의 원형들은 *문*과 *층*도 아울러 가지며, 원형적인 집들도 '상속'에 의해 그것들을 가진다.

사물 *구조물*의 상위어; *윗면, 아랫면, 앞면, 뒷면, 옆면*을 가지고 있다
|
구조물 *사물*의 하의어; *건물*의 상위어; *연결부*를 가지고 있다
|
건물 *구조물*의 하의어; *집*의 상위어; *벽*과 *지붕*을 가지고 있다
|
집 *건물*의 하의어; *침실*과 *부엌*을 가지고 있다

그림 3.6 상위어들이 가지는 부분들의 예

(3.7)에서 *사람*(사람의 몸이라는 개념의미로, 필자가 나중에 *사람*$_2$라고 불렀던 것)은 *머리, 몸통, 팔, 다리, 생식기, 피부*를 가진다고 한다. *팔*과 *다리*를 제외하면, 이것들 모두는 *가짐*-관계에 의해 *동물*$_1$에 결부된다. 원형적 *사람*$_2$는 *동물*$_1$의 일종이기 때문에 이 부분들을 가지고 있다. (*동물*과 *사람*의 어느 개념의미들이 어느 하첨자를 받는지 상기시키려면 그림 3.5로 돌아가 보기 바란다.)

그림 3.5와 관련하여, 원형적 *연장*은 손잡이를 가지고 있고, *연장*의 하의어의 원형적 구성원들도 상속에 의해 손잡이를 가지고 있다. 이런 방식으로 원형적 *톱*이 손잡이를 가지고 있고, *써레* 같은 원형적 *정원용 연장*이 *손잡이*를 가지고 있다. *주걱*과 *달걀 젓는 도구* 같은 원형적 *부엌 용구*가 *손잡이*를 가진다; 그러나 *섞는 주발*과 같은 비원형적 *부엌 용구*는 *손잡이*를 가질 필요가 없다.

자연으로부터 온 예로서, *떡갈나무*라는 이름의 나무를 생각해 보라. 이 단어의 의미의 일부는 *가짐*-관계를 통해 온다. 원형적 *떡갈나무*는 *도토리*를 가진다. 원형적 *떡갈나무*는 *줄기*도 가지고 있지만, 이것은 *나무*로부터의 상속에 의한 것이다. 그리고 *식물*로부터 상속해서, 원형적 *떡갈나무*는 *잎*을 가지고 있다.

여기서 논의된 상속은 하의성을 통해 아래로 내려간다는 것에 유의하기 바란다. 그것은 부분에서 또 그 부분으로 전달되어 내려가는 것이 아니다. *손* 범주의 원형은 *손바닥*과 *손가락*을 가지고 있지만, 그것이 우리에게 원형적 *손바닥*들이 그것들 자체의 *손바닥*과 *손가락*을 가지는 것으로 기대하도록 인도하지는 않는다!

가짐-관계와 하의성 사이의 상호작용에 관한 마지막 요점으로, 부분어들이 직접적으로 상위어-하의어 관계 속으로 들어갈 수 있다는 것이 지적되어야 한다. *손목, 주먹, 무릎, 발목*은 상위어 *관절*의 하의어들이다. *사지*는 *팔*과 *다리*에 대한 상위어다. *뚜껑*은 *윗면*의 하의어다 — 그것은 *용기의 윗면*이다.

3.3 양립불가성

그림 3.7에 작은 하의어 위계를 제시하였다. 다른 명칭들이나, 아마도 포

함될 수 있을 만한 다른 종류의 식사들(예를 들어, *supper*, *high tea*[3]), *brunch*)이 더 있을 수 있겠지만, 주어진 것들이면 현재의 목적으로는 충분할 것이다.

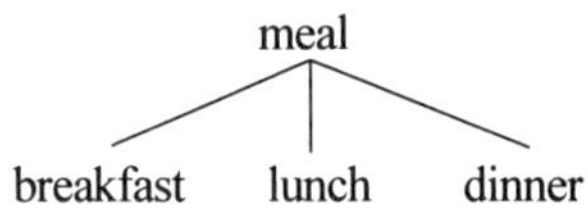

그림 3.7 *meal*의 **하의어들**

breakfast, *lunch*, *dinner*는 그것들의 중간 상위어인 *meal*의 하의어들이다. 하의성은, 만일 우리가 어떤 사람들이 칼레에서 *breakfast*를 먹었다는 얘기를 들으면, 우리는 그들이 칼레에서 *meal*을 먹었다는 것을 안다. 왜냐하면 *breakfast*는 *meal*의 일종이기 때문이다. 그러나 상위어를 가진 문장 — *meal*을 포함하는 문장 — 으로부터 그것의 하의어들을 가진 대응하는 문장 쪽으로는 아무런 유사하게 직접적인 함의가 없다. 만일 우리가 어떤 사람들이 칼레에서 *meal*을 했다는 말을 듣는다면, 우리는 그것만 가지고는 거기에서 아침을 했다고 결론지을 수 없는 일이다. 그것은 *lunch*나 *dinner*였을 수도 있으니까 말이다.

breakfast, *lunch*, *dinner*와 같은 하의어들 사이에 성립하는 관계들은 어떤가? 양립불가성이라고 불리는 의미론적 관계가 주어진 상위어의 하의어들 사이에 유지된다. 하의성은 분류에 관한 것이다. *breakfast*, *lunch*, *dinner*는 *meal*의 종류들이다. **양립불가성**(兩立不可性; incompatibility)은 대조에 관한 것이다. *breakfast*, *lunch*, *dinner*는 *meal* 범주 내에서 서로 다르다. 그것들은 하루의 서로 다른 시간대에 먹어진다. 양립불가성에 대한

3) 오후 4-5시경에 먹는 가벼운 저녁 식사; 보통 홍차와 샌드위치

테스트를 제공하는 함의의 유형이 (3.9)에 예시되어 있다.

(3.9) a. 이것은 나미라의 아침입니다.
b. 이것은 나미라의 점심입니다.
c. 이것은 나미라의 저녁입니다.
d. (3.9a⇒NOT3.9b) & (3.9a⇒NOT3.9c) & (3.9b⇒NOT3.9a) & (3.9b⇒NOT3.9c) & (3.9c⇒NOT3.9a) & (3.9c⇒NOT3.9b)
e. ~~(NOT3.9a⇒3.9b) & (NOT3.9a⇒3.9c) & (NOT3.9b⇒3.9a) & (NOT3.9b⇒3.9c) & (NOT3.9c⇒3.9a) & (NOT3.9c⇒3.9b)~~

(3.9d)의 여섯 개의 함의는 (*이것*의 지시대상이 일관되게 유지된다면) 만일 (3.9a-c) 문장들이 참이라면, 양립이 불가능한 단어들의 대체에 의해 만들어진 다른 두 문장들은 반드시 거짓이라야 한다는 사실을 포착한다. (3.9e)에서 줄을 그어 지운 것은 함의들의 양립 가능한 집합이 (3.9a-c) 각 문장들의 부정에서는 더 이상 통용될 수 없다는 것을 가리킨다. 냉장고 속에 있는 어떤 그릇이 나미라의 아침이 아니라는 것을 아는 것이 곧바로 그 사람에게 그것이 그녀의 점심이어야 한다고 추론하는 것을 허용하지는 않는다. 그것은 그녀의 저녁일 수도 있고, 아니면 필자의 점심일 수도 있다. (그것도 아니면 심지어 얼려 놓은 생일 케이크일 수도 있을 것이다.)

3.3.1 양립불가성에 대한 더 많은 것

2장에서 도입된 반의 관계는 함의의 같은 유형을 보여준다. 반의어를 포함하는 긍정문으로부터 부정문으로의 함의들이 있지만, 부정문으로부터 대응하는 긍정문 쪽으로의 함의는 없다. 예를 들어, *길다*와 *짧다*는 반의어다. 이 두 단어가 우리에게 제공하는, 저절로 따라오는 함의들이 (3.9d,e)에 보인 더 큰 유형에 맞아 들어가는 방식을 유의해서 보라. *긴* 사다리는 *짧지*

않고 *짧은* 사다리는 *길지* 않다. 그러나 길지 않은 사다리가 반드시 짧을 필요는 없다. 그것은 단순히 길이에서 중간적일 수 있다. 그리고 *짧지* 않은 사다리가 반드시 *긴* 것이 아니다. 그것은 *긴* 것과 *짧은* 것 사이의 어딘가에 있을 수 있다. 반의성은 많은 형용사 쌍들 (그리고 부사들, 예컨대 *빨리*와 *천천히*) 사이에 성립한다. *길다*와 *짧다*가 양립 불가능하다고 말하는 것은 옳을 것이다. 그러나 대부분의 의미론 연구자들은 형용사(또는 부사) 쌍들 사이의 양립불가성에 대해 반의성이라는 특별한 용어를 사용하고 있다. 전통에 따르는 편이 더 쉽다. 하지만 형용사들이 한 쌍이 아니라 더 큰 집합으로 존재하는 경우 — {*black, purple, blue, brown, green, yellow, orange, red, pink, white, grey*}처럼 — 그 집합 내에서 성립하는 관계에 적절한 용어는 양립불가성이다.

2장에서 소개된, 동의어들은 주어진 상위어의 하의어들이 서로 양립이 불가능하다는 일반화에 예외를 가져온다. 다음은 *자리/좌석(seat)*의 모든 하의어들이다. *의자, 벤치, 등받이 없는 걸상(stool), 소파, 세티(settee)*. 양립불가성이라는 관계는 그것들 대부분 사이에 성립한다. 예를 들어, 만일 우리가 헤이절이 의자에 앉아 있다는 것을 알면, 우리는 그녀가 벤치, 등받이 없는 걸상, 소파, 세티에 앉아 있는 것이 아니라는 것을 안다. 만일 그녀가 벤치에 앉아 있다면, 그녀는 (그 순간에) 의자, 등받이 없는 걸상, 소파, 세티에 앉아 있는 것이 아니다. 다른 경우들도 다 마찬가지다. 그러나 *소파*와 *세티*는 그것들이 동의어이기 때문에, 서로 양립 불가능하지 않다. 만일 헤이절이 소파에 앉아 있다면, 그녀는 세티에 앉아 있는 것이고, 그 반대도 성립한다.

어떤 직접적인 상위어의 (비동의적인) 하의어들은 서로 양립 불가능할 뿐 아니라 그것들의 고차 상위어들의 하의어들과도 역시 양립 불가능하다. (3.10)에 있는 목록은 그것을 예시하기 위해 사용될 수 있다.

(3.10)	상위어	하의어
	drinking vessel(음용용기)	glass, cup, mug
	glass(글라스)	wineglass, martini glass, tumbler
	cup(잔)	coffee cup, tea cup
	mug(머그)	coffee mug, beer mug

*tea cup*은 단순히 *coffee cup*이나 *cup*의 어떤 다른 종류가 아닐 뿐만 아니라, *glass*나 *mug*가 아니고, *glass*나 *mug*의 어떤 하의어들도 아니다. 어쩌면 다음과 같은 말이 따분할 정도로 명백한 사실로 보일지도 모른다. 주어진 사물이 다른 어떤 것일 수는 없다. 그러나 그 말은 참이 아니다. *cup*은 *선물*, *소유물*, *도자기*나 다른 다양한 사물들일 수 있다.

양립불가성은 순수한 무제약적인 차이가 아니다. 양립불가성은 유사성의 배경에 반하는 차이이다. 어떤 상위어의 하의어들은, 상위어의 의미와 그것에 대한 약간의 수식을 합한 것을 그것들의 의미로 가진다는 것을 기억하기 바란다. 예를 들어, *tumbler(밑이 평평한 큰 컵)*는 'glass without a stem (굽: 그릇 따위의 밑바닥에 붙은 나지막한 받침)'이고 *glass*는 'drinking vessel made of glass(유리로 만들어진 음용용기)'다. 여기에서 *tumbler*에 대해 주어진 의미에서, '굽이 없는(without a stem)'이라는 수식어는 *tumbler*와 다른 *glass* 사이의 차이를 말해 주고, 'glass'는 *tumbler*의 의미가 *wineglass, martini glass*, 그리고 모든 다른 종류의 *glass*들과 공유하는 유사성을 나타낸다.

3.4 가산명사와 물질명사

영어 문법에서는, 표 3.2에서 보여주듯이 *loaf*와 *coin*에 의해 예시되는 가산명사와 *bread*와 *money*에 의해 예시되는 물질명사 사이에 명확한 구별이 있다. 전체 명사 어휘는 거의 항상 가산명사로만 쓰이는 단어들(예를 들어, *garment*), 거의 항상 물질명사로만 쓰이는 것들(*clothing*처럼), 물질명사나 가산명사로 사용될 수 있어서 중의적인 것들(*cake*처럼)로 구분된다.

표 3.2에서 의문부호는, *bread*가 '빵의 뚜렷한 변종'을 표의하는 것으로 여겨질 때처럼, 어떤 물질명사들의 허용 가능한 특별한 용도 때문에 덧붙여 둔 것이다. 예를 들어, 사람들은 어떤 제과점에 대해서, 그곳에서 "six breads"을 만든다고 말할 때, 그곳에서 "six types of bread", 즉 통밀 빵(wholewheat), 포카치아 빵(focaccio), 바게트 빵(French sticks) 등을 만든다는 것을 의미할 수 있다. *six breads*는 '여섯 덩이'의 의미를 표현하도록 의도할 때는 비문법적이 된다.

표 3.2 가산명사과 물질명사 사이의 구별

가산명사	물질명사
This is a loaf.	?This is a bread.
This is a coin.	*This is a money.
How many loaves are there?	?How many breads are there?
How many coins are there?	*How many moneys are there?
a large number of loaves.	?a large number of breads
a large number of coins.	*a large number of moneys
six loaves	?six breads
six coins	*six moneys
*How much loaves are there?	How much bread is there?
*How much coins are there?	How much money is there?

표기법

표 3.2에서,

*는 심각한 비문법성을 표시한다.
?는 그보다는 덜한 수준의 비문법성을 표시한다.

*비문법적*이라고 하는 것은, 비록 우리가 그 의도된 의미를 이해할 수 있다고 하더라도, 우리가 영어에서 문장을 그런 방식으로 조립하지 않는다는 것을 신호하는 것이다. 이것은 *와 ?는 의미 문제를 표시하는, 이 책의 다른 부분에서의 표기법과 다르다.

가산명사(可算名詞; count noun)(표 3.2의 왼쪽 줄)는 숫자와 복수접미사 또는 단어 *many*나 단수 부정관사 *a*로 수량화되지만, **물질명사**(物質名詞; mass noun)는 이런 방식(표 3.2의 오른쪽 줄)으로 수량화되는 데 저항한다. 가산명사는 콩(beans)이나 사람(people)이나 셔츠(shirts)처럼 구별될 수 있는 전체 실재물을 표의한다. 그것들은 셀 수 있다. 물질명사는 단어 *much*로 수량화된다. 그것들은 반죽(dough), 물(water), 용암(lava) 같은 구별되지 않는 물질을 표의한다.

표 3.2는 가산명사와 물질명사 사이의 차이가 부분적으로는 화자나 청자가 실물을 어떻게 말로 표현하기로 선택하는가의 문제다. 바깥 세상에 있는 것은 여러분이 *loaf*를 지시하고 있든 *bread*를 지시하고 있든 거의 똑같다; 마찬가지로, 단어 *coins*(그리고 *banknotes*나 *bills*)의 표의는 단어 *money*의 그것과 거의 같다. 그러나 물질명사들로 어떤 실물을 동질적인 물질, 구별되지 않는 “무엇(stuff)”으로 나타내는 반면, 가산명사는 우리가 개체적으로 뚜렷이 구별되는 전체들(loaves, coins, banknotes, bills 등)로 이

루어져 있는 것처럼 말하고 있는 것을 말로 묘사하고 있는 것이다. 이것을 예시하기 위해서 선택될 수 있는 또 다른 쌍은 *drinks*(가산명사)와 *booze* (물질명사)다.

사람들이 *clothing*이나 *bread*나 *money*나 *scenery*에 대해 말하거나 글을 쓸 때 그들이 양말로부터 셔츠를 구별하지 못하게 되거나, 한 양말을 다른 양말과 구별하지 못하게 되거나, 풍경을 구성하는 호수, 산, 바다 경치 사이의 경계를 볼 줄 모르게 되는 것은 분명히 아닐 것이다. 그들은 단순히 풍경이든 돈이든 그 무엇이든 마치 그것들이 그런 물질의 "일정 분량"과 그것의 다른 일정 분량 사이에 "얼마만큼"이 거기에 있을 수 있는 유일한 차이인 것처럼 취급하고 있는 것뿐이다.

하의성과 양립불가성은 이 장에서 거의 전적으로 가산명사들로만 예시되었다. 그러나 이 두 관계들은 물질명사들 사이에도 역시 존재한다. *벨벳* (비단 보풀을 가진 천), *코듀로이*(주름 보풀을 가진 천), *깅엄* 등은 물질명사 *cloth*(*천*)의 양립불가능한 하의어들인 물질명사들이다. (물질명사 *천*은 *How much cloth is produced annually?*에 나타난 것이다. 가산명사 *cloth*도 있다. 예를 들면 다음과 같은 경우다. *You'll never use all these old cloths for wiping oil off your bicycle; throw some of them away.*)

영어에서는 오직 개별화된 전체인 것들만 부분을 가지는 것으로 나타내진다. 동질적인 물질은 구별된 부분들로 분리될 수 없다. 그러므로 오직 가산명사들만 그것들의 부분들에 이름을 붙이기 위해서 *가짐*-관계를 지닌다; 물질명사들은 *가짐*-관계에 들어가지 않는다. (물리 화학에서는 그렇지 않지만, 그것은 또 다른 이야기다.)

요약

3장은 명사들에 의해 문장들에 기여되는 함의 가능성들의 중요한 근원인 세 가지의 의미론적 관계들을 소개하였다. *가짐*-관계는 범주들의 원형 구성원들이 가지는 부분들과 관련된 것이고, 하의성은 단어들을 상위어들이 그것들을 구성하는 종류로 함께 묶이는 위계 속으로 연결한다. 그리고 양립불가성은 상위어의 다른 (비동의적인) 하의어들 사이에 유지되는 관계다. (2장에서 소개된) 반의성은 양립불가성의 특별한 경우다. 부분들을 표의하는 단어들은 그 자체가 또 그것들의 부분들에 대해 *가짐*-관계를 지닐 수 있다는 것, 그것들이 그것들 자체의 하의어들에 대한 상위어들일 수 있다는 것, 하의어들은 그것들의 상위어들로부터 부분들을 '상속'한다는 것이 제시되었다. 가산명사와 물질명사 사이의 구분은 세상을 말로 나타내는 방식으로 설명되었다. 물질명사로 이름을 붙이는 것은 지시되는 것을 동질적인 물질로 취급하며, 따라서 구별된 부분들을 가지지 않는 것으로 여겨지는 것이다. *가짐*-관계에 들어가지 않지만, 물질명사는 가산명사가 하는 것과 똑같이 하의성과 양립불가성 속에서 역할을 한다. 4장에서는 명사에서의 가산-대-물질의 구분처럼 동사에도 유사한 구분이 있다는 것이 제시될 것이다.

연습 문제

1. 원형 *shoe(신발)*는 어떤 부분들을 가지는가? 그 부분들은 다시 부분을 가지는가?

2. 다음 내용은, 꽤 장황한 것이기는 하지만, 몇몇 공간 부분어의 의미들에 대한 타당한 비전문적인 진술이라고 생각된다.

사물의 *윗면*은 그것의 *옆면*들 가운데 하나다. 가장 위에 있는 옆면. 사물의 *아랫면*은 그것의 *옆면*들 가운데 하나다. 아래에 있는 옆면. *앞면*은 *옆면*들 가운데 하나다. 면이 앞쪽을 향한 옆면. *뒷면*은 측면들 가운데 하나다. 앞면으로부터 면이 반대쪽에 있는 옆면.

그렇다면, 어떤 의미 관계가 *옆면, 윗면, 아랫면, 앞면, 뒷면* 등과 같은 단어들 사이에 성립하는가? 여러분의 답을 뒷받침할 수 있는 이유를 제시하라.

3. *부모*는 *어머니*와 *아버지*에 대한 상위어다. 부모 바로 아래 층위에는 그 두 개의 하의어들밖에 없다. *어머니*와 *아버지* 사이의 의미론적 관계는 무엇인가? 그것이 양립불가성인가, 아니면 반의성인가? 여러분의 답을 정당화하라.

4. 교실 토론을 위한 문제. 다음 단어들은 *footwear(신는 것)*의 하의어들이다. *shoes(신발)*, *sneakers(운동화)*, *trainers(가죽 운동화)*, *sandals(샌들)*, *slippers(슬리퍼)*, *boots(장화)*, *galoshes(고무 덧신)*.
   a. *footwear(신는 것)*가 여러분이 모든 하의어들에 대해 사용하는 상위어인가, 아니면 여러분은 *shoe(신발)*를 일반적인 개념의미로 사용해서 우리가 그 상위어로 *shoe*$_1$*(신발*$_1$*)*을 구별할 수 있을 것 같은가? (결국, 그 모두를 팔 수 있는 가게의 종류는 *shoe shop(신발 가게)*이다.)
   b. *footwear*(또는 *shoe*$_1$)의 다른 하의어들을 할 수 있는 한 많이 찾아보라.
   c. 그림 3.5와 유사하게, 주어진 단어들과 여러분이 발견한 추가적인 것들에 대해 하의어 위계를 그려 완성하라.
   d. 그 위계 속의 각 단어들의 의미에 대한 간략한 특성 기술을, 직접 상위어와 수식 구의 합의 형식으로 제공하도록 노력하라. 결국 백과사전적 기술이 되지 않도록 하라.

5. *paper, glass, cheese*는 가산 개념의미와 물질 개념의미 사이에서 중의적이다.

a. 가산-물질 차이를 명확히 나타낼 수 있는, 그것들 각각에 대한 예문 쌍을 고안하라.

b. 각 단어들의 그 개념의미들 각각에 대해 몇 가지 하의어들을 찾아내고, 이것들에 기초하여 상위어들의 의미들에 대해 비형식적으로 설명하라.

추천 논저

여러분은 그랜디(Grandy, 1987)가 상당히 어려운 논문이라는 것을 알게 될 것이지만 그것은 이 장에서 설명한 것과 같은 단순한 설명에 대해 일어날 수 있는 다양한 문제들에 대한 해법을 제안한 것으로서 가치가 높다. 크루즈(Cruse, 2000)는 부분성(부분-전체 관계), 하의성, 양립불가성에 대한 세세하고 생각이 깊은 논의를 제공한다. 컨즈(Kearns, 2000)는 가산명사와 물질명사 사이의 의미 차이에 대한 더 많은 것들을 제공해 주는 훌륭한 자료다. 이마이(Imai, 2000)는 가산명사와 물질명사에 대한 일련의 흥미로운 실험에 대해 보고하고 있다. 영어와 일본어 화자들 사이를 비교하고 있는데 성인뿐만 아니라 어린이들도 포함하고 있다.

제 4 장
동사와 상황
Verbs and situations

개관

이 장은 동사 의미에 관한 것이다. 절(예를 들자면, *Robby brought me the news(로비가 나에게 그 소식을 가져왔다)*와 같은 것)을 만드는 의미론적 구성성분들에 대한 단순화된 설명은 동사(앞 예의 경우 *brought*)가 명사구에 의해 지시되는 실재물들(여기서는 *Robby, me* 그리고 *the news*)"에 대해 무엇인가를 말해준다" — 즉 그것들을 서로 관련시킨다는 것이다. 그러나 이것을 부분적으로만 옳다고 할 수밖에 없는 이유 가운데는, 모든 명사구들이 지시 표현인 것은 아니라는 것(예를 들어, *Blinko was a famous clown(블링코는 유명한 어릿광대였다)*에서 명사구 *a famous clown*은 어떤 어릿광대를 지시하기 위해 사용된 것이라기보다는 블링코를 어떤 범주에 집어넣는다.), 그리고 실재물들을 범주화 또는 상호 관련시키는 것이 동사들만은 아니라는 것(예를 들어, *Those cups are on the shelf*에서 전치사 *on*의 의미의 대부분은, *The shelf supports those cups*에서처럼 동사로 바꾸어서 전달해도 될 만한 것이다; 그리고 명사 *fool*을 가진 문장 *They* *made a fool of him*도 동사를 가진 환언 *They fooled him*을 가지고 있다) 등을 들 수 있다. 그럼에도 불구하고 절에 대해서, 의미 중심으로서의 동사와 몇몇 수반되는 지시 표현들을 가짐으로써 명제를 표현하는 것이라고 말하는 것을 정당화하는 생각 속에는 충분한 진실이 들어 있다.

동사들은 그것들이 명사구(예 (4.1)과 (4.2)에서 이탤릭체로 표시)를 하나만 요구하는지 아니면 둘을 요구하는지 혹은 셋을 요구하는지에 따라 다양하다. 나중의 논의는 이것이 의미에 체계적인 효과를 가져올 수 있음을 보일 것이다.)

(4.1) *빌리*가 거짓말한다. (진실이 아닌 것을 말한다는 의미; 하나의 명사구)
*벤자민 프랭클린*이 *진실*을 말했다. (두 개의 명사구)
*나*는 *그녀*에게 *스콘*(둥근 과자 빵)을 대접했다. (세 개의 명사구)

명사구들의 자리에, 어떤 동사들은 전치사구(후치사구)를 받아들인다(예: 4.2a의 *to her(그녀에게)*). 그리고 때로는 위치들이 내포절로 채워진다 (4.2c-e에서의 *that*-절(*-는 것*)처럼). 절은 대개 그 자체의 동사를 가지며 명제를 전달할 수 있다. 예를 들어, *Spring has come early(봄이 일찍 왔다)*는 계절의 시작에 관한 명제를 전달한다. (4.2c,e)에서는 같은 절이 독립해 있지 않고 동사 *confirm(확인시키다)*의 목적어로 다른 절에 **내포**("포장되어 집어넣어졌다"는 뜻이다)되어 있다. (4.2d,e)에서 우리는 어떤 절이 주어로 내포되어 있는 것을 보게 된다. 단어 *that*(*-는 것*)은 영어 문법에서 내포된 절을 표시하기 위해 이용할 수 있는 표지의 하나다.

(4.2) a. *나*는 *그녀*에게 *스콘*을 대접했다.
b. *이 증거*는 *나의 직감*을 확인시켜 준다.
c. *그것은 봄이 일찍 왔다는 것*을 확인시켜 준다.

d. *수선화가 피고 있다는 것은 나의 직감을* 확인시켜 준다.
e. *수선화가 피고 있다는 것은 봄이 일찍 왔다는 것을* 확인시켜 준다.
f. 그에게 스콘을 대접해라.

논항(論項; argument)이라는 용어는 동사가 필요로 하는 모든 종류의 의무적이고, 잠재적으로 지시적인 구성성분들을 아울러 이르는 데 사용된다('논쟁'이라는 뜻이 아니다). 그것들은 명사구(*이 증거*와 같은 경우), 내포절(*수선화가 피고 있다는 것*처럼), 아니면 전치사구일 수도 있다. 예 (4.2a)는 세 개의 논항을 가지고 있다. (4.2b-e)의 주절은 각각 두 개의 논항을 가지고 있다. 예 (4.2f)는 다시 세 개의 논항을 가지고 있다. 왜냐하면 "암묵적으로 양해된" 주어 '당신'은 논항으로 간주되기 때문이다.

특히, 동사들의 경우 의미는 개별 단어들만의 속성이 아니라, 그것들이 나타나는 구성에 의해 영향을 받는다. 다음은, 어떤 절의 논항들의 배열이 어떻게 동사의 의미가 이해되는 방식에 영향을 줄 수 있는지를 보여 주는 예다. 필자가 신문 헤드라인 *강도들이 희생자들을 잠들게 분무하다(Robbers spray victims to sleep)* 「피지 포스트」 1995년 6월 1일자)를 읽었을 때까지 필자에게 *분무하다*는 내포절을 취하는 동사가 아니었다. 그러나 *희생자들을 잠들게(victims to sleep)*라는 절을 두 번째 논항으로 가지는 절을 가진 그 헤드라인을 보자마자, 필자는 즉시 *분무하다*가 여기서는 사동 동사라는 것을 이해했다. 강도들은 희생자들에게 무엇을 분무함으로써 그들을 잠들게 만들었다.

아래 4.1절은 원인을 가진 상황을 나타내는 내포절을 가지거나 가지지 않는 사동 동사들에 대해 논의한다. 사동 동사들과 함께, 내포절에 의해 전달되는 명제는 전체 문장에 의해 함의된다. 그러므로 만일 '강도들이 희생자들을 잠들게 분무했다'는 것이 참이라면 '희생자들이 잠들었다'는 것도 또한 참이어야 한다. 4.2절은, 동사와 그 논항들이, 상황이 시간 속에서 어떻게 구조화되는지를 나타내 주는 방식들에 대한 Zeno Vendler의 영향력 있는 설명(1967)에 기초한 연구와 관련된 것이다. **상**(相; aspect)이란 사건들의 시간 윤곽선을 언어에 부호화시키는 것에 관한 일반적 용어다. 예를 들어, 사물들이 최고조에 달하거나 그저 변하지 않고 지속되거나 하는 것 말이다. 이 장에서 고려되는 것은 영어 단어[1])의 속성으로서의 상이다. 6장은 논의를 더 심화시켜, 영어 문법 속에 표시되는 것으로서의 상에 주로 초점을 맞출 것이다.

4.1 사동문

표 4.1의 왼쪽 줄에서 문장들은 사동문들이고 각각은 그 오른편에 있는 문장을 함의한다.

표 4.1 함의된 문장과 함께 나타낸 사동문의 예들

사동문	함의
그 생각이 그녀를 기뻐 날뛰게 만들었다.	그녀가 기뻐 날뛰었다.
그 아이들이 연을 날렸다.	연이 날았다.
나쁜 날씨가 우리를 소풍을 취소할 수밖에 없게 했다.	우리가 소풍을 취소했다.
그의 무경험이 그 결정을 실행되지 못하게 할 것이다.	그 결정이 실행되지 못할 것이다.

1) 독일어 용어 Aktionsarten은 문법적 굴절에 의해 표시되는 상으로부터 단어에 기반을 둔 상을 구별하기 위해서 의미론에서 널리 사용되고 있다. 그것은 종종 영어로 *사건 유형*이라고 번역된다. 나는 상황 유형이라는 용어를 사용하는데, 그 이유는 상태가 포함되는데 상태를 사건의 일종으로 말하는 것이 다소 거슬리기 때문이다.

나는 학생들에게 이 논문을 읽게 했다.	학생들이 이 논문을 읽었다.
그 자물쇠가 그를 문을 열지 못하게 했다. (부정 사동문)	그가 (그때) 문을 못 열었다.

표 4.1의 오른쪽 줄에 있는 문장들은 하나나 두 개의 논항을 가지고 있고 그것들은 상태나 사건을 기술한다. 왼편에 있는 사동문은 오른쪽에 있는 대응문들과 여러 가지 면에서 다르다.

- 그것들은 사동 동사를 포함하고 있다. (위의 예들에서, *-게 만들다, -(으)ㄹ 수밖에 없게 하다, -게 하다, -지 못하게 하다*)
- 주어(*그 생각, 그 아이들, 나쁜 날씨* 등)는 별도의 논항이다 — 오른쪽의 대응하는 문장의 논항들에 더하여져서 —.
- 사동문의 주어는 무엇이든 — 인간이든, 추상물이든, 구체물이든 — 오른쪽 문장에 의해 기술된 상황을 일으키는 것을 지시하기 위해 사용된다.
- 사동문은 표의 오른쪽에 있는 문장과 같은 명제를 가진 내포절을 가진다. 이것은 '*나는 (그 학생들이 이 논문을 읽)-게 했다/I had (the students read this article)*'에서 명확히 알 수 있다. 거기서 내포절은 괄호 속에 넣었다. (여기에도 변화가 있기는 하다. 영어 문장의 경우, *read*는 사동문에서는 '/riːd/'처럼 시제 없는 동사 원형으로 발음되지만, 내포된 독립 절에서는 과거 시제 /rɛd/로 발음된다.)

그러므로 **사동** 문장(사동문)에 의해 표현되는 의미는: 주어 명사구가 지시하는 무엇인가에 의해 어떤 상황이 일어나게 되고 — 시켜지고 —, 그 유발된 — 시켜진 — 상황이 내포절[2]에 의해 기술되는 것이다. 예를 들어, '나'

2) *The thought was made her gleeful*에서 *her gleeful*이라는 연쇄는 어떤 언어학자들이 "소절(small clause)"이라고 부르는 것으로, 주어를 가지고 있지만(이 경우에는 her) 시제 표시는 없는 것 — 이것은 시제 표시를 수반하기 위한 동사를 가지고 있지도 않다. 표 4.1에서 *The children got the kite to fly*에서 *the kite to fly*처럼 *to*를 가진 절들은 부정사절이다. 어떤 언어학자들은 시제 동사가 없는 절이 성립할 수는 없다고 하니까,

로 지시된 사람이 '그 학생들이 이 논문을 읽'은 상황이 일어나도록 하는 원인이 된 것이다.

사동문의 주절에 있는 동사는 '**사동 동사(사동사)**'다. *cause(...게 하다)*는 논쟁의 여지는 있지만 표 4.1에 있는 다른 사동 동사들에 대해 상위어라고 할 법하다. 예를 들어, 사동 동사 *force(...(을)ㄹ 수밖에 없게 하-)*는 '원하지 않는 결과의 원인이 됨'을 의미하는 것으로 받아들여질 수 있다. 거기서 (홑따옴표로 표시한) 하의적 의미는 (3장에서 본 것처럼) 수식어를 가진 상위어의 의미라고 할 수 있다. 그 경우를 제대로 설명하려면 여기에 허락된 지면보다 더 많은 공간이 필요할 것이다. 그러나 *cause*를 상위어로 받아들이면, 우리는 (4.3)에 나타난 함의 유형을 가진다. 거기서 X는 사동문의 주어의 지시대상이고 홑따옴표는 명제 — 절 의미 — 를 둘러싸고 있다.

(4.3) 'X cause(...게 하다) ('절')' ⇒ '절'

물론, 함의된 절의 연관된 세부사항들은 화살표의 어느 편에도 동일하게 유지될 필요가 있다. '절'은 표현법이 약간 달라질 수는 있어도(표 4.1에서 왼쪽에서는 *연을*로 나타냈고 오른쪽에서는 *연이*로 나타낸 것 같은 것), 양쪽에서 다 동일한 명제다.

내포절 — (4.3)에서 괄호 속에 넣은 것 — 은 사동 동사의 논항이다. 의미론적으로, 사동 동사들은 최소한[3] 두 개의 논항을 가진다. 하나는 원인자/사동주(causer)를 표의하고 하나는 유발된 상태나 사건을 표의한다. 필자는 후자의 논항을 **내포된 상황**(embedded situation)이라고 부를 것이다.

부정사절에 대한 착상은 다소 논란의 여지가 있고 소절은 더욱 그렇다.

3) '최소한'이라는 제한을 둔 것은, 어떤 분석에서는 이 문장들 가운데 몇몇에서 간접 목적어를 보기도 하기 때문이다. 예를 들면 *Bad weather forces us to cancel the picnic*에서 *us* 같은 것이다. 그러나 이것은 본문에서 논의되는 문제와는 아무 상관이 없다.

그 내포된 상황은 그 자체의 논항들을 가진다. 이전 몇 단락에서 논의된 예들에서 *그 학생들, 이 논문, 연*이 그런 것들이다.

4.1.1 부사에 의한 진단법

(4.4a)를 생각해 보라. (아마도 루신다는 해당 주간에 특정 창고에 접근할 필요가 있었던 마취 전문 의사다.) 예 (4.4a)는 (4.4b)라는 사동 구성을 함의하며, 필자는 (4.4a)가 내포절을 가지지 않을지라도 그 자체가 사동 구성이라고 제안하려 한다. Tenny(2000)는 이런 종류의 주장에 대한 정당화가 (4.4a)의 *그 주 내내(for the week)* 같은 부사어에 의해 수식되는 것을 보면 알 수 있다는 제안을 한 바 있다.

(4.4) a. 그 간호사가 루신다에게 그 주 내내 열쇠를 주었다.
(The staff nurse gave Lucinda a key for the week.)
b. 그 간호사가 루신다에게 그 주 내내 열쇠를 가지고 있게 했다.
(The staff nurse caused Lucinda to have a key for the week.)
c. 루신다가 그 주 내내 열쇠를 가지고 있었다.
(Lucinda had a key for the week.)

(4.4b)는 (4.3)에 있는 함의 화살표의 왼편 것과 맞아 들어가는 유형의 사동문이기 때문에, 우리는 (4.4b)가 (4.4c)를 함의할 것으로 기대하게 되고, 직관적으로 그렇다.

*주는 것*은 누군가가 무엇을 가지게 하는 유일한 방법은 아니다. 루신다에게 열쇠에 대해 뒤집어씌우기 위해서 그것을 "심어 놓은(몰래 넣어 둔)" 악의적인 사람도 그것을 '그녀가 가지고 있게 하'-ㄹ 수 있을 것이다. 그러므로 (4.4a)가 (4.4b)를 함의하지만, 함의는 반대 방향으로는 성립하지 않는

다. (4.4b)가 참이라는 것을 아는 것이 (4.4a)가 참이라는 것을 보장하지 않는다. 3장에서, 그 문장의 나머지 부분들이 동일하게 유지될 때의, 함의의 일방향적 배열이라는 것이 하의어의 상위어에 대한 의미론적 관계를 정의하는 말이었던 것을 상기하기 바란다. *...을 주다(give)*는 *...을 가지고 있게 하다(cause ... to have)*의 하의어다.

(4.4a)에 대한 다른 가능한 해석들이 있지만 가장 명백한 것은 간호사가 루신다에게 열쇠를 한 번 주고 루신다가 그 주 내내 그것의 소유를 유지했다는 것이다. 이 해석에서, *그 주 내내*는 무엇에 대해 수식 효과를 가지는가? 합리적인 대답은 함의된 문장 (4.4b)와 같다. 거기에서 *그 주 내내*는 루신다가 얼마나 오랫동안 열쇠를 가지고 있었는지를 나타내기 위해서 *가지고 있-(have)*을 가진 절을 수식한다. 그 수식어는 함의된 절, 곧 시켜진 상황을 기술하는 것에 의해 전달되는 의미에 작용한다.

만일 우리가, (4.4b)에 있는 동사 *-게 하다*를, 간호사가 루신다에게 열쇠를 건네 준 (또는 루신다의 코트 주머니에 열쇠를 "심어 놓은" 단일 사건[4])을 기술하는 것으로 생각한다면, 그렇게 하는 것은 몇 초밖에 걸리지 않을 일이고, *그 주 내내*가 얼마나 오래 그 사건이 지속되었는지를 말한다고 생각하는 것은 거의 수긍하기 어려울 것이다. 그것은 (4.4a)와 같다. 만일 *그 주 내내*가 건네주는 사건으로서 *주다*를 수식한다면, 그 상황은 무리일 것이다. 간호사가 아주아주 천천히 그 열쇠를 집어 들어서 — 여러 날에 걸쳐서 — 그것을 루신다 쪽으로 건네서 준다. (4.4a)를 이해하는 평범한 방법으로는, 지속 전치사구 '그 주 내내'가 건네줌을 수식하지 않고 '루신다가 열

---

4) (4.4a)의 또 다른 해석은 **습관적**(habitual)인 것이다. 즉 '간호사가 그녀에게 열쇠를 반복적으로 주었다' 또는 '그녀에게 주기를 계속했다'와 같은 것이다. 습관적 해석에서는, for the week을 얼마나 오랫동안 열쇠의 반복된 전달 — 아마도 매일 아침의 — 이 지속되었는가를 말해 주는 것으로 이해하는 것이 합리적이다. (습관 상에 대한 더 많은 것은 6장을 보라.)

쇠를 가지고 있-'이라는 "암묵적인" 내포 상황을 수식하는 것이라고 말하는 것이 합리적이다. 그 수식의 효과는 (4.4c)에 의해 표현될 수 있다.

내포 상황 절 — *가지고 있-(have)*을 가진 절 — 에 작용하는 부사적 수식뿐만 아니라 (4.4b)와 같은 문장에서, (4.5)에 예시된 것과 같은 주절 — 사동 동사 *게 하다(cause)*를 가진 것 — 에 대한 분리된 부사적 수식이 있을 수 있다.

(4.5) 간호사가 1년 전에, 루신다가 2005년에 열쇠를 가지고 있게 했다.

(4.5)의 문장은 어떤 간호사가 2004년에 무엇을 했다는 것에 대해 말하는 한 가지 가능한 방식이다 — 아마도 부주의 때문에 열쇠를 어디에 놓았는지 몰라서 — 그리고 그 간호사와는 아무런 접촉도 없었을지도 모르는 루신다가 일 년 뒤에 그 열쇠를 가지고 있게 된 것, 예컨대, 고리에 걸려 있던 병원 병동 열쇠 벽장의 제자리가 아닌 엉뚱한 곳으로부터 그것을 집어든 것 같은 상황 말이다. 시나리오가 어찌됐건, 요지는 (4.4b)와 (4.5) 같은 두 절을 포함한 사동문은 **간접 사동**을 기술하기 위해 사용될 수 있다. 누군가가 무엇을 하고 — 아마도 비의도적으로; 아마도 긴 시간 간격을 둔 이후에 — 그 사람의 행동으로 거슬러 올라갈 수 있는 상황을 일으킨다. 대조적으로, *그 간호사가 루신다에게 열쇠를 주었다*와 같은, 단일절(one-clause) 사동문은 **직접 사동**을 기술한다. 그래서 (4.4a)는 루신다가, 시간적으로 먼 어떤 행동에 의해 야기되었고 그녀가 열쇠를 가지고 있게 되는 결과를 의도한 것이 아니었던 사건에서 열쇠를 가지고 있게 됨을 표현하는 데 알맞지 않다.

표 4.1에서 사동문들은 각각 명시적인 내포절을 가졌다. 그러나 표 4.2에서 사동문들은 각각이 야기된 상황에 대한 함의된 명제 — 표 4.2의 오른쪽

줄에서 대응하는 문장에 의해 표현될 수도 있었던 함의 — 가 있지만 통사적으로 하나의 절만을 가진다는 점에서 (4.4a)와 같다. 이 함의들을 볼 때, 왼쪽 줄에 있는 문장들을 사동문이라고 부르는 것이 합당하다. 그리고 (4.4a-c)에 예시된 관계들을 염두에 두면, 함의된 명제들은 그 사동문의 "암묵적" 내포 상황이라고 여겨질 수 있다.

표 4.2 서로로부터 함의를 가진 단일절 사동문의 세 종류

사동문	함의
다른 동사(예 : *feed-eat*)	
She fed the baby some mashed banana.	The baby ate some mashed banana.
The bank has lowered its interest rate.	The bank's interest rate dropped.
Drought killed the lawn.	The lawn died.
형태론적으로 관련된 동사와 형용사 (예 : *enrich-rich*)	
Nitrogen spills have enriched the soil here.	The soil is rich here.
The graphic artist enlarged the logo.	The logo became larger.
His job deafened Dougie.	Dougie became deaf (to an extent).
같은 동사 형식이 사동적으로 쓰인 경우와 비사동적으로 쓰인 경우(예 : *walk-walk*)	
The guide walks tourists through the eco park.	Tourists walk through the eco park.
The gardener grew several vines.	Several vines grew.
He chipped one of his teeth.	One of his teeth chipped.

새로 생긴 은행이 신용카드 계좌에 낮은 이자율을 제공하기 시작한다고 생각해 보라. 일 년 후에 어려운 재정적 상황이 이자율을 올리지 않을 수 없게 한다. 몇 달 뒤 다시 이율을 본래의 수준으로 떨어뜨리는 것이 가능한

것으로 입증된다. 방금 개략적으로 만들어 본 시나리오에서 이 은행의 이율은 사상 처음으로 낮아질 것이라는 점에 유의하라. 그럼에도 불구하고, 이 첫 번째 하강은 다음과 같이 보도될 수 있다. *그 은행이 이율을 다시 낮추었다*. 그 보도를 다른 방식으로 표현할 수도 있을 것이다. 그러나 ― 아마도 놀랍게도 ― 부사 *다시*를 사용하는 것이 가능할 것이다. *다시*의 이런 용법은 **복귀적**(restitutive)이라고 불린다. 거기에는 이전에 존재하던 상태의 회복이 있다(Tenny 2000). 문제의 경우에, 이율이 낮았었고, 그 다음에 올랐고, 그 다음에 낮았다. 이전에 낮았었기 때문에, *다시*를 이율이 최초로 감소한 경우를 기술하기 위해서도 사용하는 것이 적절하다. 이것이, *은행* 문장의 의미의 부분이 내포절로서 통사적으로 가시적이지 않은 내포된 명제라고 생각하게 되는 이유다. 초기 상태로 다시 되돌아감이 있을 때, 복귀 부사 *다시*는 내포된 상황에 대해 작용할 수 있고, 이것이 내포된 상황이 절 의미의 부분이라는 증거가 된다.

다음으로 고려될 것은, 거기에 나타난 문장들에 의해 요구되는 논항들의 수와 유형의 측면에서, 표 4.2의 오른쪽 줄에서 함의된 문장들 사이에 나타나는 차이들이다. 첫 번째 문장 *The baby ate some mashed banana*는 유일하게 **타동적**(transitive)인 것이다. 그 말은 그것이 주어 논항('the baby')과 직접 목적어 논항('some mashed banana')를 가진 절이라는 말이다. *Tourists walk through the eco park*도 두 개의 논항을 가지지만(*you*와 *through the eco park*), 전치사 *through* 때문에, *through the eco park*라는 구성은 직접 목적어가 아니다. 그래서 그 문장은 타동적이라기보다 **자동적**(intransitive)이다. 여기서 다른 자동문들은 *The bank's interest rate dropped, Several vines grew, One of his teeth chipped*다. 그것들은 곧 논의될 것이다. 표 4.2에서 오른쪽에 있는 다른 문장들은 계사(copula verb) *be*와 *become*을 가진다(Miller 2002: 30-2를 보라). 의미론적으로, 이 계사문들은 주어의 지시대상이 흔히 형용사에 의해 이름붙여질 수 있는 범주에 속한다는 것을 나타낸다. 예를 들어, *The soil is rich here*는 여기서의 *soil*을 '비옥한 것(rich)' 범주 속에 있는 것으로 지정한다. 마찬가지로, '더 큰 것(larger (things))'의 하위범주 속으로 들어오는 로고와 '귀가 어두운 것(deaf (to an extent))'이 되는 Dougie.

자동절들은, 그 동사들이 필요로 하는 주어 논항의 종류에 기초하여 두 가지 상당히 불투명한 이름을 가진 종류들로 나뉘어 왔다(Trask 1993: 290-2):

- **비능격**(unergative; '준능격') 동사는 일어난 일에 의식적으로 책임이 있는 주어를 필요로 한다. *walk*가 그런 동사이고 *Tourists walk through the eco park*는 비능격절이다. 이에 대한 좋은 테스트 방법은 *carefully(조심스럽게)*를 붙였을 때의 용인도(acceptability)를 살피는 것이다. 왜냐하면, 어떤 행동이 의도적으로 수행되려면 조심스럽지 않을 수가 없기 때문이다. *Tourists carefully walk through the eco park*는 아무 문제가 없는 문장이다.

- **비대격**(unaccusative; '준대격') 동사는 *The bank's interest rate dropped, The lawn died, Several vines grew, One of his teeth chipped*에 나타나 있다. 이 자동문들은 부사 *carefully*를 쉽사리 취할 수 없다. **The bank's interest rate carefully dropped, *The lawn carefully died, *Several vines carefully grew, *One of his teeth carefully chipped* 비록 주어 논항이 인간일지라도 그 문장은, 비대격 동사를 가진 구성 속에 *carefully*가 넣어졌을 때는 괴상한 문장이 될 것이다. 예로, **Mort carefully died*를 생각해 보라. 비대격 동사가 왔을 때, 주어는 행위에 의해 영향을 받지만 그에 대해 책임이 있다고 여겨지지는 않는다.

표 4.2의 마지막 두 줄은 같은 동사형을 가진 비대격절들을 함의하는 사동

문들을 보여준다. *Gardeners grow vines* ⇒ *Vines grow; He chipped a tooth* ⇒ *A tooth chipped.* 영어 어휘에 대해 폭넓은 연구를 한 Fellbaum은 그런 쌍들이 수천 개는 될 것이라고 말한다(2000: 54). 몇 개의 예를 (4.6)에 나열하였다.

(4.6) bend, break, dry, hang, hurt, lean, pop, spill, spilt, turn

(4.6)에 있는 단어들과 더불어 체계적인 의미론적 연결 — 사동문의 비대격절 함의 — 이 형태론적 연결과 평행하게 나타난다. 이 경우에는 *He spilt the coffee* ⇒ *The coffee spilt*처럼 아무런 변화가 일어나지 않는다(전환(轉換; conversion) 혹은 영파생(零派生; zero derivation)이라고도 불린다). 이와 같은 규칙적인 유형들은 어형들끼리는 서로 관련이 없는 *kill*과 *die*와 같은 경우에도 유사한 의미론적 관계를 탐색할 수 있는 뒷받침을 제공해준다.

4.2 상황 유형

이 절의 역사적 출발점은 '동사와 시간(Verbs and times)'라는 제목의 Zeno Vendler(1967)의 논문이다. 그의 논의의 많은 부분이 고립된 동사에 대한 것이라기보다는 동사구에 대한 것이다. 그는 동사구를, 그 표의된 상태들이나 행위들이 시간에서 배분되는 방식에 따라 네 종류로 분류한다. 상태들 사이의 거의 순간적인 교체(*notice a mistake*처럼), 어떤 상태의 단순한 존재(예를 들어, *hate hypocrisy*), 진행 중인 행동(*ring handbells*), 그리고 결국 끝나게 되어 있는 목표로 지향된 행동(예를 들어, *cook dinner*)이 그것들이다. 동사구로부터 절로 영역을 확장할 만한 가치가 있다. 왜냐하면 그 절의 주어 역시 중요할 수 있기 때문이다. 예를 들어, *Jo cooked dinner(조가 저녁을 준비했다)*가 결국 끝이 나는 행위를 기술하는 반면, 만일 *First one home cooked dinner(집에 제일 일찍 들어오는 사람이 저녁을 준비했다)*가 모든 가족을 위한 규칙이었다면 후자의 문장은 행위보다는 오히려 상태를 표의한다.

Vendler(1967)의 논문은 고전이고, 통사론과 의미론 사이의 경계면에 관한 연구라는 실질적 중요성을 가진 분야에 대한 기초가 된다. Vendler의 용어와 그가 제시한 틀의 많은 것들이 계속 사용되지만 여기서는 최초의 것과 후속적으로 변화된 것을 구별하려는 시도는 하지 않을 것이다. 대신, 세기가 바뀔 무렵에 이 업적을 바탕으로 이루어진 의미론적 측면에 대한 개관을 제공할 것이다. (이 책의 설명은 Levin and Rappaport 1998, Tenny and Pustejovsky 2000, Huddleston and Pullum 2002에 크게 의존하고 있다.)

(4.7)의 네 문장들은 Vendler의 네 종류의 상황을 예시한다. 그의 명칭들은 괄호 속에 주어져 있다. 그것들은 여기에서 설명될 전문적인 용어들이다. '성취(achievement)'와 '완성(accomplishment)'이 일상적인 용법에서 긍정적인 내포 의미들을 가지지만 우리가 **'상황 유형'**에 대해 말하고 있을 때는 가치중립적이다.

(4.7) a. She got her ankle sprained. (그녀는 발목을 삐었다.) (성취)
b. She had a sprained ankle. (그녀는 염좌가 있다.) (상태)
c. She had physiotherapy. (그녀는 물리치료를 받았다.) (행위)
d. She got better. (그녀는 회복되었다.) (완성)

*get*과 *have*는 영어 동사들 가운데 가장 빈번하게 사용되는 것들 가운데

대표적인 것들이다(Leech et al. 2001: 282). 그리고 둘 다 여러 개의 의미를 가지고 있다. 그러나 현재의 목적상 (4.7) 문장들 각각에 대해 하나의 의미를 유지하는 것이 필수적이다. (4.7a)는 일회적인 운동 사고에 대한 기술로 생각해야 하고, (4.7d)는 그 사람의 그 사고로부터의 회복을 표현하는 것으로 이해하기 바란다. 둘 모두에서 주동사는 *get*이지만 *get*의 다른 개념 의미들이 작용하고 있다. 사고 (4.7a)는 발목이 괜찮은 상태로부터 발목이 삐어 있는 상태로의 갑작스러운 전이다. 이런 종류의 전이 — **성취** — 에서는 대개 중간에 멈추어서 그 결과를 회피할 수 있는 충분한 시간적 여유가 없다. 이것은 **She stopped getting her ankle sprained*이 수용 가능하지 않은 것을 보면 알 수 있다. *get*의 **완성** 의미의 경우(4.7d)는 다르다. *She stopped getting better*이 언어학적으로 이상할 만한 이유가 없다. 그 결국은 좋은 건강의 상태지만 *getting better*는 또한 그것을 향해 단계적으로 올라가는 건강해지는 과정도 부호화하고 있다. 그리고 영어는 그 과정 동안에, 최종 결과에 도착하기 전에 멈춰서는 것에 대해 말하는 것을 허용해준다.

(4.7d)에서의 *get better*라는 구에 대해서는 부차적인 점을 한 가지 언급할 필요가 있다. 그것은 필자가 여러분에게 이해하도록 요청했던 방식으로, '건강을 회복하다'라는 관용어적 의미를 가진다(관용어라는 용어에 대해서는 1장을 보라.) *ill*과 "건강 회복의 *better*"는 상보대립어 쌍을 이룬다(이 용어에 대해서는 2장을 보라). 우리가 아프던 어떤 사람이 *completely better*인지 어떤지에 대해 궁금해 하는 것이 합당하며, 일상적인 대화에서 필자는 "만일 네가 완전히 회복된 것이 아니라면, 너는 여전히 아픈 것이다"라는 식으로 이루어진 주장을 들어 보았다. 누군가가 회복되는 진도가 점진적이든 지속적이든 상관없이, 문장 *She got better*는 좋은 건강으로 가는 예리한 경계가 궁극적으로 건너지는 것 같은 의미를 부호화한다. *bigger*

같은 등급화 가능한 형용사와 어울릴 때, 부사 *completely*는 의미론적으로 불분명한 문장을 산출한다. **Tokyo is completely bigger than London* (만일 *She got better*가 누군가의 배구 실력의 개선에 대한 기술로 받아들여진다면 *better*가 등급화 가능한 형용사의 비교형이 되고 *bigger*와 똑같이 *completely*로 수식되기 어려울 것이다.)

영어가 (4.7a)처럼 성취 유형을 즉각적인 것처럼 다루지만 (4.7d) 같은 완성 유형은 시간 속에 펼쳐져 있는 결말 이전의 국면을 가지는 것으로 다룬다는 또 다른 징표는 **She was getting her ankle sprained* — 일회적 사고 해석으로서는 좋지 않음 — 와 정상적 문장 *She was getting better* 사이의 대조다. 이것은 **진행상** 표지(BE+동사-*ing*)가 사건의 지속적인 국면을 강조하고 그것의 종료를 무시하기 때문이다(이에 대한 더 많은 것은 6장에서 보기 바란다). 완성 유형의 도입 국면은, (4.7d)에 대한 진행 표지를 허용하면서, 지속을 가지는 반면, 성취 유형들은 마치 지속을 가지지 않는 것처럼 부호화되어 있어서, 진행상이 (4.7a)에는 적용될 수 없다.

진행상은 지속 — 시간에서의 연장 — 을 표시할 뿐 아니라 (그래서 성취라고 불리는 갑작스러운 변화와 어울리면 수용 가능하지 않게 된다) 운동 과정을 신호할 수도 있다. 진행 표지는 아무 것도 일어나지 않는, 아무런 운동 과정이 없는 상황들을 기술하는 절들과 잘 어울리지 못한다. (4.7b) 같은 **상태** 문장들은 쉽사리 진행 표지를 받아들이지 못한다. **She was having a sprained ankle*. 반면, 진행은 (4.7c)의 *have*의 **행위** 용법에 자유롭게 적용될 수 있다: *She was having physiotherapy*. ((4.7b)와 그 진행형으로 돌아가서: 화자가 최대한으로 진지하게 말하고 있는 상황을 생각해보라: *She was having a sprained ankle*. 실제 대화에서 사람들은 대체로, “그건 별표를 붙일 만한 문장이야. 다르게 표현하려고 해 봐.”라는 식의 말을 하지 않는다. 대신 다음과 같이 어떤 해석이 만들어질 수 있다. 진행상은 동적인 일의 수행을 나타낸다. 그러므로 기술되고 있는 것은 우리가 *have a sprained ankle*가 표의할 것으로 기대하는 상태가 아닐 수 있다. 그것은 행위였을 것이다; 그러니까 아마도 그 염좌가 있는 사람이 그의 고통을 과장해서 드러내고 있었을 것이다.)

*stop*은 성취 (4.7a)를 완성 (4.7c)로부터 구별하기 위해 언급된 테스트 가운데 하나다. 상태 (4.7b)와 행위 (4.7c)는 둘 다 멈추어질 수 있다: *She stopped having a sprained ankle; She stopped having physiotherapy*. 앞에 있는 문장이, 문제의 사람이 더 이상 염좌가 없다는 것을 말하는 가장 좋은 방법은 아닐 것이다. 그러나 필자는 표 4.3의 상태 행에서 'stop' 아래 덧셈부호를 표시할 만큼 충분히 좋은 문장이라고 생각한다. 여러분은 원한다면 의문부호를 붙이기 바란다. 그렇게 하더라도 상태는 여전히 다른 상황 유형들과는 구별될 것이다.

표 4.3의 별표와 덧셈부호의 첫 두 줄의 예는 이 두 테스트만으로는 완성으로부터 행위를 구별하기에 충분하지 않다는 것을 보여준다. 둘은 모두 덧셈부호가 둘씩이다. 4.1.1절에서 도입된, 복귀적 *again*를 처음 한 일에 사용할 수 있을 가능성이 완성과 행위 사이의 구별을 가능하게 해 준다. (4.7c)와 같이 *again*에 의해 수식되는 행위는 두 번째로, 또는 후속적인 시간 동안에 일어나는 행위로 이해될 수 있다: *She had physiotherapy again. (It worked for her before; so let's hope it does this time. / 이전에 효과가 있었으니까 이번에도 기대해 보자.)* 그러나 만일 (4.7d)와 같이, 완성 사건이 주어가 이전에 있었던 상태의 회복으로 귀결된다면, *again*을 첫 번째에 사용하는 것이 가능하다: *She got better again. (I'm so glad, because she had never had health problems before. / 정말 다행이다. 그녀는 지금까지 한 번도 건강 문제를 일으킨 적이 없었거든.)* 이것은 사동문과 비슷하게 완성이 "암묵적인" 내포 상황을 가짐을 제시한다. 즉 (4.7d)에 대해서는 '그

녀가 좋은 건강 상태에 있다'는 것이다. (4.7d)에는 아무런 지정된 사동주가 없지만 사동문들의 경우에서처럼, 이 내포된 상황은 함의된다: *She got better* ⇒ *She was better*. 내포된 명제의 시제의 판정할 수 있는 시간은 (4.7d)의 가시적인 동사 *got*으로부터 온다. 그래서 함의 화살 오른쪽에 있는 *She was better*는 *She got better*가 참이 된 시간에 참이 되는 것으로 받아들여진다.

표 4.3 네 가지 동사 기반 상황 유형들을 구별하기 위한 테스트 (테스트들이 유효한 이유는 괄호 속에 나타냄)

상황 유형	stop (중단 가능성)	진행상 (지속과 운동 과정)	복귀적 'again'의 최초 사용(내포 상황)
성취	*	*	+
상태	+	*	*
행위	+	+	*
완성	+	+	+

\+ 의미론적으로 문제없음
* 의미론적으로 틀림

표 4.3은 복귀적-*again* 줄에서 상태와 행위에 별표가 붙은 것을 보여준다. 이것은 그 표현이 배제된다는 뜻이 아니다. 그것은 단지, 만일 우리가 그녀가 발목을 삐었거나 물리치료를 받았던 첫 번째에 대해서 말하고 있다면, *She had a sprained ankle again*과 *She had physiotherapy again*이 거짓(심각한 의미론적 문제)이 된다는 것이다. 왜 성취가 복귀적 *again* 아래에서 덧셈부호를 가져야 하는지를 이해하기 위해서, 처음부터 염좌가 있었고 그렇게 태어나기까지의, 태아의 발달을 상상해보라. 물리치료가 문제를 해결하고 그 유아는 염좌가 더 이상 있지 않게 되었지만,[5)] 1년쯤 뒤에 걷기

를 배우면서 사고가 있어서 발목을 삐게 된다. 이것이 그 아이에게는 그런 종류로서는 첫 번째 사고지만, 그것은 성취 문장 (4.7a)에다가 복귀적 *again*을 사용하여 보고될 수 있다. 즉, *She got her ankle sprained again.*

4.2.1 완성은 행위와 성취를 포함한다. 그리고 그것들은 다시 상태를 포함한다.

건강이 좋지 않은 사람이 회복될 때(완성), 거기에는 결국 편찮음에서 건강함으로의 전이에 이르게 되는(성취) 치유 또는 의약 복용(행위)의 국면이 있고, 그 바로 뒤에 그 사람이 좋은 건강 상태에 있게 된다(상태). 이를 압축한 표상이 (4.8)에 제공되어 있다. 상태와 행위는 단순 상황으로 여겨진다; 성취가 좀 더 복잡한데 왜냐하면 그것은 상태를 내포된 명제로 포함하고 있기 때문이다; 그리고 완성은 훨씬 더 복잡한데 왜냐하면 그것은 행위와 성취를 모두 포함하고 있기 때문이다.

(4.8) 완성 = 행위(성취(상태))

이런 배열은 상해 이후의 회복에 제한되지 않는다. 네 상황 유형의 도식은 훨씬 더 일반적이고, 이런 사실을 예시하기 위해 이제 (4.9)의 또 다른 예들의 집합이 논의될 것이다.

(4.9) a. He joined the band. (성취)

---

5) 상태인 (4.7b)에 적용된 *stop*-테스트에 대해 앞에서 논의할 때, 필자는 *She stopped having a sprained ankle*이 어떤 사람들에게는 부적절하다는 생각이 들 수도 있다는 것을 인정했다. 그러나 동일한 표현이 이곳의 본문에서는 자연스럽게 들어맞는다. 그렇지 않은가?

b. He was a member of the band. (상태)
c. I talked to him about it. (행위)
d. I got him to join the band. (완성)

(4.9a)와 같이, 성취는 암묵적인 최종 상태 — 이 예에서는 (4.9b)를 통합한다. 밴드에 가입하는 것은 그가 그 밴드의 일원이 되는 결과를 낳는다. 여기에는 함의가 있다. (4.9a)가 참이 되자마자 — 두 문장에서 *he*가 동일인물을 지시하고 *the band*의 지시대상이 변함없이 유지된다면 —, (4.9b)도 그렇다. (4.9d)와 같은 완성의 일부분, 즉 (4.9c)처럼 도달점을 향하여 움직이는 것은 행위다. 사람들을 밴드에 가입하게 하는 한 방법 — 유일한 것은 아니지만 — 은 그들에게 밴드에 대해 말하는 것이다. 완성의 도달점은 여기서의 (4.9a)와 같은 함의된 성취다.

만일 여러분이 표 4.3의 테스트들을 (4.9)에 있는 문장들에 적용한다면, 아마도 여러분은 *He was joining the band* — (4.9a)의 진행형 — 를 좋은 문장으로 판단할 것이고, 그것은 물론 표 4.3의 성취 열에서 두 번째 별표와는 맞지 않는 결과일 것이다. 하지만 이 판단이 제안된 테스트를 쓸모없게 만들지는 못하는데 그 이유는, 다음 세 가지 가능성이 (4.9a)에 진행형 표지가 붙는 것을 문제없이 허용할 것이기 때문이다.

- 이 특별한 밴드에 가입하는 것은 시간을 끄는 과정일 수 있다. 여러분은 연습을 위해 모습을 나타낸 첫 번째 시간에 바로 받아들여지지 않는다. 대신, 오디션을 치르고, 채워야 할 서식이 있고, 얻어내야 할 위원회의 승인이 있다. 만일 그렇다면, 그것은 대신 완성 상황이 되어 버린다. 표 4.3에서 확인되었듯이, 완성은 진행 표지를 받아들이는데, 그것은 그러면 성취를 선행하는 시시한 이야기에 작용을 한다.
- *He was joining the band at the beginning of every semester and dropping out after a couple of weeks.* 이런 식을 확장되면, (4.9a)

는 습관(habitual)이라고 불리는 해석을 받는다. 그것은 대안적으로 *used to*로 표현된다. *He used to join the band at the beginning of every semester ...* 이것은 그의 가입들의 연쇄를 행위로 전환시킨다. 행위로서, 그것은 *stop*을 가지는 것이 허용될 수 있어야 한다. 그렇다. *He has stopped joining the band at the beginning of every semester.* 그러므로 표 4.3 기준들을 보다 엄격히 표현한다면 습관 해석을 배제하게 될 것이다. (6장은 습관성에 대한 더 많은 것을 포함하고 있다.)

- 특정 상황에서 우리는 진행상을 미래, 특히 무엇인가 계획된 것에 대해서 이야기하기 위해서 사용할 수 있다. 예를 들면, *The timetable says there's another bus arriving in an hour*를 들 수 있다. 그러므로 진행 표지를 가진 (4.9a)는 과거의 어떤 시간에 계획된 사건이었을 수 있다. *He was joining the band, so he bought a new trombone.* 이 용법도 표 4.3 테스트를 적용할 때 역시 배제되어야 할 것이다.

이 논의의 요지는 의미론을 하는 것은 조심스러운 사고를 요구한다는 것이다. 어떤 테스트가 왜 실패하는지를 묻는 것은 그 테스트가 작용하는 조건들에 대한 더 깊은 이해와 더 나은 명세로 인도될 수 있다. 아니면 그것은, 위의 경우가 그렇다고 생각하지는 않지만, 어떤 테스트가 폐기되어야 한다는 것을 보여줄 수도 있다.

완성인 것뿐 아니라, (4.9d)에 있는 문장은 표 4.1에 있는 것들의 유형으로 된 사동문이다. 필자는 사동문들을 완성의 아종(하위종)으로 여긴다. 여기서 이 주제를 더 추구하기는 어렵지만, 표 4.1과 4.2에 있는 모든 사동문들은 표 4.3에 주어진 완성에 대한 기준에 맞아 들어가는 것으로 보인다.

4.2.2 행위주와 도달점

표 4.4는 네 상황 유형의 더 많은 예들의 정선된 것들과 그것들을 도달점

-지향성을 따라 그리고 교사자(*행위주*라는 용어로 불림)가 있는지 어떤지를 제시한다.

표 4.4 도달점과 행위주의 출현에 따라 분류된 네 가지 상황 유형들

	상태(-도달점)	성취(+도달점)
-행위주	Axel owned a pair of jeans. You sound hoarse. Even small contributions counts.	Axel received a pair of jeans. I heard a bang. She realised that 512 was 8 cubes.
	행위(-도달점)	완성(+도달점)
±행위주	This machine embroiders. Someone was listening. He slept.	The river flooded the meadow. The court heard all the evidence. They planted the field with rye. The hikers walked to Crianlarish. The campers are packing up.

논항의 지시대상은, 그 언어가 그것을 일어난 일에 대해 의식적으로 책임이 있는 것으로 부호화하면, **행위주**(agent)다. 그렇게 이름 붙이지는 않았었지만, 그 개념은 앞에서 행위주 주어를 가지는 비능격절(unergative clause)과 그렇지 않은 비대격절(unaccusative clause)과 연결하여 도입되었었다. *carefully*가 행위주성(agency)에 대한 테스트로 제안되었었다. 그것은 표 4.4의 위쪽 절반에 있는 여섯 문장 모두와 어울리게 되면 이상한 결과를 만들어낸다. 예를 들어, 상태와 성취의 주어들이 행위주가 아니라는 것을 나타내는 **Even small contributions carefully count*, **I carefully heard a bang*와 같다. 그래서 그것들이 행위주라는 특질에 대해 마이너스를 쓴 것이다. 만일 그런 문장들이 **Even small contributions count*처럼 자동문이면 그것들은 비대격절일 것이다. 행위와 완성은 행위주에 대해 '±'의 값을

가졌는데, 그 이유는 그것들 중에는 행위주를 가지는 것도 있고 가지지 않는 것도 있기 때문이다. 법정은 그 기능을 조심스럽게 수행할 수 있고, 누군가가 조심스럽게 경청하는 것도 가능하다. 그러나 표의 아랫줄 절반의 어떤 문장들은 *조심스럽게(carefully)*와 어울리면 의미론적으로 이상하다. 예를 들어, **He carefully slept*나 **The river carefully flooded the meadow*와 같다. ±행위주가 행위나 완성의 아주 흥미로운 특성은 아니지만, 상태와 성취에서 행위주가 없다는 것은 그것들의 의미의 한 가지 특성을 명확히 확인시켜준다.

그런데 잠자는 것이 상당히 자동성이 없는 과정이지만, 그럼에도 불구하고 영어에서는 행위로 부호화된다는 것이다. 그것은 표 4.3의 테스트를 통과하며 *What ... do?* 질문에 대한 대답으로 사용될 수도 있다. "What did he do?" "He slept." 그러나 이 기준은 상태와는 어울리기에 부적절한 것이다. "What did Axel do?"에 대한 대답으로 "He owned a pair of jeans"는 합당하지 않다.

성취와 완성은 **도달점**[6] — 사건이 끝난 뒤의 끝점 — 을 지향한다. 예를 들어 *Axel received a pair of jeans*에서 부호화된 사건은 액설이 그 청바지를 가지고 있게 되는 순간에 달성된 것이다; 목초지 홍수는 그 목초지가 물에 잠겨 있는 상태에 도달할 때 완성된 것이다. Vendler(1967)가 상황 유형들을 구별하기 위해서 제안한 테스트들 가운데는 *in*과 *for*가 들어있는 시간 전치사구들이 있었다.

*in twenty seconds*나 *in four hours* 같은 *in*-시간구와 어울릴 때의 용인도는 도달점의 출현을 진단해준다. *She realised in twenty seconds that 512 was eight cubed*는 깨달음의 섬광이 성취 문장에서 실제로 명시되지 않은

---

6) 많은 저자들이 성취와 완성의 도달점 지향성을 특징짓기 위해 '**종결적**(telic)' — 그리스 단어 *telos* '끝(end)'으로부터 파생된 — 이라는 용어를 사용한다.

어떤 순간의 20초 후 — 아마도 그녀가 산수 문제를 막 제시받았을 때 — 에 왔다는 것을 나타낸다. 그리고 그것은 일반적으로 성취 문장과 어울리면 늘 동일하다. *in*-구는 상황 바깥의 선행하는 순간으로부터 부호화된 상황까지, 그 성취가 일어나기 전에 시간이 얼마나 걸리는지를 명시해준다. 다른 예로, *in*-구를 가진 (4.7a)가 있다: *She got her ankle sprained in ten minutes* — 아마도 경기를 시작하는 순간으로부터.

완성과 어울리면 *in*-시간구는 성취로 이어지는 행위를 시작하는 시간을 나타낸다. (완성 속에 부호화된 구성 요소들에 대해 상기할 필요가 있다면 (4.8)을 보라.) 그러므로 *The court heard all the evidence in four hours*는 네 시간 동안의 청취 단계(받아적기라든지 그 밖의 다른 법적 행위들이 통상적으로 그것의 부분이 된다)가 있었고 그 끝에 성취 — 모든 증거가 청취되고 그 증거가 그 다음에 '청취된 증거'로서의 자격(상태와 관련된 단어)을 가졌다 — 가 있었음을 말해준다. 그것은 *in*-시간구에 의해 수식되는 다른 완성들, 예를 들면 (4.7d) 같은 것의 경우에도 똑같다. *She got better in ten days*; 그녀의 좋은 건강의 회복으로 귀결되는 치유 행위가 열흘 동안 지속되었다.

in-구가 도달점이 없는 상황 유형들(상태와 행위)와 어울리게 될 때는 다르다. 그것은 의미론적으로 이상하게 되거나 그것은 이 유형들의 문장들을 성취 부류로 넘어가도록 강제한다. *You sound hoarse in five minutes*는 모종의 목에 대한 혹사가 급속히 목을 쉬게 만든다는 경고로 받아들여질 수 있지만 그런 종류의 전이는 성취이지, 상태가 아니다. 행위 절로 이해되는 대신, *He slept in five minutes*는 *He fell asleep in five minutes*를 의미하는 성취 절로 해석될 것 같다.

그러나, 상태와 행위는 *for*-구와는 쉽게 잘 어울릴 수 있다. 이것들은 상태나 행위의 지속을 명확히 나타내준다. 예를 들어, *Axel owned a pair of* *jeans for a week*와 *He slept for an hour*를 보라. 도달점이 의미의 부분이 아니기 때문에, 그 끝에 아무런 갑작스러운 변화가 부호화되어 있지 않다. 액설은 그 주 끝에 그의 청바지를 없앴을 수도 있고 그렇지 않을 수도 있다; 잠을 잔 사람이 그 시간 이후에 깨어났을 수도 있고 한 시간 더 잤을 수도 있다; 그 끝이 명시적으로 나타나 있지 않다.

성취와 완성과 어울린 *for*-지속구는 그것들이 최종 상태의 길이로 해석될 수 있는지, 아니면 — 완성과 어울려 — 행위 단계의 길이를 나타내는 것으로 해석될 수 있는지에 따라 혼합된 결과로 인도될 수 있다. 성취인 *Axel received a pair of jeans for a week*는 그가 청바지를 가지고 있는 도달점 상태가 일주일 동안 지속되었다는 의미로 이해될 수 있다. 그 이후에 그가 그것을 포기할 것으로 기대되었다. *They planted the field with rye for a week*와 같은 완성과 어울려서는, 일반적으로 두 가지 해석이 가능하다. '들판이 호밀로 심기운 도달점 상태가 일주일 동안 지속됐다.' 그리고 그 다음에 그들이 그것을 귀리로 교체했다; 아니면 그 들판이 광대하고 작업이 느려서, '들판에 호밀을 심는 행위가 일주일 동안 지속됐다' — 도달점은 전체 들판에 호밀을 심는 것이지만, 행위를 그것의 작용역으로 가지는 *for*를 가진 문장은 그 도달점에 당도되었는지 어떤지에 대해서는 말해주지 않는다. (화자가 *They planted the field with rye in a week*를 말함으로써 완결을 충분히 쉽게 명시적으로 표시했을 수 있다는 점이 주어지면, *for*의 사용에 의해 조장되는 추론 — 함축 — 이 있다. 즉 문제의 경우에 작물 심기는 도달점에 당도되기 전에 멈추었다.)

*to the corner, on to the plateau*나 *home* 같은 **처소적 도달점** 구들은 *walk, crawl, swim*이나 *fly* 같은 동작 동사와 함께 사용되면, 완성 절에서 역할을 가진다. 그것들은 완성의 행위 단계를 끝내는 도달점을 명시해 주는 것이다. *The hikers walked to Crianlarich*에 의해 부호화된 완성 상황

에서, 걷는 행위의 이런 예는 암묵적으로 이해된 내포된 성취 상황 'they got to Crianlarich'으로 끝나는데, 그것은 그 자체가 또한 암묵적인 최종 상태 'they were [then] in Crianlarich'를 포함한다. *The campers are packing up*에서 **완결 첨사**(completive particle) *up*은 도달점을 명시적으로 표시하는 유사한 역할을 한다.

많은 완성 상황에서 직접 목적어 명사구 — 특히 그것이 한정적이면 — 그 행위를 한정(delimit)해 준다. *They planted the field with rye*에서 직접 목적어인 *the field*는 호밀 심는 행위에 대해 측량 기준을 제공한다. 그 들판이 다 심어지면 그 행위도 끝난다. 피상적으로 유사한 문장은 *They planted rye in the field*다. 여기서 **처소 논항** *the field*는 더 이상 직접 목적어가 아니다; "**재료**(material)" **논항**이라고 부를 수 있을 *rye*가 직접 목적어다. 여기에는 흥미로운 의미 차이가 나타나는데, 그 부분을 조명해 보자면, 비한정적 *rye*가 (4.10)에서는 한정적인 *the rye*로 되었다.

(4.10) a. They planted the field with the rye. ('전체 들판이 다 심어졌다'는 의미)
b. They planted the rye in the field. ('모든 호밀이 다 소모됐다'는 의미)

(4.10a)의 직접 목적어인 *the field*가 완전히 심겨졌을 때, 약간의 남은 호밀이 있다 하더라도, 그 도달점은 완성되었다. 반면, *the rye*를 목적어 위치에 가진 (4.10b)는 그 호밀이 다 소모되었을 때, 들판의 일부가 호밀 없이 남게 되었다 하더라도 그 행위 단계는 끝난 것이다. *spray, smear, load*가 같은 방식으로 배열되는 단어들 중에 있다 — 처소 논항이나 "재료" 논항이 직접 목적어로 나타나고, 이 둘 중에 다른 것은 전치사구로 나타난다

(*with the rye*나 *in the field*).

3장은 물질명사와 가산명사 사이의 구별을 도입했었다. 그것은 부분적으로는 다른 단어의 문제이지만(예를 들어, *bread*는 물질명사지만 *loaf*는 가산명사다), 부분적으로는 문법적 표지의 문제다(*I don't eat much cake*은 명사 *cake*의 물질 용법을 예시하지만, *I don't eat many cakes*에서 *cake*은 가산명사다). 다소 추상적인 층위에서는, 도달점에 관련하여, 위에서 주목되었던 것 몇몇과 평행성이 있다. 언어는 명사의 물질 용법처럼, 상태와 행위를 동질적으로 취급한다. 상태나 행위가 얼마나 오래 지속되었느냐는 얼마나 많은 케이크나 빵이 관련되는지 묻는 것과 유사하다. 반면, 명사의 가산 용법과 비슷하게, 우리는 완성과 성취가 한정되고(때로 *in*-시간구, 한정 직접 목적어 등에 의해서 가시적으로) 개별화된다(복귀적 *again*의 논의를 기억하라). 명사의 물질-가산의 경우처럼, 도달점-지향성은 부분적으로 다른 동사들을 사용하는 것의 문제(*smile*-행위, 그러나 *explode*-성취)고 부분적으로는 어떻게 절이 구성되는가의 문제(*The children counted aloud*-행위, 그러나 *The cashier counted the day's takings*-완성)다.

요약

이 장에서는 이야기되고 있는 것이 시간 속에서 어떻게 포장되는지, 즉 상 연구(6장에서 더 깊이 고려된다)의 일부분에 집중하면서, 상황들이 부호화된 동사들 대해 살펴보았다. 상태와 행위는 가장 단순한 종류다. 언어는 그것들을 시간의 일정 구간 동안 변화 없이 존재하는 것, 물질명사(3장을 보라)가 표의하는 얼마간 동질적인 "무엇" 같은 것으로 취급한다. 그것들과 대조되는 것으로, 도달점이 당도되었을 때 끝나는 (그리하여 가산명사에 의해 표의되는 경계가 있는 실재물들과 일반적인 유사성을 드러내는) 두 종류의 상황이 더 있다. 상태로의 갑작스러운 진입을 부호화하는 성취와 성취로 귀결되는 행위 단계로 이루어지는 완성이 그것들이다. 논의는 사동문이라고 불리는 완성의 하위유형과 함께 시작된다. 사동문은 어떤 유발된 상황이 그 주어의 지시대상에 의해 초래된다는 것을 함의한다. 때로 성취 속의 내포된 상태 명제는 *I realised (it was after midnight)*에서와 같은 가시적인 내포절에 의해 전달되고, 완성 속에 내포된 성취의 경우도 마찬가지다. 그런 구성요소들의 의미론적 존재가 — 가시적 내포절이 없는 경우에조차 — 어떻게 지지를 받을 수 있는가에 대해서, 다양한 부사적 수식어들이 작용하고 있음에 틀림없는 예들을 고려하여 설명하였다.

연습 문제

1. 2002년 2월에 한 영국 정부 장관은 그의 부서의 한 상급 공무원의 사임을 발표했다. 한 보고에 따르면, 그 공무원이 그 자신의 (그랬다고) 추정된 사임에 대해서 들은 것은 그가 병원 진료를 마치고 사무실로 돌아가는 길에 라디오를 통해서였을 뿐이었다고 한다. 이것이 매스컴에서 다음 질문으로 이어졌다. *?다음에는 누가 사임될 것인가?* (맨 앞에 의문부호를 붙인 것은 그 문장이 의미론적으로 이상하다는 뜻이다.) 그 공무원은 결국 2002년 5월에 사임했다. 사임하는 일은 그 자리를 그만두는 사람에 의해 수행되는 의식적인 것으로 간주된다. 그러나 만일, 기술된 상황에 대해 말함에 있어서, 누군가가 *?그 장관이 그 공무원을 사임했다*고 하는 표현을 사용했다면 그 문장은 사동문이었을까? 그것은 *그 장관이 그 공무원을 사임하게 했다*와 같은 의미를 가지는 것일까?

2. 험프티 덤프티가 깨진 달걀이라고 가정하라. 전래동요는 '모든 왕의 말들/

그리고 모든 왕의 부하들/ 험프티를 다시 붙여놓을 수는 없을까'라고 노래한다. 왜 *다시*일까? 달걀들은 생물학적으로 자란다. 병사들은 이전 상황에서 그 달걀을 붙여놓을 수는 없었다. *붙이다*는 이 문장에서 어떤 종류의 동사인가?

3. 다음 문장들 각각은 무엇인가, 비대격인가 아니면 비능격인가? (a) *The kite flew(연이 날았다)*. (b) *My heart sank(내 심장이 쇠약해졌다)*. (c) *The students were reading(학생들이 책을 읽고 있었다)*. 당신의 답에 대한 이유를 제시하라.

4. 다음 문장들을 성취, 상태, 행위, 완성으로 분류하라. (a) The kid was having a tantrum.(그 아이가 짜증을 내고 있었다.) (b) The band had a makeover.(그 악단은 변신을 했다.) (c) I caught a cold.(내가 감기에 걸렸다.) (d) Part of the Louvre resembles a pyramid.(루브르의 일부분은 피라미드와 비슷하다.) (e) The music stopped.(그 음악이 멈추었다.) (f) He got the joke the second time.(그는 그 유머를 두 번째 듣고 이해했다.) (g) Khalid played the violin.(칼리드가 그 바이올린을 연주했다.)

5. 여기에 어떤 배우와의 두 개의 가상적인 짧은 대화가 있다. (a) "Have you finished learning your lines(대사 다 암기하셨어요)?" "No, but I've stopped for today(아니요, 그렇지만 오늘은 그만뒀어요)." (b) "Have you finished playing teenage roles?(10대 역할 하는 것 끝냈어요)?" "Yes, I've stopped(예, 그만뒀어요)." (a)에 나온 *No*는 stopping your lines가 finishing your lines와 다르다는 것을 가리킨다. (b)의 *Yes*는 stopping playing teenage roles가 finishing playing them과 같다는 것을 가리킨다. 상황 유형의 측면에서 그 차이에 대해 설명하라.

6. 요리책[7]에서 두 지침이 다음과 같이 표현되어 있다. (a) 'Combine 3 Tbs.

---

7) Katzen, Mollie(2000), *The New Moosewood Cookbook*, Berleley: Ten Speed Press, pp. 205, 208.

flour and spices, and sprinkle this into the peaches.(식탁용 큰 스푼 3개와 양념을 섞으세요. 그 다음에 그것을 복숭아에 끼얹으세요.) Mix gently but thoroughly.(부드럽게 그러나 골고루 잘 섞으세요.' (b) 'Butter the bottom of a 9-inch springform pan(9인치짜리 케이크용 주형 아래쪽에 버터를 바르세요), and dust it lightly with flour.(그 다음에 그것을 밀가루로 가볍게 뿌리세요.)' 완성 도달점의 측면에서, 밑줄 친 두 동사구들의 의미에 대해 논의하라. 그것들은 밀가루의 양과 분포와 관련하여 얼마나 다른가?

추천 논저

컨즈(Kearns, 2000)과 허들스턴 · 풀럼(Huddleston and Pullum, 2002)은 둘 다 이 장에서 다루어진 문제들에 대해 명쾌한 설명을 제공해 준다. 밀러(Miller, 2002: 13장)에는 상황 유형에 대한 내용이 명확하게 정리되어 있다. 벤들러(Vendler, 1967)는 쉽게 읽을 수 있고 여전히 영감을 주는 읽을 거리다. 테니 · 푸스테요프스키(Tenny and Pustejovsky, 2000)에는 몇 장에 걸쳐 사동과 상황 유형 연구 분야의 접근 방법과 쟁점에 대한 개관이 있다. 다우티(Dowty, 2000)는 소위 논항 교체, (4.10)에 예시된 배열방식(*plant the field with the rye* ~ *plant the rye in the field*)에 관한 (상황 유형의 개척적 연구자에 의한) 흥미로운 짧은 논문이다.

제 5 장

비유적 언어

Figurative language

개관

제니 디스키의 할아버지는 차를 마시기 전에 컵에서 받침 접시로 차를 쏟곤 한다. 디스키는[1] 이에 대한 어머니의 반응을 기술하기 위해 (5.1)의 은유를 사용했다.

(5.1) "우리 어머니 얼굴이 엉겨 붙었어요.(My mother's face curdled)"

이 은유는 *My mother grimaced*와 같은 문자적인 용법의 다른 선택 가능성과 비교할 때 불러일으키는 것이 풍부하다. 은유는 더 많은 문자적 기술들이 하는 것보다 더 큰 범위로 생각과 감정을 자극하는 경향이 있다.

엉겨 붙는 액체는 덩어리로 두터워진다. 사람의 얼굴에서 굳어지는 작은 근육들이 그렇게 보일 수 있을 것이다. 영국 차에는 대개 우유가 함께 제공되고, 엉겨 붙은 우유는, 일반적으로 동의되는 생각으로, 차 속에 들어 있으

1) *London Review of Books*, vol. 25, no. 12(2003).

면 불쾌한 것이다; 우선 한 가지는, 그것이 시다는 것이다. 엉겨 붙은 우유가 들어 있는 차를 맛보는 반응은 얼굴을 찌푸리는 일일 것이다. 피는, 두려움의 징후로, 때때로 엉겨 붙는다고 말하여지는 물질들 가운데 들어 있다. 피는 사람 얼굴의, 표면 아래에 있는 구성요소다. 찡그린 입 둘레의 가시적으로 긴장된 근육들은 더 깊은 당황의 걱정을 무의식중에 드러낼 수 있고, 그 주변에 덩어리지게 된 피에 의해 유발되는 것으로 생각될 수 있다. 그것이 엉겨 붙는다고 하는 것이다. 디스키의 은유는 생생한 이미지를 전달하며, 또한 매우 경제적으로, 그녀의 어머니의 얼굴이 혐오와 전율을 신호하고 있다는 것을 나타낸다. (이 장의 끝, 연습 1은 이 은유의 해석을 좀 더 깊이 받아들이도록 초청하는 성격의 것이다.)

이 장에서 제공되는 은유의 설명은 Stern(2000)에 의해 제안된 상세한 이론의 요소들로부터 그다지 엄밀하지 않게 도출된 것이다. 그에 따르면 은유는 화시어(1장에서 도입된 용어)와 얼마간 유사한 것이다.[2)] 화시어 예들은, 발화의 화자나 저자를 가리키기 위해 사용된 "나", 대화자들에게 명백한(왜냐하면 그것은 가리켜지거나, 그 장면에 방금 당도되었거나 막 언급된 것이기 때문에) 어떤 것을 가리키는 "그것" 같은 지시사가 있다. (5.1)에서, 디스키는 *curdled*라는 단어를, 독자들이 엉겨 붙음의 과정에 대한 가정들에 기초하여 그녀의 의미를 알아내야 한다는 의도로, 그런 가정들을

2) 스턴의 책(2000)을 이미 접해 본 독자들은 필자의 설명이 원저에 비해 훨씬 소략하다는 것뿐만 아니라, 비유적 해석이 요구된다는 것을 알아차리기 위한 기초로서의 일탈(deviance)에 대한 그의 거부에 필자가 동의하지 않는다는 것도 알 수 있을 것이다. 화용론적 일탈은 거짓만을 포함하는 것이 아니라 지나치게 명백한 것과 같은 부적당함까지도 포함한다. 일탈 설명이 사람들로 하여금 비유적 독법들이 문자적 의미에 기초하여 만족스러운 해석을 얻는 데 실패한 후에만 모색된다는 것을 수용하는 불편한 입장을 강요하지는 않는다. 비유적이거나 비유적이지 않은 가능성들의 동시적인 모색도 생각할 수 있으며, 그것이 심리언어학적으로 받아들이기 어려울 만한 것도 아니다.

"가리키"기 위해 사용하는 것으로 이해될 수 있었다. 그녀가 가리켰던 그들의 경험의 영역들로부터 그들은 관련된 얼굴 표정을 상상 — 또는 묘사나 모방까지 — 할 수 있었다. Stern은 '그림처럼, 은유는 그것의 내용을 *기술한다*기보다는 *전시한다*'고 쓰고 있다(2000, 290).

1장에서 의미론, 즉 추상화된 것으로서의 단어와 문장 의미에 대한 연구와 화용론, 즉 맥락 속에서의 발화들의 사용 사이에 한 가지 구별이 만들어졌다. 언어의 비유적 용법이 어떻게 작용하는지를 이해하는 것은 의미론을 화용론으로 보충할 것을 필요로 한다. 네 종류의 비유적 용법이 이 장에서 제시될 것이고, 처음 둘은 매우 간략하게 살펴볼 것이다. 반어, 환유, 은유, 직유. 전통적인 — 그리고, 아주 만족스러운 것은 아니어도 (5.2.1절에서) 곧 보여질 — 정의에 따르면, **반어적** 발화는 그 문자적 의미의 "반대(opposite)"를 전달하는 것으로 여겨지도록 의도되었다. 반대라는 것은 이 주제를 다시 상보대립성과 반의성이라고 불리는 의미 관계로 연결시킨다(2장). 환유에 대해서, 필자는 *가짐*-관계(3장에서 도입됨)에 의존하는 환유들에 대해 (5.2.3절에서) 집중할 것이다. 은유 — 이 장의 나머지가 안내될 주제 — 는 대체로 백과사전적 지식에 의존한다. 은유와 직유는 5.3절에서 논의된다.

예비적인 것으로, 문자적인 의미와 비유적 의미 사이의 대조가 조사될 필요가 있고, 이것은 아래의 5.1절에서 이루어질 것이다.

5.1 문자적 용법과 비유적 용법

우리는 단어 의미를 맥락에서 배우고, 우리의 단어들에 대한 기억의 기록들은 틀림없이 우리가 그것들을 만난 맥락으로부터 그리고 그 단어들이 기여하는 의사소통으로부터 입수한 백과사전적 내포의미를 가진다. 1장에서 이루어진 의미론적 지식과 백과사전적 지식 사이의 구별은 인지언어학이라고 알려진 틀에서는 수용되지 않았다(Croft and Cruse 2004를 보라). 이것이, 은유가 인지 언어학자들에게 중심 개념임에도 불구하고 필자가 이 장에서 그 기술 틀을 채택하지 않고 있는 주된 이유다. 언어 의미론적 지식이 세상에 대한 일반적(백과사전적) 정보와 구별되는 것을 인지하지 않는 것은 문자적 의미와 비유적 의미를 서로 구별하는 것을 어렵게 만든다. 비유적 용법은 영감적으로 신선하며, 필자에게는 그것이 속세의 언어와 얼마나 다르며 그것이 어떻게 신호되고 해석되는지를 물을 만한 가치가 있는 것으로 보인다.

비유적 사용이 상투적이라고 해도 좋을 만큼 재활용될 때, 그것들은 단어들에 대한 새로운 개념의미로서, 흔히 언어의 의미론적 체계 속에 자리 잡히게 된다. 예를 들어, 단어 'grain' 곧 '곡물의 씨'에 기초한 은유는 'grain'에 대해 추가적인 개념의미, 즉 모래 같은 것의 '작은 입자'로 이어졌다. 단어 의미들의 역사적 변화들이 이 책에서 다루어지지는 못했지만 원칙적으로 그런 과정들을 수용할 수 있는 체계를 가지고 있는 것은 유용하다.

1장은 사람들이 단지 그 언어를 안다는 이유로 가지고 있는 맥락과 무관한 의미론적 지식에 대한 생각(거기에서 화용론이 어떻게 의미론에 연결되는지에 대해 소략하게 설명된 세 단계 모형 중 1단계)을 도입했다. 1단계에서 단어들의 의미는 **문자적** 의미다. 그것들은 사용의 맥락들로부터 추출되어 우리가 그것들을 만난 최초의 맥락들이 재연된 경우만이 아니라 많은 다른 상황에서 재사용되기에 적합하다. 문자적 의미는 언어 체계에 부호화되어 있고 문장들의 함의 가능성의 토대가 된다. (1장과 2장에서 도입된) 합성성의 개념에 따라, 문장들의 의미는 오직 구성 요소 표현들의 의미와 그것들이 합쳐지는 방식으로부터 도출된다.

명시의미(2단계)의 과정에서, 문장의미의 중의성을 제거하기 위해 맥락이 적용되고 지시 표현들이 지시하는 것을 상정한다. 명시의미에서 사용된 단어 의미들이 오로지 문자적 의미라면, 우리는 **문자적 해석**을 가지게 된다.

전통적인 **문채(文彩; figures of speech)**라는 용어가 언어의 다양한 종류의 비유적 — 문자적과 구별되는 — 용법들에 적용된다. Grant and Bauer(2004: 51)는 단순한 진단 테스트를 제시한다. '의도된 진실을 이해하기 위해 화용론적으로 재해석될 수 있는 허위를 합성적으로 포함하는 ...' 구성들은 비유적 용법들이다. 그들의 테스트가 예 (5.1)에 어떻게 적용되는지 여기에 제시한다. (그 문장을 포함하는 기사를 누가 썼는지를 포함하여, 맥락 정보에 기초하여) 누구의 얼굴이 *My mother's face*라는 표현에 의해 지시되는지 알아내고, *curdled*를 완성을 부호화하는 비대격 동사(4장에서 온 용어)로 받아들인 다음, 우리는 사람의 얼굴에 영향을 주어 그것을 어떤 결과 상태로 바뀌게 하는 과정에 관한 명제에 합성적으로 도달한다. 이것은 그다지 그럴 듯하지 않은 의미인데, 왜냐하면 저자의 어머니의 얼굴이 신 덩어리로 걸쭉해진 액체였던 것이다. Grant and Bauer의 제안에 따르면, 독자들로 하여금 비유적 해석(필자가 이 장의 서두에서 제안했던 것처럼)을 선호하도록 동기를 부여하는 것은, 그것이 참일 것 같지 않다는 사실이다.

Grant and Bauer(2004: 50)는 그들의 테스트가 너무 제한적이라는 것을 인정한다. 비유적 해석에 동기를 주는 것은 문자적 해석의 허위성만이 아니다. Stern(2000: 356)에 의해 인용된 예들 가운데 하나는 *어떤 사람도 섬이 아니다(No man is an island ...)*다. 이 John Donne의 명상의 나머지(... *어느 사람의 죽음도 나를 작아지게 하지 않는다: 왜냐하면 나는 인류와 관계를 맺고 있기 때문이다; 그러므로 누구를 위해 종이 울리는지 알기 위해 사람을 보내지 말라; 그것은 당신을 위해 울린다*)로부터 *island*가 은유적으로 이해되어야 한다는 것은 명백하다. 즉 '모든 사람은 상호 연결되어 있다'는 것이다. '어떤 사람도 섬이 아니다'의 문자적 해석을 만족스럽지 않게 만드는 것은 허위가 아니다. 그것은 어느 사람도 문자적으로 섬이 아니라는 것은 자명한 사실이다. 그리고 그렇게 명백한 것은 그 명제를 거의 의사소통할 가치가 없는 것으로 만든다. 어떤 상황에서는 — 예를 들어 시를 읽을 때 — 비유적 해석이, 발견될 수만 있다면, 가장 먼저 선호되는 것일 것이다. 늘 그렇듯이 사람들은 말하거나 쓰는 것을 해석할 때 맥락적으로 적절한 해석을 발견할 목적으로 가능성들 가운데서 선택을 한다.

필자는 **비유적 해석**을, 하나나 둘 이상의 단어들을 마치 그것들이 그 문자적 의미와 다른 의미를 가지고 있는 것처럼 취급하는 것을 포함하는 명시의미(2단계 해석)로 정의한다. 맥락은, 어느 지시대상들이 말하여지고 있고, 중의적 표현들 가운데 어느 의미가 의도된 것일 것 같은지를 추론하기 위한 기초로서뿐만 아니라, 어떤 의미들이 그 비유적 명시의미를 산출하기 위해 대체될 수 있는지를 결정하기 위해서 사용된다. 특정 비유적 해석이 청자나 독자가 생각할 수 있는 다른 해석보다 더 나은 것으로 선택되는 이유는 아마도 문자적 해석이 어떻게든 상궤를 벗어나 있다(예를 들어, 허위적이다, 너무 명백하다, 아니면 내용이 없다)는 것이다; 대안적으로 — 아니면 추가적으로 — 그 맥락은 비유적 용법과 더 잘 맞아 들어가는 것일 것이다. (3단계, 함축 — 역시 1장에서 도입된 것 — 은 더 나아간 제약이다. 문자적인 것이든 비유적인 것이든, 가장 그럴듯한 함축들을 산출하는 명시의미 — 이용 가능한 것들 가운데 — 가 선호될 것이다.)

문채는 (1장에서 도입된) **관용어**와도 구별되어야 한다. 그 차이는 Grant and Bauer(2004: 49)에 의해 간결하게 제시되었다: '문채는 일반 인지 원리에 의해 해석될 수 있다. 반면 관용어는 습득되어야 한다.' 이 장의 나머지에는 일반 화용론 원리에 따른 해석의 예시가 있을 것이고, 그 원리들은 8장에서 더욱 이론적 방식으로 다시 거론될 것이다.

또한 두 단락 전에 정의된 비유적 용법의 범주 바깥에는 새 단어의 개신적 창조도 있는데, 그 이유는 새로 만들어진 단어들은 아직 문자적 의미를 상정하지 않았기 때문이다. 비유적이지 않지만, 그런 신조어들은 흔히 가상적이다. 예를 들어, "NHS staff were *underwhelmed* by the government's proposals"를 보라. *underwhelm*이라는 단어는 영어에서 성립되고 있는 중에 있는 것이지만, 사람들은 그것을 처음 만날 때, 필시 단어 관용어 *overwhelm*이 대조되는 단어의 구성을 합리화하기 위하여 (*over+whelm*으로) 분석되었던 것에 놀라는 경향이 있다. 그 익살스러운 역형성의 혁신성은 친숙한 단어인 *unimpressed*가 그랬을 것보다 더 놀라운 결과를 만든다. (중세 영어 단어 *hwelmen*('거꾸로 뒤집다')로부터 우리의 단어 *overwhelm*('극복하다')로의 역사적 의미 변화를 촉진한 것은 아마도 비유적 용법이었을 것이다.)

5.2 아이러니, 전제, 환유

5.2.1 아이러니

2004년에는 할리 베리가 오스카 여우주연상을 획득했지만, 2005년에는 다른 영화로 라지 상(Razzies) — 골든 라즈베리 상 — 을 받기 위해 시상식에 용감하게 참석했다. 라지 상을 받아들면서 그녀는 (5.2)라고 말했다.[3)]

(5.2) "Oh, this is wonderful(멋지네요)."

3) 헬렌 부시비에 의한 2005년 2월 22일 BBC 보도의 상세한 내용, 〈 http://news.bbc.co.uk/ 〉.

그녀는 또 '여러분이 좋은 실패자가 되지 못한다면, 여러분은 좋은 승리자가 될 수도 없습니다.'라고 말했다. 그 상이 일종의 수치라는 것을 이해하는 어떤 아이는 (5.2)에 대해 놀랐다는 반응을 보일 수 있다. 누군가가 그 아이에게, 아이러니의 전통적인 정의에 대한 설명을 따라서 그 아이에게 어떻게 된 것인지 설명하려는 시도를 할 수도 있다는 것은 충분히 생각할 수 있는 일이다. *그녀가 진짜 말하려고 한 것은 'This is terrible(끔찍하네요)'*이야. 그런 설명은 약간의 도움이 된다. 그 아이가 수치스러운 것이 멋지다고 주장하는 유명인의 일탈적 행동에 대해 바르게 탐지했고 (5.2)의 명시의미로 *wonderful*의 문자적 의미가 아니라 그 단어의 반의어인 *terrible*을 포함하는 것으로 처리하도록 분별력 있게 조언이 이루어졌다. 그러나 거기에는 그 이상의 것이 있다.

Wilson and Sperber(2004: 622)는 그들이 20여 년 전에 처음 만들었던 제안을 다음과 같이 요약하고 있다: '반어법(verbal irony)은 무언적으로 분열된 태도를 가지고 무언적으로 탓이 돌려진 생각이나 발화를 반향(반복)하는 것으로 이루어져 있다'. 할리 베리는 그녀의 2004년의 승리 당시에 적절했을 수 있는 말을 함으로써, 아마도 침울하게, 그때를 빗대어 말하고 있었다. 청중이, 그녀의 이전의 성공에 대해 상기하게 됨의 사실과 긍정적 표현 *wonderful*의 배치로부터 끌어내는 함축(3단계)은, (그녀가 말할 때 기억 속에 그녀의 기록을 가지기 때문에) 베리는 낙담하지 않았고, (이제 긍정적인 말을 찾을 수 있기 때문에) 그녀는 좋은 실패자라는 것이다.

셰익스피어의 *소네트 130* — 첫 세 줄과 마지막 두 줄이 (5.3)에[4] 인용되어 있다 — 은 Wilson and Sperber의 (앞 단락에서 언급된) 아이러니에 대한 설명에 들어맞는다.

---

4) Stanley Wells and Gary Taylor(eds)(1988), *The Oxford Shakespeare: the Complete Works*, Oxford: Clarendon Press.

(5.3) My mistress' eyes are nothing like the sun;
(나의 연인의 두 눈은 전혀 태양 같지 않아요)
Coral is far more red than her lips' red.
(산호가 그녀의 두 입술이 빨간 것보다 훨씬 빨갛지요)
If snow be white, why then her breasts are dun;
(눈이 희다면, 그런데 왜 그녀의 두 가슴은 짙은 갈색인 걸까요)
…
And yet, by heaven, I think my love as rare
(그런데도 맹세코, 나는 내 연인이 그만큼 귀하다고 생각해요)
As any she belied with false compare.
(그녀가 잘못 비교된 것으로 드러나게 될 그 무엇만큼이나)

16세기말에는 소네트가 유행했었다. 여러분은 사랑하는 사람에 대한 도에 지나친 칭송으로 소네트를 짓도록 돈을 낼 수도 있었을 것이다. 태양 같은 두 눈, 산호 입술, 눈처럼 희게 드러난 목과 어깨, 향수와 같은 숨결 등. 예 (5.3)은 아이러니에 대한 Wilson and Sperber의 정의에서 주요 구성 요소들인 반향과 분열을 다 보여준다. 셰익스피어는 소네트의 표준적인 종류의 비유적 용법을 반향(반복)하지만, 그것이 그가 여기에서 쓰고 있는 연인에게 적용되는 것을 부인한다. 만일 여러분이 전체 소네트를 읽는다면, 여러분은 아마도 셰익스피어가 소네트 짓는 일을 세련되게 조롱하고 있다는 것에 동의할 것이다.

5.2.2 전제

소네트 전통에 대해 아무 것도 모르는 사람 — 필자가 영문학 독서를 처음 시작했을 때인 십대 때의 필자처럼 — '소네트 130'을 이해하려고 노력할 때 많은 것을 놓칠 가능성이 아주 높다. 그 소네트의 마지막 두 줄에서,

셰익스피어는 그가 그 숙녀를 좋아하고 있다는 것을 나타냈다. 그러나 그렇다면 왜 그녀가 충족시키지 못하는 세목을 나열하고 있는 것인가; 그는 잔인하게 굴고 있는 것일까? **'상호텍스트성(intertextuality)'**은 텍스트들이 다른 텍스트의 착상이나 형식과 함께 연결되고, 그것들을 인유(引喩)하고, 그것들에 의존하고, 그것들에 대해 논평하는 방식들을 포괄하는, 문학비평에서 온 용어다(McArthur 1992: 525-6). 상호텍스트성은 *소네트 130*을 해석하는 데 결정적이다. 그것은 다른 소네트들을 상기시키고, 소네트들과 그것들 속에 공통된 문채에 익숙한 독자들을 위해 씌어졌다.

더욱 일반적으로, 발화는 ― 비유적으로 의도되었든 문자적으로 의도되었든 ― 진공상태에서 만들어지지는 않는다. 우리는 발화를 해석할 때, 우리가 그 파악 작업에 가져올 수 있는 선입견과 연관성 있는 정보라고 통보자가 가정하고 있는 것에 대한 우리의 최선의 추측을 배경으로 사용한다. 그와 같은, 화자와 청자에 의해 당연시되고 그 메시지를 해석하는 데 사용될 것으로 기대되는, 공유된 것으로 추정되는 믿음이 **전제(presupposition)**이라고 불리는 것이다. 전제라는 개념은 8장에서 더욱 충분하게 설명될 것이지만 지금은 개요를 소개하는 정도면 유용할 것이다.

지식은 때로 참인 믿음으로 정의된다. 전제는 참일 필요는 없다. 왜냐하면 의사소통은 허구와 가장을 서로 알고 있는 것, 이데올로기, 편견, 많은 개인들에게는 거짓일 수도 있는 국민적 고정관념 등에 의존할 수도 있는 것이기 때문이다. 그래서 위에서, 언어로 소통하는 사람들 사이에 공유되는 것으로 간주되는 전제가 지식이라기보다는 믿음, 선입견, 정보라고 말하여진 것이다.

지시(1장과 9장)는 수신자가 사람들, 사물들, 장소들, 사건들 등에 대해서 아는 것 ― 또는 생소함 ― 에 대한 전제에 근거를 둔다. 많은 특정한 언어 지식이 또한 발화를 해석하는 데서 작동하기 시작한다. 예를 들어, 영어 단어 *curdle(엉겨 붙다)*에 의해 표의되는 과정은 액체에 적용된다. (비유적 해석이 (5.1)에 대해 선호되는데, 것은 이 엉겨 붙음에 대한 전제가 충족되지 않기 때문이다. 사람의 얼굴은 액체가 아니니까 말이다.) 화용론적 해석은 역사, 과학, 쇼핑 관행, 소네트 전통, 예절 관습, 수상식, 유명인들에 대한 문화 의식에 의존할 수도 있다. 인간들이 말하거나 쓰는 모든 것에는 거의 항상 기억으로부터 찾아서 가져와져야 할 전제들이 있다. 전제들은 발화들을 체계화하고 그것들을 해석하는 것과 관련된다. 우리가 기억 속에 저장하는 것의 단편만이 주어진 시간에 활성화된다. 맥락 속의 발화의 해석을 위한 전제로서 이용 가능한 것은 오직 활성화된 정보 — 언어 사용자의 뇌 속에서 현재 주의가 기울여지고 있는 자료 — 다.

특히 계획된 말과 문학작품의 경우에는, 저자가 자주 텍스트 그 자체에 들어 있는 연관된 전제들을 나타낼 것이다. 즉 그 텍스트를 이해하기 위해서 독자들이 지향할 필요가 있는 생각들 말이다. 예 (5.4)는 2005년 3월에 영국 정부("행정부")의 제안들을 공격하면서 로드 메이휴에 의해 행해진 시민 자유에 관한 연설의 일부다.[5)]

(5.4) "근대사를 통해 내내, 불공평한 행정력에 대항하는 우리의 해안 방어는 침식의 위협에 의해 연속적으로 공격을 받아왔다. 그 바다처럼, 행정부는 항상 다시 돌아올 것이다."

'그 바다처럼'이라는 구와 '다시 돌아올 것이다'는 (5.4)의 첫 문장에 있는 은유를 우리가 어떻게 이해해야 하는지를 명확히 해 준다. *연속적으로*는 가차 없이 재발하는 파도를 증언해주며, 그것들은 방파제를 때리고 있다.

5) Ben Russell, online edition of *The Independent*, 2 March 2005, <http://news.independent.co.uk/>.

그것이 *해안 방어(sea defences)*가 이해되어야 하는 방식이다(예를 들어, 해군으로서가 아니라). 그리고 *침식*은 바다에 의해 유발된 종류의 것이다(예를 들어, 빗물이 흘러 들어와서 된 것이 아니라).

(5.5)의, 셰익스피어의 *당신 좋으실 대로(As You Like It)*의[6] 인용에서는, Duke Senior(아버지 공작)에 의해 도입되고 있는, 인생을 극장으로 비유한 은유를 보여준다.

(5.5) Duke Senior: 너희는 우리가 모두 불행한 혼자가 아니라는 걸 알 것이다.
이 넓고 세계적인 극장은
우리가 그 안에서 연기하는 장면보다 더 애처로운 구경거리를 상연하니까.
Jacques: 모든 세상이 무대고,
모든 남자들과 여자들은 그저 연기자들이지요.

자크의 연설은 이어지는 25줄이 넘도록 그 은유를 확장시킨다. 그러나 Duke Senior의 *극장(theatre), 구경거리(pageants), 장면(scene), 연기(play [ing])*에 대한 언급이 관객들을 *무대(stage)*와 *연기자들(players)*에 대한 은유적인 취급에 대해 준비시켰음에 유의하기 바란다. 차례로, 자크의 *모든 세상이 무대고(All the world's stage)*는 Duke Senior의 *이 넓고 세계적인 극장 ...(This wide and universal theatre ...)*이 은유적으로 해석되는 것에 열려 있고, 배우들과 극장에 의해 그들이 수행하는 것으로 묘사된 상황에 대한 문자적 논평이 아니라는 것을 확증해준다.

---

6) Stanley Wells and Gary Taylor(eds)(1988), *The Oxford Shakespeare: the Complete Works*, Oxford: Clarendon Press.

5.2.3 환유

(5.6) All hands on the deck!(모든 손은 갑판으로!)

특별히 배가 항해하고 있는 날들에는, 선원들이 손으로 해야 할 많은 일이 있다. *hand*의 여러 개념의미 중 하나는 오랫동안 '선원'이었다. 그러나 (5.6)에서처럼 신체 부분 단어 *hand*를 이용해서 선원들을 지시하는 것은 아마도 과거 어떤 시기에는 비유적이었을 것이다. 은유에 대해 말할 때(아래 5.3절을 보라), 비유적으로 사용된 단어(또는 구)를 위한 용어는 **보조관념**(vehicle)이지만 그것은 환유와 관련해서도 유용하다. 보조관념은 "비유적인 의미를 운반한다". *hand*가 '선원'을 문자적 의미의 하나로 가지기 전에, 그것은 선원들(또는 다른 숙련된 손으로 일하는 일꾼들)에 대해 비유적으로 말하기 위한 보조관념이었을 수 있다.

환유에 대한 전통적인 설명들은, 그 문자적 표의가 어떻게든 적절하게 관련되는 어떤 단어를 보조관념으로 사용하여 지시되고 있는 사람이나 대상의 측면에서 환유를 정의한다. 필자의 의견으로는, 대부분의 명확한 경우들은 *가짐*-관계(3장)에 의존한다. 예를 들어, 나라들은 수도를 가지고 있고 수도의 이름은 그 나라에 대해 말하기 위한 환유적 보조관념으로 사용될 수 있다. 예를 들어, '*모스크바와 키예프는 분명히 모든 것에 동의하지 않는다*(*러시아와 우크라이나* ... 대신)'에서처럼. 다른 예는 적어도 군대에서, 영국 헌병대를 지시하기 위한 *빨간 모자*(*redcaps*)의 사용이다. 왕실 헌병대 제복은 빨간 띠가 있는 모자를 포함하고 있다. 영국 헌병대의 원형 구성원은 그것을 쓴다. 3장의 *가짐*-관계에 대한 모든 예들은 부분을 가진 전체들이었다. 그러나 이제 그 관계가 덜 제한된다고 보여질 수 있다. 즉 빨간 모자가 영국 헌병대 요원의 부분인[7] 것은 아니라고 말이다.

(5.7)에 인용된 발화는 그것이 사용되었을 때 필자가, (5.6)처럼 오래 전에 죽은 환유가 아니라, 신선한 환유어(metonym)라고 여겼던 것이다. 그것은 베테랑 가수 톰 존스가, 그가 와이클레프 진과 함께 한 힙합 시도에 관한 2002년 인터뷰[8] 중에, 그가 걸치고 있었던 복잡하게 땋은 사슬에 관해 언급한 것이다.

(5.7) "블링블링과 함께 일을 하고 있으면, 블링블링을 걸쳐야지요."

이것은 *블링블링*이라는 단어가 1999년 뉴올리언스 래퍼 BG의 가사 속에서 야한 귀걸이를 묘사하기 위해 처음 도입된 이후 삼 년밖에 안 됐을 때였다. 그 의미는 곧 아프리카계 미국인인 힙합 연주가들이 걸치는 것과 같은 '크고, 비싸고, 번뜩이는 장신구류'로 굳어졌다. 어떤 사람들에게 그것은 이제 흑인 음악 문화를 표의하기도 한다. (5.7)에서, 첫 번째 절의 끝에서, 톰 존스는 *블링블링*을 힙합 연주가들에 대한 환유어로 사용하고 있었고, 그들은 원형적으로 블링블링을 가지고 있었 — 고 그것을 과시했 — 다.

일이 제대로 되기 위해서, 환유어 보조관념은, 빨간 모자를 쓰는 것이 영국 헌병대 요원들에 대해 변별적으로 되는 방식으로, 지시되는 사람들이나 대상들의 변별적 속성이어야 한다. 그 보조관념은 발화의 맥락에서 연관성이 있어야 한다. *All noses on the deck!(모든 코는 갑판으로!)*는 아마도 원형 선원들이 코를 가지고 있음에도 불구하고, 대략 (5.6)과 같은 방식으로조차 비유적으로 이해될 수 없을 것이다. 다른 맥락에서, *We need more noses on this trail(이 추적에서 우리는 더 많은 코를 필요로 한다)*은 경찰

7) 보조관념이, 그것이 비유적으로 표상하는 전체의 부분을 표의하는 환유의 하위종에 대해 특별히, *제유(synecdoche)*라는 명칭이 있다.

8) Caroline Sullivan, *Guardian Unlimited*, 17 October 2002, <http://www.guardian.co.uk/>.

수색에 추가 수색견이 할당되어야 한다고 요구하는 방식일 수 있을 것이다. 서점에서, 저자들은 흔히 책의 변별적 특질로 간주된다. 그것은 다음 분과 관리자의 요구처럼 환유어를 허용한다: *이쪽 창에는 더 많은 페미니스트 저자들을 놓도록 해요*. 그러나 인테리어 디자인 잡지를 위한 사진들이 찍어지고 있을 때는, 책 부류가 가진 다른 것이 연관성이 있을 수 있을 것이다: *Fill that bookshelf with hardbacks(그 서가는 하드커버로 채워요)*.

*스킨헤드(skinhead)*의 명시의미(2단계)는 '면도된 머리를 가진 잠재적으로 폭력적인 청년'일 수 있다. *스킨헤드*라는 한 단어는 여섯 어절의 상세한 표현에 비해 절약을 이루어내지만, 환유는 또한 태도를 신호할 수도 있다. 함축의미(3단계)를 알아내는 데서, 청자는 왜 주의가 전체에 끌어져서는 안 되고, 대부분의 개인 또는 문제의 항목들이 가진 무엇에 끌어져야 하는지를 의아해 해야 한다. 화자의 태도는, 관심의 대상이 되는 전체보다, 문제가 되는 것은 하나의 두드러진 소유물이라는 사실에서 보여진다. 돛을 말아 올리는 손, 어느 종류든 인상을 주는 페미니스트 저자들, 분명히 서로 교환 가능한 것으로 보이는 스킨헤드들, 같은 제복을 입은 다른 사람과 똑같은 힘의 단위인 영국 헌병대. 환유는 두드러진 공통분모 문채다.

5.3 은유

이 절은 은유로 시작해서 직유에 대해 생각해 보는 것으로 끝마친다. (당분간, 직유는 비교를 명시적인 것으로 만들기 위해서 *like*나 *as* 같은 단어들을 포함하는 것에 의해서 은유와 다르다고 말하는 것으로 충분할 것이다. 예로, *He eats like a horse*를 들 수 있다. 그러나 그것에 대한 좀 다른 설명이 뒤에서 주어질 것이다.)

2005년 2월 15일에 켄 리빙스턴(런던 시장)은, 여러 매스컴들과 상당히 많은 사람들이 그것에 대해 그가 사과해야 한다고 주장했던 그가 한 주 전에 한 말을 철회할 것을 거절한 이후에, (5.8)에 인용된 내용을 말한 것으로 보도되었다.9)

(5.8) "나는 여러 매스컴 화염 폭풍 속을 통과해 왔습니다..."

필자는 (5.8)에 대해 정확한 날짜를 인용했는데, 그것은 6년 전 드레스덴 폭격에 의해 일어났던 화염 폭풍에 대해 널리 보도된, 독일의 기념행사 바로 다음날이었기 때문이다. 그러므로 그가 말했을 때, 리빙스턴은 *화염 폭풍*이 그의 은유를 해석하기 위한 전제적 기초로서 드레스덴 화염 폭풍에 대한 정보를 쉽사리 환기시킬 것이라고 가정할 수 있었을 것이다. Stern의 은유 이론은, 그의 중심적 제안들(2002: 114) 가운데 하나로 은유적 보조관념 — 이 경우에는 *화염 폭풍* — 이 맥락상으로 이용 가능한 전제들을 지시한다는 것이 있다. 그러므로 많은 사람들이 (5.8)을, 그를 향한 과거의 매스컴의 행태가 심하게 파괴적이었고 빠르게 확산하는 경향이 있었으며 다른 많은 것을 큰 화재 속으로 끌어들이는 것이었지만 결국 완전히 타버렸고, 그는 그런 이전의 공격들 속에서 살아남았다는 리빙스턴의 주장으로 이해했을 것이다. 그런 종류의 명시의미는 매스컴이 그들의 이전의 행태를 반복하고 있었고, 그는 자신이 다시 살아남을 것을 믿고 있다는 함축의미를 끌어낼 것이다.

단일 단어 *화염 폭풍*의 은유적 사용이 전달할 수 있었던 것에 대한 긴 설명은 다시 문채, 특히 은유에 의해 가능하게 된 "압축"을 예증한다. (5.8)의 해석에서 전제의 역할은 은유의 직접적 사용들의 다른 특질을 예시한다. 수신자들에게 상대적으로 친숙하지 않을 수 있는 문제들(리빙스턴의 매스

9) Chris Tryhorn, *Media Guardian*, <http://media.guardian.co.uk/>.

컴과의 대립에 대한 상세한 내용들)이, 그들이 (화염 폭풍에 대해 겨우 하루 전에 제공받은 설명을 가지고서) 더 많이 알고 있을 것으로 추정되는 보조관념들을 통해서 해명된다. 그러나 정신에 부담을 주는 은유도 있는데, 특히 시에 나타나고, 거기서 독자는 요구되는 전제를 가지고 있지 않을 수도 있지만, 당황해서 포기하거나 시인이 합당한 해석을 산출할 수 있었던 보조관념에 대해 전제하는 것이었을 수 있다는 것을 힘들게 고려하지 않을 수 없다(Stern 2000: 118-20).

은유는 과학적 이론화에 중심적이라고 말하여져 왔다. 은유는 분명히 과학의 대중화에서 설명을 용이하게 한다. 과학 작가 로버트 쿤지그가 말한 (5.9)를 보라.[10)]

(5.9) "The Gulf Stream is not really a stream, then; it is merely the western edge of a giant spinning lens of water(멕시코 만류는 실제로는 해류가 아니에요. 그건 물의 거대한 회전 렌즈의 서쪽 가장자리일 뿐이에요)."

Gulf Stream(멕시코 만류)은 대략 멕시코 만에서 스코틀랜드로, 북대서양에서 좀 따뜻한 표면 물의 흐름이다. 이 문장에서 은유적으로 사용된 두 단어가 흥미롭다. *해류(stream)*와 *렌즈(lens)*다. 회전 렌즈라는 이미지는 설명적 사고를 자극한다. 렌즈는 렌즈콩(편두)처럼 생겼다. 모양과는 별개로, 왜 *렌즈*가 우리에게 물에 대해 사용할 수 있는 좋은 은유인가? 여러분은 렌즈를 통해서나 물을 통해서 볼 수 있다. 렌즈는 그것을 통과하는 광선들을 굴절시킨다. 마찬가지로, 주변 물과 온도나 염도가 다른 물의 거대한 렌즈 모양의 둥근 판이 그것을 통해서 기울어지는 빛과 음파를 구부러지게

---

10) Robert Kunzig(2000), *Mapping the Deep: the Extraordinary Story of Ocean Science*, London: Sort of Books, p. 276.

하기 때문에 과학자들에 의해 탐지될 수 있다. 무엇인가가 돌 때, 그것의 중심이 가장 작게 움직인다. 대양이 다소간 정지해 있는, 멕시코 만류(Gulf Stream)에서 동쪽으로 좀 떨어진 지역이 있는가? 그렇다. 있다. 그것은 사르가소 해(Sargasso Sea)다. 멕시코-스코틀랜드 해류의 이름 속에는 이미 *해류*의 은유적 용법이 들어있는데, 그것은 그것을 바위나 흙으로 이루어지지 않은 "둑(bank)", 즉 다른 물에 의해서 에워싸인 물의 흐름으로 나타난다. 쿤지그가 "실제로는 해류가 아니다(is not really a stream)"라고 말할 때, 그는 은유들이 참 또는 거짓인 것으로 판정될 수 있다는 것을 가리키며, 예를 들어, 동쪽 "둑"이 고정되어 서 있지 않고 같은 방향으로 천천히 움직이기 때문에, 그는 이것을 부정확한 것으로 평가한다.

은유 해석은 환유보다 더 어려운 — 그리고 잠재적으로 더 돌아오는 것이 큰 — 경향이 있다. 환유에서, 보조관념은 지시대상의 맥락상으로 중요한 측면에 이름을 붙인다. 선원들의 손, 힙합 연주가의 *블링*, 책의 *딱딱한 등(또는 종이 등)* 등. 그러나 은유를 이해할 때는, 어떤 착상이 가리켜지고 만족스러운 해석을 위한 그것의 두드러진 특질들을 발견하는 것은 수신자에게 남겨져 있다. (5.10)과 같은 고유명칭 은유들은 Stern의 경우를 뒷받침한다. 고유명칭들은 언어사용자들이 그 언어를 앎으로부터 하는 관습적인 의미를 가지지 않고, 사람들로 하여금 그들이 이름의 소유자에 대해 믿고 있는 것에 대해 생각하게 함으로써 환기될 수 있는 유용한 착상들을 가지고 있다.

(5.10) She's Mary Robinson.

맥락으로부터, *She's Mary Robinson*은, 문자적으로 '그녀가 매리 로빈슨이라는 이름을 가진 사람'이라거나 아니면 은유적으로 '그녀가, 아일랜드의 대통령이었고 나중에 UN 인권 고등판무관이 된 법학 교수 매리 로빈슨과 맥락상 적절한 방식으로 비슷한 사람'이라는 것으로 의도되었을 수 있다. Stern의 이론 — 필자가 선별적으로, 비형식적으로, 세부적이지 않게 설명하고 있는 — 은 그 은유적 과정이 *은유적으로*라는 단어와 더불어 수의적으로 명시적으로 될 수 있도록 허용해준다(2000: 240). 아래 (5.11)은 이것은 예증하는 실제[11] 예다.

(5.11) "He is a vast(metaphorically speaking) databank of information."

이것은 상당히 큰 사람 James Naughtie에 대해서 글을 쓴 BBC 방송앵커의 말이다. 그녀는 *vast*가 그의 물리적 *크기*에 대한 말로 문자적으로 받아들여져서는 안 되고 보조관념 구 내부의 수식어로 취급되어야 한다는 것을 신호하고 있었다. 독자들은, *vast databank of information*의 주된 특질들이 어떻게 사람들에게 그녀의 동료의 성질에 대한 인상을 형성하도록 도와줄 수 있는지를 감상함으로써 나름의 해석을 할 수 있었다. 그녀는 그를 대단히 박식하고, 사실들을 제공하는 데 유능하다는 등의 평가를 내리고 있다는 것. (아마도 또한 그녀는 그의 *크기*(용적)에 대해서도 가벼운 마음으로 언급하고 있었던 것이리라.)

5.3.1 직유도 은유다

(5.12)에 있는 문장은 전통적으로 **직유**(simile; 直喩)라고 불릴 것을 예시한다. 왜냐하면 그것이 비유적이면서 *like*라는 단어에 따라 결정되기 때문

11) Today Newsletter, 14 March 2005, <http://www.bbc.co.uk/radio4/today/newletter/> 에서 가져온 것.

이다.

(5.12) "절대 안전의 추구는 벽지에서 거품을 없애려고 애쓰는 것과 같다. (The pursuit of absolute safety is like trying to get the bubbles out of wallpaper.)"

이해했는가? 이 문장의[12] 저자인 Michael Bywater는 그 다음 문장에서 여러분이 '하나의 위험을 분쇄하면 또 다른 것이 튀어 나온다'고 설명함으로써 좀 더 도움을 제공한다. Stern(2000: 340)은 '직유는 은유와 같은 모형 위에 분석되어야 한다'고 서술한다. (5.13)에 나타난 변이는 의심할 여지가 없이 은유지만 필자에게는 (5.12)와, 비유적인 면에서나 소통적인 면에서나, 등가의 것이라고 생각된다.

(5.13) 절대 안전의 추구: 그것은 벽지에서 거품을 없애려고 애쓰는 것이다. (The pursuit of absolute safety: it's trying to get the bubbles out of wallpaper.)

Bywater의 힌트 '하나의 위험을 분쇄하면 또 다른 것이 튀어 나온다'는 (5.13)을 해석하기에 꼭 알맞게 유용하다. 유일한 명확한 차이는 (5.13)이 문자적 해석으로는 비정상적이라는 데 있는 것 같다. 절대적 안전의 추구는 문자적으로 벽지 밑에서 거품을 짓이기는 것과 같은 행위가 아니다.

은유 — 예를 들어 (5.13) — 는 종종 비정상적이지만, 조심스러운 단어 *like*는 (5.12)에서처럼 대응하는 직유들을 비정상으로부터 격리시킨다. 이런 이유로 언어학자들, 철학자들, 문학 비평가들은 흔히 비정상적이지 않은

12) online edition of The Independent, 1 December 2004, 〈 http://news.independent.co.uk/ 〉에서 가져온 것.

것들이 기본으로 받아들여진다면 분석이 더 쉬울 것이라고 생각했다. 말하자면, 은유들은 바로 지워진 *like*를 가진 직유라고 말함으로써 은유들이 어떻게 작용하는지 설명할 수 있다는 제안이 있었다. Lycan(2000: 213)은 이것을 은유에 대한 "소박한 직유 이론"이라고 부른다. 그것은 *like*를 따라오는 보조관념이 어떻게 비유적으로 해석되는지를 실제로 설명하지는 못한다.

Stern(2000)은 이 장의 개관의 시작 부분과 5.3절의 앞부분에서 개략적으로 설명되었듯이 은유에서의 보조관념의 비유적 해석에 대한 설명을 가지고 있다. 맥락(아니면 (5.11)에서처럼 가시적인 신호인 *은유적으로* 라는 말)이 은유적 해석을 선호할 것인지 어떤지에 관해 수신자들을 안내한다. 만일 그들이 은유적 해석을 선택한다면, 보조관념은, 그들이 생각해야 하고 그로부터 그들이 명시의미의 목적들을 위한 보조관념의 문자적 의미를 대체할 두드러지고 맥락상 연관성이 있는 특질들을 취해야 하는 전제된 정보를 가리킨다. 정확히 같은 고려들이 직유에 적용된다. 그들의 비유적인 해석들은 보조관념에 속하는 전제들에 의해서 제안되는 가능성들에 대한 창의적인 고려에 의해 다루어진다. Stern의 체계에서 비정상성은 걱정할 일이 아니다. 그것은 은유적 해석에 호의를 가지게 되는 단서일 수 있다. 그러나 — 그것을 제외하면 — 그것은 은유적 해석에 도움이 되거나 방해가 되지 않는다. 그러므로 은유에 대한 소박한 직유 이론 대신 우리는 직유를 은유로 여겨야 한다. 직유는 *like*나 다른 명시적 유사성 표지를 우연히 포함하는 것이다.

(5.14a)의 문장은 직유의 형식을 가지고 있지만, 그것은 비유적으로 (5.14b)에 의해 제안되는 은유적 용법과 의미에서 등가적인 것으로 받아들여지거나, 문자적으로, (5.14c)와 같은 의미를 가지는 것으로 받아들여질 수 있다. 후자는 화자의 어머니처럼, 아마도 소금을 엎지르거나 실내에서

우산을 펴는 것에 대해 걱정하는 사람에 대하여 말하여질 수 있었을 것이다.

(5.14) a. She's like my mother. (비유적이거나 문자적)
b. She's a mother to me. (비유적, 표준적 은유)
c. She's similar to my mother. (문자적)

은유적으로 받아들여질 수 있는 문장들이 또한 때로 문자적으로 받아들여질 수도 있다는 것 — 예를 들어 (5.10) — 을 상기한다면 이것은 직유와 은유 사이의 차이를 피상적인 것으로 여길 만한 좀 더 진전된 이유가 될 것이다.

요약

이 장에서는 화용론의 두 단계 — 명시의미와 함축의미(1장에서 도입됨) — 에 대한 개략적 설명을 제공했다. 의미론적으로, 단어들과 문장들은 문자적 의미를 가진다. 맥락 속의 어떤 발화의 문자적 해석은 문자적 의미들만을 포함한 명시의미다. 비유적 해석은 하나나 둘의 문자적 의미가, 예를 들어 아이러니의 몇 유형들에서 반의어에 의해 그런 것처럼, 대체된 명시의미다. Wilson and Sperber의 아이러니에 대한 더 세련된 설명은 전제들 — 공유된 것으로 추정되는 믿음들 — 이 문자적 의미들에 대한 비유적 선택 가능성들에 대한 출처일 수 있는지에 대한 한 가지 예증이었다. Stern(2000)의 은유 이론이 상술되었다. 그것에 따르면, 보조관념 표현들 — 비유적 의미를 전달하는 것들 — 은 해석에서 사용될 수 있는 전제들을

"가리키기" 위해서 오히려 화시적 지시사(단어 *that*처럼)의 방식으로 사용된다. 비유적 해석은 거의 제약이 없다. 왜냐하면 다른 사람들은 주어진 맥락에서 연관된 것으로 여기는 것에 대해 서로 다르기 때문이다. 직유는 마찬가지로 은유인 것으로 주장되었다. 전제에 대한 이 장의 도입은 8장으로 확장된다.

연습 문제

1. 예 (5.1) *My mother's face curdled(내 어머니의 얼굴이 엉겨 붙었다)*을 그것에 대해 서술된 맥락에서 다시 고려해 보라. *curdling*에 대한 전제들이 가리켜질 때, *blood curdling(피의 엉겨 붙음)*에 대해 생각하는 사람은 다음으로 속담으로 표현된 격언 *Blood is thicker than water(피는 물보다 진하다)*를 생각할지도 모른다. 여러분은 (5.1)에 있는 은유 텍스트에서 제공된 해석에 대해 정교화하기 위해서 이것을 사용할 방법을 발견할 수 있겠는가? 은유를 해석하는 과정에 끝이 있는가?

2. 초여름 한 쌍의 정원 새들에 대해 이야기하면서: *They've got two hungry beaks to feed(저것들은 두 개의 먹여할 배고픈 부리들을 가지고 있어)*. 이탤릭체로 표시된 문장에 보여진 것은 어떤 문채인가? 보조관념은 무엇인가? 그 예를 이해하기 위해서 어떤 전제가 요구되는가?

3. 피지에서 1990년에, 필자는 *tube light*가 '형광등'을 의미한다는 이야기를 들은 이후에도 이해할 수가 없었던 은유에 대해 설명을 요구해야 했다. *He's a tube light*. 여러분은 그것이 무엇을 전달하는 것으로 가정되는지 추측할 수 있는가? 여러분이 여러분의 추측의 정확성에 대해서 자신하든지 다소 불확실하든지, 여러분은 추측을 하는 데 무엇을 생각할 필요가 있었는가, 아니면 어떤 종류의 정보가 여러분에게 결여되었던 것인가?

4. 눈에 띄게 민첩하고, 주먹이 세고, 또한 전 세계 헤비급 권투 챔피언이었던 무하마드 알리는 그 자신의 싸우는 기교를 '나비처럼 춤추고, 벌처럼 쏘라'고 묘사했다. 이 장에서 도입된 전문적 용어를 사용하여, 그리고 그것에 대해서 조심스럽게 생각하여, 그가 사용하고 있었던 문채를 확인하려고 노력해 보라.

추천 논저

크루즈(Cruse, 2000:11장)는 이 장의 주제들에 대한 사려 깊은 논의다. 라이컨(Lycan, 2000:14장)은 언어철학의 관점으로부터 은유에 대한 쉬운 설명을 제공해 준다. 허들스턴 · 풀럼(Huddleston and Pullum, 2002:651-3, 682)에는, 영어 전치사 의미들 가운데 죽은 은유에 관한 유익한 논의가 있다. 언어의 역사에서 일어나는 의미 변화들의 역할에 대한 짧은 개관을 위해서는 트로곳(Traugott, 2000)을 보라. 그러나 그것이 초심자들을 위해 쓴 것이 아니라는 점은 감안해야 할 것이다.

제 6 장

시제와 상

Tense and aspect

개관

이 장은 영어 문법이, 말을 하거나 글을 쓰는 시간과 관련하여, 우리가 어떻게 사건을 시간 속에 위치시키도록 허용하는가(**시제**) 하는 것과 사건이 어떻게 시간 속에 배분되는가에 대한 발신자의 관념들에 관한 문법적 신호들(**상**)에 대한 것이다; 예를 들어, 그것이 진행 중인 것으로 보이는가, 반복되는가, 아니면 어떤 시점에 압축된 것으로 특징지어지는가?

Andrew O'Hagan의 논문으로부터[1] 온 예 (6.1)은 시제와 상이 의미를 전달하기 위해 함께 사용되고 있는 것을 보여준다.

(6.1) When I told people I was spending time with farmers, they'd say: how can you stand it, they just complain all day and they've always got their hands out.
(내가 사람들에게 농부들과 함께 시간을 보내고 있다고 말을 하면, 그들

---

1) 'The end of British farming', *London Review of Books*, vol. 23(2001).

> 은 이렇게 말했을 거예요: 당신은 그것을 어떻게 견딜 수 있어요, 그 사람들은 종일 불평만 하고, 항상 손을 내밀었을 것인데요).

영어를 아는 사람은 누구나 이 문장을 이해할 수 있다. 필자는 그것을 이해하는 데 들어있는 것 몇 가지를 펼쳐보려고 한다. 이것은 다소 장황한 일이 될 것이지만 그것은 시간과 관련된 의사소통의 문법적 국면들 속에 있는 복잡함의 층위를 드러내기 위해서 할 만한 가치가 있다. Andrew O'Hagan이 (6.1)을 썼을 때를 우리 스스로 상상해 보자. *told*는 동사 *tell*의 **과거 단순**(past simple) 형식이다. 필자가 사용할 두 부분으로 된 명칭들에서 첫 단어는 시제를 나타낸다. 그래서 *told*는 과거 시제 형식이다. 두 번째 구성요소는 상을 표의한다. 그리고 *단순*은 나중에 논의될 특별한 상적 의미들의 어느 것도 관련되지 않음을 의미한다. 다른 시제와 상은 곧 소개될 것이다. 과거 단순은 그가 (6.1)에 인용된 자료를 썼을 시간 이전에 "사람들에게 ... 말했다"는 것을 가리킨다. 시제는 동사에 표시되어 있지만, 글 쓴 시간 이전에 그 시간 속에 위치되어 있는 것은 *내가 사람들에게 ... 말했다(I told people ...)*라는 절에 의해 기술되는 전체 사건 — 또는, 더 그럴 것 같기로는, 일련의 사건들 — 이라는 것을 주목하라.

(6.1)에서 계속 살펴보면, *was spending*은 **과거 진행**(past progressive)이라고 불리는 형식으로 되어 있다. 시제가 동사 집단으로 표시될 때, 그것은 그 연쇄의 첫 번째 요소에 놓인다. *was*라는 형식은 (*am*과 대조적으로) *was spending*을 과거로 만들어 주는 것이다. **진행 상**은 동사 앞의 보조적인 BE(*be*, *am*, *is*, *are*, *was*, *were*)와 그 동사에 붙은 접미사 *-ing*의 조합으로 표시된다. *was spending*이 과거 형식이기 때문에, 우리는 *I was spending time with farmers*에 의해 기술되는 행위가 그 문장이 글로 써지기 전에 계속 진행되고 있었을 것이라고 이해한다. 아마도 (6.1)에서 보고되고 있는

말들에서 O'Hagan의 최초의 발화는 "I have been spending time with farmers"였다. 진행 상은 사건을 연관된 시간의 구간 동안 진행 중 — 그래서 이름이 *진행*이다 — 에 있는 것으로(이 경우에는 그를 농부들과 함께 시간을 보내고 있는 것으로) 묘사하지만, 그것이 끝났는지 그렇지 않은지, 그리고 언제 끝났는지의 문제는 열어 둔다.

그림 6.1은 (6.1)의 주된 시간 관계를 도식화한다. 시간은 왼쪽에서 오른쪽으로 이어진 선에 의해서 표상된다. 글을 쓴 시간은 그 시간 선 위에 있는 구간으로 표상된다. 그것은 탄력성이 있다. 저자나 화자는 'now'를 시점('이 순간')에 수축되어 있는 것으로 취급할 수도 있고, 달리 '이 분/날/시간/주' 등에 펼쳐져 있는 것으로 취급할 수 있다.

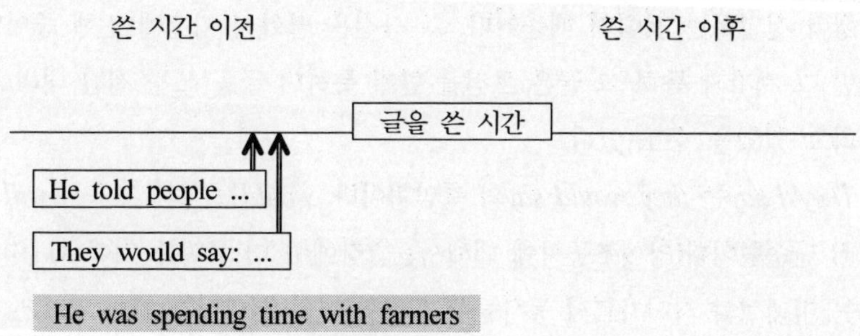

그림 6.1 예 (6.1)의 주요 시간 관계

과거 단순 *told*에 의해 표시된 사건은 시간 선상의 한 시점으로 화살표가 향하도록 되어 있는데 그것은 과거 단순이 마치 그것들이 정확히 제 시간에 위치될 수 있는 것처럼 부호화되어 있기 때문이다. 4장에서 기술된 도달점-지향 상황 유형들(성취와 완성) 가운데 하나를 표의하는 어떤 절에 대해서, 과거 단순에 의해 제 시간에 위치되는 것은 완결 시점이다. *tell someone* *something*은 완성이고, 그 화살표는 그 말의 끝을 표시한다. 실제로, 저자가 *When I once told a group of people that I was spending time with farmers*라고 쓰지 않았기 때문에 우리는 그가, 개인적으로든 집단별로든, 다른 사람들에게 그가 농부들과 함께 시간을 보내고 있었다고 말한 것으로 추론할 수 있다. 그러므로 그가 한 사람, 한 쌍의 사람들, 한 집단의 사람들에게 그의 농부들과 함께한 시간에 대해서 말한 각 사건을 따로따로 시간선상에 위치시키기 위해서는, 실제로는 'He told people ...'라는 말을 포함하는 상자로부터 나오는 화살표가 하나 이상 있어야 한다.

O'Hagan이 농부들과 시간을 함께 보내는 행위는, 일반적으로 글 쓴 시간 이전에 위치되는 회색 막대로서 나타내졌지만, 그 시간 이내의 한 시점으로 화살표가 향하도록 되어 있지는 않은데, 그 이유는 그것이 바로 과거 진행이 전달하는 것이기 때문이다. 그 사건은 발화시 이전에 진행 중이었지만 그 시작과 특히 그 끝은 초점을 받지 못하며 글을 쓰는 시간 내내 지속되고 있었을 수도 있다.

*They'd say*는 *they would say*의 축약형이다. *would*는 양태 조동사 *will*의 과거 단순형이다(양태조동사에 대해서는 7장에서 더 살펴볼 것이다). 영어에는 미래성의 지시자로서 동사들에 첨가할 만한 접미사가 없다. *will*은 영어에서 미래 시간을 신호하기 위한 주된 문법적 장치다. 이 경우에, 그것은 *they'd say* 절에 의해 기술되는 사건을 미래로 표시한다. 무엇이 그 저자가 미래 표시 조동사의 과거 시제형을 사용하는 동기일 수 있는가? 한 가지 답의 시작은, 그가 그 사건들에 대해 글을 쓴 시점 이전에 완결된 것으로 기술하고 있다는 것인데, 그것이 과거 시제를 정당화해 준다.

그 사건들은 사람들이 농부들에 대한 (얼마간 경멸적인) 사실들을 말하는 것들이었다. (6.1)에 있는 첫 단어 *when*은 O'Hagan이 사람들에게, 그가 어떻게 그의 시간들 중 얼마를 사용하고 있었는지를 말한 사건들을 그 동일한 사람들로부터의 대응하는 반응들에 연결한다. 그의 미래성 표지의 사용은, 그 반응들이 그 말을 하는 시간 내의 과거 시점들로부터 미래를 향하여 위치되었다는 것을 나타낸다. 사람들의 반응들 각각은 글을 쓴 시간으로부터 단순히 과거에 있는 것이 아니다. 그것은 그가 그의 농부들의 방문들에 대해 그들에게 말했던 각 대응하는 사건으로부터 미래 방향(그림 6.1의 오른쪽 방향)이다. 우리가 진술들과 반응들이 대화 속에 어떻게 시간적으로 이어지는지에 대해 알고 있다는 것 때문에, 그 반응들은 그 사람들이 그가 농부들과 시간을 보내고 있었다고 들은 직후에 일어난 것으로 화용론적으로 가정될 수 있다.

두 절, *how can you stand it*와 *they just complain all day* 속의 동사군들의 형식은 **현재 단순**이다. 과거, 현재, 미래로 위치된 사건들에 대한 시간 기준은 지금으로부터 (말하여진 것의 종류의 의도된 예들로서 (6.1)에서 콜론 뒤에 주어진) 사람들이 농부들에 대해 말한 것을 말한 그 시간(들)로 바뀐다.

현재 단순은 반드시 발화시와 일치하는 시간들이 아니라, 다른 것들을 신호할 수 있다. *how can you stand it*에서 그 질문은 O'Hagan이 어떻게 습관적으로 불평을 늘어놓는 농부들과 함께하는 것을 견딜 수 있었는가 하는 것이다. 영어에는 습관 상의 문법적 표지가 없다. 습관성은 현재 단순(예를 들어, *They sell cannabis in special cafes in Amsterdam*), 아니면 과거 단순(예를 들어, *Coleridge drank laudanum* — 한 번이 아니다; 그는 그 약을 1801부터 여러 해 동안 복용했다)의 화용론적 해석으로부터 나와야 한다; 아니면 6.2.1절에서 보여질 것처럼 실제로 다른 형식들로부터 나와야 한다. 사람들이 말한 것을 나타내기 위해 현재 단순 *They just complain all day*를 사용함으로써, O'Hagan은, 그들이 불평하는 것을 농부들로부터의 습관적 행태로 여긴다는 것을 그가 이해했다는 것을 나타낸다.

*they've always got their hands out*에서 동사군 *have ... got*은 **현재 완료**로 알려져 있는 형식의 것이다. 그것은 시제에서 현재다. (예를 들어, **They've got their hands out an hour ago*는 발화시를 포함하고 있지 않은 시간 부사어 *an hour ago*를 가지고 있기 때문에 비문법적이다.) 그러나, 그것은 더 이른 사건들의 발화시 결과들에 대해 말하기 위해 사용된다. O'Hagan에게 말을 건 사람들은 여러분이 항상 (은유적으로) 어떤 농부의 구걸하는 손에 직면하게 되었고, 그 농부들은 이전에 그들의 손들을 그 자리에 있게 했었다고 주장하고 있었다.

6.1 시제

두 부분으로 된 명칭에서 첫 번째 요소가 시제를 나타내고 두 번째는 상을 나타낸다. 표 6.1에는 아홉 가지의 서로 다른 조합이 제시되었다. 시제는 6.1절의 나머지에서 주된 주제다. 상은 6.2절에서 논의된다.

표 6.1 시제-상 조합의 두 부분으로 구성된 명칭들(예와 함께)

	과거 시제	현재 시제	미래 시제
단순 상	**과거 단순** *saw*	**현재 단순** *see*	**미래 단순** *will see*
진행 상	**과거 진행** *was/were seeing*	**현재 진행** *am/is/are seeing*	**미래 진행** *will be seeing*
완료 상	**과거 완료** *had seen*	**현재 완료** *have/has seen*	**미래 완료** *will have seen*

6.1.1 예비적 논의

말하여지거나 글로 써지고 있는 시점이나 간격들의 시간에서의 위치는 명시의미의 과정에서 화용론적으로 계산된다(1장 1.1.2절에서 소개된 해석의 3단계 중에서 두 번째 것). 시제는 발화시와 관련해서 설명되어야 하는데, 그것은 시제를 언어의 화시적 자질로 만든다(1장과 5장을 보라). 직접적인 경우들에서, 현재 시제는 발신자가 그 상황을 '발화시를 포함하는 시간 간격 이내'로 나타내고, 과거는 '발화시 이전'을 의미하고, 미래는 '발화시 이후'를 의미한다. 적절한 시간 간격들의 길이와 — 과거와 미래에 대해 — 발화시의 이전과 이후가 얼마나 길지를 평가하는 것은 마찬가지로 화용론적 문제다.

시제와 상 형식들과 그 형식들에 의해 신호되는 의미들 사이의 일대일 대응은 없다. 시제와 상을 부호화하는 형식은 아래에 나열된 명시적 표지들이거나, 아니면 그것들은 동사들의 **무표** 형식들(예를 들어, *see, look, can*)을 통해 무표적으로 나타내진다.

조동사: WILL, HAVE, BE

동사들의 불규칙형, 예를 들어 *saw, seen, thought, blew, blown, is, am, are, was, cut, would*

그리고 다음의 **굴절** 접미사들:

- 과거 시제, 보통 *-ed*로 써지는 것
- 현재 시제, 주어가 단수이면서 발신자나 수신자가 아닐 때, 보통 *-s*로 써진다. 예를 들어, *goes, sees*
- 진행의 *-ing*, 예를 들어, *am singing, was emerging*
- 과거 분사 *-(e)n* 또는 *-ed*, 예를 들어, *has seen, have helped*

실제로 이 형식들에 의해 전달되는 시간 의미의 범위는 이제 예와 더불어 설명될 것이다.

6.1.2 현재, 과거 그리고 미래

현재라고 불리는 시제가 사용되는 예들은 발화시를 포함하는 시간의 구간에 일어나거나 존재하는 사건들과 상태들에 관하여 사용된다. 우리는 'now'라는 꼬리표를 이 세 문장들 가운데 어느 것의 끝에나 붙일 수 있을 것이다.

(6.2) a. He drives for goal(그는 골을 노립니다). (스포츠 해설가의 말)
b. That dog is happy(저 개는 행복해요).
c. It's wagging its tail(꼬리를 흔들고 있네요).

현재형들은 또한 (6.3)에서처럼 무시간적 진리에 대해 사용될 수 있다. 이것들 가운데 하나를 말하는 사람은 *지금(now)*, *오늘(today)*, *올해(this year)* 일어나는 것에 대해 제한된 주장을 하지 않을 것이다. 부사 *always*는 (6.3a)에 있는 동사 앞에 놓일 수 있을 것이고, (양화사 *every*가 이미 최대한을 신호하기 때문에) 잉여적으로 (6.3b)에서 동사 앞에 놓일 수도 있을 것이다. *always*는 '발화시를 포함하는 시구간'임 명시적으로 표시하는 데 적합하다. 그러나 (6.3a, b)와 같은 용법들은 현재 시제라는 명칭이 무엇을 포괄할 것인지에 대한 직관적 생각을 넘어서는 것이다.

(6.3) a. At sea level, water boils at 100℃(해수면 기준으로, 물은 100℃에 끓는다).
b. Every dark cloud has a silver lining(모든 먹구름은 은빛 안감을 가지고 있다).

(6.4)에서 *arrive*와 *am*은 현재 시제형이지만 *next year*와 *next Wednesday*는 의미론적으로 미래다.

(6.4) a. You arrive in Australia in time for the Melbourne Cup next year.
b. Next Wednesday I am examining in Newcastle.

여기서 현재 시제형은 미래를 신호한다. (6.4a)는 여행 일정을 보면서 말하기에 타당한 것일 것이다. 그리고 (6.4b)는 다이어리 항목에 근거하여 발화된 것으로 상상될 수 있다. 일정과 다이어리의 언급에 의해 암시되듯이, 이 용법은 미래 사건이 이미 예정되어 있을 때는 대체로 자연스러워 보인다.

(6.5)의 예들은 발화시 이전의 시간 속에 위치되어 있는 사건들과 상태들에 관한 의사소통을 위한 과거 시제의 기본적인 용법을 보여준다. 부사어 *at 7 o'clock this morning*과 *yesterday*는 발화시 앞에 오며, 그것들이 표의하는 시간들은 발화시를 포함하지 않는다.

(6.5) a. We ate at 7 o'clock this morning.
b. I heard it on a bulletin yesterday.

(6.6)의 예들은 발화시 이전의 시간에서의 위치와 사용된 시제형들 사이의, 두 가지 잘 알려진 불일치의 예들을 보여준다.

(6.6) a. They were watching TV when suddenly a runaway truck crashes through their living room wall.
b. If we introduced proportional representation, there'd be more coalition governments.

(6.6a)의 "역사적 현재"는 과거 사건을 생생하게 기술하는 방법이지만 그렇게 하기 위해서 현재 시제를 사용하고 있다(예에서 *crashes*). (6.6b)의 첫 번째 절은 조건절이다. *introduced*는 과거형이지만 그 절은 그것을 발화 이전의 시간에 위치시키기보다 가능성을 제언하는 것이다. 가능성들은 미래에 있거나 아니면 시간 선상에 아예 있지 못할 것이다.

예상(prediction)은, (6.7a, b)에서처럼, 양태 조동사 *will*의 특징적 기능이다.

(6.7) a. Lemon juice will remove that stain.
b. A small rise in sea-level and Kiribati will disappear under the Pacific.
c. You'll get a chance in the coffee break tomorrow morning.
d. He's going to stay at home and look after the kids.
e. I am going to work.

예상이 앞을 내다보는 것이기 때문에, *will*은 영어에서 (6.7c)에서처럼, 미래 시간의 문법적 표시에 가장 가까운 것이 되었다. 그러나 *will*이 미래성을 표시하는 유일한 방법은 아니다. (6.4)의 예들은 이미 이런 목적을 위해 사용되는 현재 단순과 현재 진행 형식들을 보여주었었다. 예 (6.7d)는 미래를 나타내기 위한 또 다른 책략의 예를 보여준다: *going to* + 동사. 어떤 장소로의 물리적 이동이 관련될 필요는 없다. 그러므로 (6.7e)는 물리적 이동 해석과 미래 해석 사이에서 중의적이다: 'I am on my way to my place of work' 또는 'I intend to work'.

아이들이 다리 난간에서 놀고 있는 것을 발견하고 사고가 일어날 것을 두려워하는 사람은 (6.8a)나 (6.8b)를 말하게 될 수 있다.

(6.8) a. Someone's going to fall into the water soon.

b. Someone will fall into the water soon.

c. ?Someone falls into the water soon.

이것은 *going to* + 동사가 (6.8b)에서와 똑같이 어느 종류의 예상에 대해서나 좋다는 것을 보여준다. 그러나 현재 단순 *falls*를 가진 (6.8c)는 그 사건이 예정되어 있으면 사용 가능할 수도 있겠지만, 이 상황에서는 이상하다. 그것이 가능한 예로는 그 말이 다리 난간 위에서 노는 어린이들 연기를 하는 가두 연극 연기자의 대본에 쓰인 경우다(마찬가지로 현재 단순인 (6.4a)와 비교해 보라).

다양한 방식으로 표시되는 것은 미래만이 아니다. (6.9)의 예들은 *will*이 (6.3)의 미래 단순처럼 무시간적 진리에 대해 사용되기도 한다.

(6.9) a. A diamond will cut glass.

b. Water will always find its own level.

6.1.3 시제와 부사어

(발화시에 상대적인) 과거, 현재, 미래는 표 6.2에 보여지듯이 다양한 화시적 부사어들과 연결된다.

표 6.2 과거, 현재, 미래 시간과 몇몇 화시적 부사어들의 양립 가능성

과거 시간	현재 시간	미래 시간
then	*now*	*then*
last year *last Bastille Day* *yesterday*	*at present* *nowadays*	*next year* *tomorrow* *in forty-five minutes from now*
	today, this week, this year	

현재 단순과 현재 진행이라고 불리는 시제형들은 (6.10a-c)에서처럼 *in forty-five minutes from now*와 같은 부사어들과 함께 사용될 수 있지만, 그 사건들은 미래에 있으므로 부사어들의 집합은 표 6.2의 미래 시간 줄에만 나타난다.

(6.10) a. Mark Lawson is here in forty-five minutes. (BBC 라디오 4 막간물 아나운서. 45분 후에 누가 출연할 것인지를 안내하는 말)
b. She lectures in Milton Keynes tomorrow.
c. He's visiting Scotland next year.

어떤 화시 부사어들은 세 가지 시간 모두와 양립할 수 있다. 그것들은 표 6.2에 *today, this week, this year*로 예시되어 있다. 이 종류의 부사어는 기본 현재 시제에 대해 앞에서 주어진 정의의 일부분에 대한 동기가 되었다: '발화시를 포함하는 어떤 시간 구간 내에'. *today*, *this week, this year*가 구간들을 '발화시'로 여기기에는 너무 긴 구간들을 표의하기 때문에 그것은 단순히 '발화시에'일 수는 없다. *last year, next year*와 표 6.2의 과거 칸과 미래 칸에만 해당하는 다른 항목들은 발화시를 배제하지만, *today* 부류의 다목적 부사어들은 발화시뿐만 아니라 발화시보다 앞서거나 뒤에 오는 시간, 혹은 둘 다를 포함한다.

6.2 상

시제는 발화시에 상대적인 사건들의 위치에 대한 굴절적 지시자들에 대한 것이다. 시제는 화시적이다. 그러나 상은 화시적이지 않다. 일단 여러분이 현재, 과거, 미래 중 어느 시점에 있다고 생각했다면: **상**은 시간의 한 간격 내에서 상태나 사건의 시간 윤곽을 부호화하는 문법적 자원들에 대한 것이다. 몇몇 예들을 보면 시간 윤곽이라는 말이 무슨 뜻인지 알 수 있을 것이다. 끝내려면 시간이 걸릴지라도, 한 사건은 한 순간으로 압축되는 것으로 생각될 수 있다. (그리고 그것은 일회적이거나 반복될 수 있다.); 아니면 우리는 사건들을 정신적으로 펼칠 수 있고 그것들의 중간 단계에만 관심을 가질 수도 있다; 아니면 우리는 결말에만 관심을 가질 수 있다; 그리고 세계의 언어들 속에는 많은 다른 가능성들이 있다. 6.2.1절에서는 습관상과 "단일 사건" 상 사이의 구별을 살펴본다. 그 다음에 오는 하위절들은 영어 문법에서 명시적으로 표시되는 두 종류의 상에 대한 것이다. 6.2.2에서는 진행을, 그리고 6.2.3에서는 완료를 살펴볼 것이다.

6.2.1 습관성과 단순 상

부사 *nowadays*는 (6.11)에서처럼 현재 시제 절들의 **습관적** 해석을 촉발한다. 그 절들의 상황 유형은 4장에서 제시된 체계에 따라 괄호 속에 주어져 있다.

(6.11) a. She loves music nowadays. (상태)
b. He drinks decaffeinated coffee nowadays. (행위)
c. Little Maurice brushes his teeth by himself nowadays. (완성)
d. The clown pops the balloon nowadays. (성취)

네 문장들 모두가 습관적 문제에 대한 것임은 분명하다. 그녀가 음악을 좋아하는 증거가 요즘 되풀이된다; 그가 카페인이 제거된 커피를 마시는 예들과 어린 Maurice가 도움 없이 이를 닦는 예들이 요즘 되풀이되고 있다; 그리고 (6.11d)는 풍선을 펑 터뜨리는 일이 지금 규칙적으로 광대에 의해서 행해지고 있다고 말해준다.

습관적 해석은 *nowadays*가 없어도 가능하다. 표 6.3은 다음과 같은 순서로 논의될 예들을 제공한다. 과거 시제와 미래 시제 예들을 먼저; 그다음에 상태와 관련해서 만들어져야 하는 다른 일반화; 마지막으로 *nowadays*가 없는 현재 시제 예들.

표 6.3 가능한 해석으로 모두 습관적인 것을 가지는 예들의 범위

과거 단순	현재 단순	미래 단순
She loved music.	She loves music.	She will love music.
He drank decaffeinated coffee.	He drinks decaffeinated coffee.	He will drink coffee.
Little Maurice brushed his teeth by himself.	Little Maurice brushes his teeth by himself.	Little Maurice will brush his teeth by himself.
The clown popped the balloon.	The clown pops the balloon.	The clown will pop the balloon.

과거 시제 문장 *He drank decaffeinated coffee*는 분명히 하나의 사건의 기술일 수 있다. 예를 들어 그것은 지난밤의 식사 후에 Carl이 마셨던 것을 우리에게 말하기 위해서 사용되었을 수 있다. 그러나, 그리고 이것은 필자가 여기에서 지적해야 하는 요지인데, 그것은 Carl의 과거의 커피 마시는 습관에 대한 진술로 해석될 수도 있다. 그것은 *He drank decaffeinated coffee in those days*와 같은 것을 의미하는 것으로 받아들여질 수 있다. (**습관적** 해석은 *in those days*라는, *nowadays*의 과거 시제 등가물에 의해 강제된다. *used to*는 과거 습관 해석의 또 다른 촉발자다.) *in those days*를 쓰지 않고도 — 그리고 다른 선택 가능성으로 이용할 수 있는 단일 사건 해석들이 있지만 — 습관적인 것은 과거 시제 줄의 네 문장 모두에 대한 한 가지

가능성이 된다. 예를 들어, *(In those days) the clown popped the balloon (at the climax of each show), but that had to stop when the accountant insisted that just saying "bang" was good enough.* 미래 줄에 있는 네 문장들도 모두 습관적 해석을 유지한다. 예들 들어, 그가 좀 더 나이가 들었을 때, 어린 Maurice는 규칙적으로 도움 없이 이를 닦을 것이고, (화계 담당이 다른 곳의 관리자 자리로 옮겼기 때문에) 그 광대는 미래의 곡예에서 다시 매번의 공연이 끝날 때 풍선을 터뜨릴 것이다.

다음으로, 상태를 표의하는 문장들 — 표 6.3의 맨 위의 가로줄에 있는 문장들 — 은 단순히 습관적으로 해석될 수 있는 것이 아니라 반드시 그래야 한다는 것을 주목하라. *She loved music*은, Carl이 한 번 저녁식사 이후에 카페인이 제거된 커피 한 컵을 마셨던 것처럼, 그녀가 약간의 음악 좋아하기를 했다는 단일 사건이 있었다는 것을 의미할 수 없다. 오히려, 그것은 '그녀가 습관적으로 음악을 좋아할 것이다'라는 의미다. 그리고 *She loves music* 또한 오직 습관적 해석만을 인정한다. 이것은 상태의 성질 때문이다.

(방금 논의된 상태 문장 이외에) 이제 표 6.3에 있는 현재 단순의 예들을 고려하라. 행위(*He drinks decaffeinated coffee*), 완성(*Little Maurice brushes his teeth by himself*) 그리고 성취(*The clown pops the balloon*). 단일 사건 해석은 이것들 각각에 대해 가능하다. 그러나 그것이 선호되는 해석은 아니다. **습관**은 현재 단순의 강하게 선호되는 해석이다(Miller 2002: 148). 여러분이 아이와 함께 어린이 쇼를 시청하면서 광대가 풍선을 터뜨리는 것을 본다고 상상해 보라. 분명히 — 현재 단순을 쓰는 대신 — 여러분은 그 아이에게 'Look, the clown's popping the balloon'이라고 (현재 진행형을 써서) 말을 할 것이다. 마찬가지로 다른 둘에 대해서도, 여러분 앞에 일어나는 단일 사건을 기술하기 위해서라면, 'He is drinking decaffeinated coffee'나 'Little Maurice is brushing his teeth'가 더 자연스

럽다. 진행 상은 아래 6.2.2절의 주제다.

요약하자면: 표 6.3에 있는 단순 상 문장들 열둘은 모두 습관적 해석을 허용하고, 이것은 위쪽 가로줄의 세 개의 상태를 표의하는 절들에 대해서는, 이용 가능한 유일한 해석이다. 다른 아홉은 습관적인 해석과 단일 사건 해석 둘 다에 대해 열려있다. 현재 단순형에 대해서는, 단일 사건 해석이 가능할 때조차도 습관적 해석이 선호된다. (방송 해설은 예외다. (6.2a)를 보라.) 습관적 해석들은 특정 부사어들에 의해서 필수적인 것으로 될 수 있다: *in those days*(과거 시제와 함께), *nowadays*나 *these days*(현재 시제와 함께) 그리고 *in future*(미래 시제와 함께).

이와 같이, 영어 단순 상은 단일 사건과 습관적 해석 사이에서 의미론적으로 중립적이다. 주어진 상황에서 어느 것이 의도되었는지 이해하기 위해서는, 우리는 발화의 맥락과 그 구성 내의 다른 항목들(*nowadays*나 *used to*가 습관성을 표시할 때처럼)에 의존한다.

6.2.2 진행 상

진행 상은 BE+Verb-*ing*로 표시된다. 의미론적으로, 그것은 사건의 시작 부분을 경시하고 사건의 끝을 무시한다. 그 대신 오직 그것의 중간 국면에만 초점을 맞추고, 그것을 진행 중인 행위로 나타낸다. 이것은 사건을 시간 내에서 뽑아내진 것으로 묘사하는 방식이다. 특히 서사문의 서두에서, 다른 사건들에 대한 배경이 종종 진행 상을 가진 절로 진술되었다. (6.12)는 Michael Ondaatje의 소설의[2] 첫 번째 문장인데 그와 같은 예를 보여준다.

(6.12) When the team reached the site at five-thirty in the morning, one or

2) Michael Ondaatje(2000), *Anil's Ghost*, London: Bloomsbury.

two family members would be waiting for them.

(6.12)의 두 번째 절에서, 배경을 구성하는 기다림이 진행형 *would be waiting*으로 표현되었다. 그것은 법의학적 시체 발굴 현장에서 가족 구성원들에 의해 진행 중인 철야 경계였다. 과학 수사 팀의 도착은, 그것을 각 날에 지속되는 철야 경계 중간에 일어난 순간으로 묘사하면서, 과거 단순형(*reached*)을 통해 표현된다. (*the team reached the site*라는 상황 유형은 성취다. 맥락상, 그것은, 각 날의 도착이 단일 사건이지만, 습관 해석 — 그들이 날마다 거기에 왔다 — 을 받아야 한다.

진행 상은, (6.13)에서처럼 그것을 다른 사건들을 위한 가능한 환경으로 만들면서, 버스의 출발과 같은 짧은 사건을 진행 중인 행위(4장에서 소개된 상 유형들 가운데 다른 것)로 정신적으로 확장하기 위해서도 사용될 수 있다. 거기에서 우리는, 그 화자가 수신자에게 버스를 타는 것과 같은 어떤 사건을 버스가 떠나는 통상적으로 짧은 전이(성취)에 맞추어 넣기 위해서 서두르기를 원한다고 추측할 수 있을 것이다.

(6.13) Hurry, the bus is leaving.

그 진행 상은, 그것이 완성 유형의 상황들(4장을 보라)을 가진 함의들에 대해 가지는 결과로는 사건의 끝이 명확히 보인다는 것을 무시한다. (6.14-6.16)의 a & b 예들은 도달점이 당도되었다는 것을 함의한다. 그러나 과거 진행을 가진 c 예들은 그 함의를 가지지 않는다; 그 건물이 내려앉았는지 어떤지, 냅킨이 접혔는지 어떻지, 그 계약서가 작성되었는지 어떤지는 열려진 채 남겨져 있다. (*상동(上同)*을 쓴 것은 각각의 함의된 (또는 함의되지 않은) 문장을 다시 반복해서 쓰는 것을 피하기 위함이다.)

(6.14) a. The firm demolished the building. ⇒ The building came down.
b. The firm has demolished the building. ⇒ 상동
c. The firm was demolishing the building. ⇏ 상동

(6.15) a. The waiter folded a napkin. ⇒ The napkin was folded.
b. The waiter has folded a napkin. ⇒ 상동
c. The waiter was folding a napkin. ⇏ 상동

(6.16) a. They drew up a contract. ⇒ The contract was drawn up.
b. They has drawn up a contract. ⇒ 상동
c. They were drawing up a contract. ⇏ 상동

4장에서 살펴보았듯이, 상태를 부호화하는 동사들 가운데 많은 것이 진행 상을 거부한다. 이것은 (6.17a)의 부적형성에서 확인될 수 있다.

(6.17) a. *Who is knowing Danish?
b. Your keys are lying at the bottom of the swimming pool.
c. Full fathom five thy father lies. (Shakespeare: *The Tempest*)

상태 표의 동사를 진행 상으로 사용하는 것이 가능할 때, 그 효과는 때로는 Cruse(2000: 279)가 "잠정성(provisionality)"라고 불렀던 것이다. (6.17b)를 (6.17c)와 비교하면 알 수 있다. 그 열쇠들은 아마도 Prospero의 유해와는 달리 꽤 빨리 회수될 것이다. 명백히 상태를 행위로 변환하는 이 결과에 대한 설명은 아마도 행위들은 전형적으로 상태보다 그리 오래 지속되지 않는다는 점일 것이다.

6.2.3 완료 상

영어에서 **완료 상**이라고 불리는 것을 표시하는 것은, 동사의 과거분사 형 앞에 조동사 HAVE(*have*나 *has, had*)를 결합하는 것이다. (*완료*는 널리 사용되는 전통적인 용어다; 우리는 그것을 그대로 사용한다. 그것은 "정확히 옳다"거나 "이상적"이라는 내포 의미를 전혀 가지지 않는다!)

완료는 사건이나 상태의 여파에서 생겨난 일들을 가리키기 위해서 사용된다. 그 **여파**는 그 사건이나 상태가 결과들을 계속 가지는 것으로 보이는 시간 — 그것이 아무리 길더라도 — 이다. 예를 들어, 그녀의 시험 결과를 보고서 누군가가 그녀의 등 뒤에다 대로 씩 웃고 있다면, 한 친구가 'Look, she has passed'라고 말할 수 있다. 현재 완료형 *has passed*는 그 행복한 학생을 합격의 여파 속에 있는 것 — 여전히 합격에 의해 영향받는 것 — 으로 묘사한다. (그녀와 시험관이 그들의 일을 했을 때, 합격은 진작에 일어났다. 거기에는 기록과 기억이 지속되는 한, 그녀가 그 시험에 합격한 여파 속에 계속 있을 것이라는 의미가 들어 있다.) 이것은 Quirk et al.(1985: 193)이 현재 완료 의미의 두 가지 일반적인 특징을 제시하는 설명과 일치한다. '적절한 시간 지대가 현재까지 통해 있다' 그리고 '그 행위의 결과가 여전히 현재에도 얻어진다'.

우리가 무엇의 여파에 있다는 것을 신호하는 한 가지 이유는 완성이나 성취의 완결을 나타내기 위한 것이다(4장을 보라). 위의 (6.14-6.16)의 b 예들은 완성을 뒤따라오는 구간에 그 사건이 결말이 이르렀다는 것을 예시한다. 만일 연관된 현재 완료 문장이 참이라면, 우리는 그 빌딩을 무너뜨리거나, 냅킨을 접거나, 계약서를 작성하는 것이 완결되었다는 것을 안다. (6.18)의 예들은 성취 동사 *start*를 가지고 있다.

(6.18) a. The rain started. ⇒ A switch from not raining to raining occurred.
b. The rain has started ⇒ We are in the aftermath of a switch from not raining to raining.
c. The rain was starting. ⇏ There was a switch from not raining to raining.

필자가 (6.18a)와 (6.18b)에 대해 쓴 함의들 사이에서 아무런 중요성이 있어 보이지 않을 것이다. 그러나 그렇게 한 데는 의도가 있다. (6.18a)에 의해 기술된 사건은 비가 안 오는 것으로 되돌아가는 변화가 따라올 수 있었거나, 몇 번이고 멈추고 시작하는 일이 따라올 수 있었을 것이다. 이와 대조적으로, (6.18b)의 명백한 해석은 말하는 시간에 여전히 비가 내리고 있다는 것이다. 여파라고 여겨지는 것은 인간의 판단의 문제다. 만일 (6.18b)가, 기후 변화가 비가 온 적이 없는 사막에 비의 가능성을 가져올 것이라고 예상한 과학자에 의해 말하여졌다면, 비의 증거를 발견한 현지조사가 마른 날씨에 이루어졌을지라도 비가 내린 흔적 — 예를 들어, 물로 인해 모래 위에 생긴 도랑 — 을 보고하기 위해 사용되었을 것이다. (6.18b)의 이러한 해석은 습관적이다(6.2.1절을 보라). 사막의 그 작은 부분이 그것의 습관을 바꾸었고 이제 비가 때때로 내릴 것으로 기대될 수 있는 것이 되었다.

만일 여러분이 (6.15a, b)를 다시 돌아가서 보면, 여러분은 유사한 구별이 거기에서 만들어질 수 있다는 것을 보게 될 것이다. 과거 단순은 단순히, 어떤 때에, 냅킨을 접는 것이 완결되었다는 것(그리고 후속적으로 펼쳐졌을 수도 있고 그러지 않았을지도 모른다; 아니면 펼쳐지고 다시 접히고 펼쳐지기를 계속했을 수도 있을 것이다)을 가리키는 반면, *The waiter has folded a napkin*은 냅킨을 접는 것의 완결의 여파 속에 있고 그것이 현재 접어진 상태 속에 있을 개연성이 있다는 것을 의미한다. (습관성이 가능할

수도 있지만: 사람들은 아마도 웨이터의 일반적인 전문적 기술로부터, 그가 냅킨을 자주 접었던 사람이라는 것을 알 수 있다).

사건의 여파 속에서처럼 상황을 묘사하기 위해 현재 완료를 사용하는 것은 그것이 현재에 관련된다는 것을 나타내는 한 방식일 수 있다. 예 (6.19)는 영어가 외국어인 어떤 사람에 의해 필자에게 말하여진, 두 발화의 연쇄다.

(6.19) a. Did you hear what happened to a Japanese airplane?
b. ?The pilot has lost control of it.

필자는 (6.19) 앞에 의미론적으로 이상함을 표시하는 의문 부호를 붙였는데, 그것은 항공기가 그 전날 산에 충돌하여 탑승객을 모두 잃었기 때문이다. 필자는 발화시에 여전히 조종사가 통제를 회복할 수 있는 가능성이 있었을 때만 현재 완료 표시를 사용했을 것이다. 그 비행기는 파괴되었고, 우리는 조종사가 통제를 잃은 역사, 여파가 아니라, 속에 있었다.

많은 언어학자들이 현재 완료형들이, (6.20a)에 예시된 것처럼, 과거 시간 부사어의 수식을 허용하지 않는 것을 주목하였다.

(6.20) a. *I have arrived yesterday.
b. *They go there recently.
c. They went there recently.
d. They have been there recently.
e. They have been there since 1999.

Klein(1992)은 현재 완료가 예상과 달리, *recently*를 포함한 과거 시간 부사의 작은 부류의 구성원들을 허용한다는 것을 지적했다. 예 (6.20b, c)

는 현재 단순 *go*와 과거 단순 *went*를 사용하고 있고, *recently*가 과거 시간 부사로 행동하는 것을 확인해 준다. 예 (6.20d)는 그것이 현재 완료와도 편하게 어울리는 것을 보여준다. 그리고 (6.20e)는 *since*를 가진 전치사구에 대해서도 마찬가지임을 보여준다. 이것은 발화시에 대한 지시가 이러한 화시적 표현들의 의미 속에 포함되기 때문이다: *recently* '발화시 이전의 짧은 시간'과 *since 1999* '1999와 발화시 사이의 시간에'.

필자는 상이 시간 내의 사건들을 위치시키지 않는다 — 그것은 시제가 하는 일이다 — 고 말했지만, 완료 상은 사건들을 그것들의 여파 속에 있는 시간에 상대적으로 위치시킨다는 것은 인정되어야 한다. (6.18b) *The rain has started*와 같은 현재 완료로부터, 우리는 그 사건이 발화시 전에 일어났다 — 단 한 순간 앞일지라도 — 는 것을 추론할 수 있다. 그것은 현재 완료가 화시적임을 의미하는 것으로 보일 것이다. 발화시와 관련하여 설명된다. 이래서 그것은 Huddleston과 Pullum의 권위 있는 영어 문법(2002)에서처럼, 때로 "완료 시제"라고 불리는 것이다.

필자는 현재 완료에서 발화시와의 화시적 연결을 현재 시제(*had*가 아닌 *have*)의 탓으로 돌린다. 이것은 완료 상과 함께 과거 시제 *had*를 사용하는 것의 효과는 어떤 것인지에 대해 의문을 제기한다. 아래에서, (6.21)은 과거 완료형(*had sent*)을 포함한다.

(6.21) a. When he phoned I had already sent the email.
b. When he phoned I had sent the email.

*already*를 단서로 하여, (6.21a)는 분명히 그 이메일의 발송의 여파 속에 전화가 걸려온 것을 둔다. 만일 (6.21a)가 진정한 의사소통을 위해 사용되었다면, 맥락이 수신자로 하여금 시간 내에 전화를 위치시킬 수 있어야 한

다. 예를 들어 (6.21a)는, "그가, 오늘 너에게 이메일을 보내지 말라고 요구하는 오늘의 첫 번째 용건을 전화할 것이라고 말했어"라는 말을 방금 들은 것에 대한 반응으로서일 것이다. 이 경우, 단순 과거(*phoned*)는 발화시 이전에 시간 내에 위치를 화시적으로 지정한다. 그리고 과거 완료 *had sent*는 그 이전에 보내는 시간을 가리킨다. *already* 없이도, (6.21b)는 같은 방식으로 이해될 수 있다.

여러분에게 (6.21b)가 전화와 메일 발송이 동시적인 특정 상황을 기술하기 위해 적절히 사용될 수도 있었다는 것을 설득하기 위해서는, 여기에 주어진 지면보다 더 많은 장면 설정이 주어져야 할 것이다. 그 해석에서, 그것은 과거 단순(*sent*)과 등가다: *When he phoned I sent the email*. 과거 단순은 그것을 상보다는 일종의 시제로 만들 것이다. 이것은 도입의 수준을 족히 넘어서고 있다. 만일 여러분이 이 문제를 좀 더 파고들어 보려면 Huddleston and Pullum(2002: 146)을 보라.

요약

시제는 화시적이다. 그것은 사건들을 발화시에 관련하여 위치시킨다. 현재(아무 표시가 없거나 접미사 '-s'가 붙는다), 접미사가 붙은 과거, 그리고 다양하게 표시되는 미래. 시간 부사어들은 시제형과 시간 사이의 사상을 나타내도록 도와준다.

상은 사건들의 시간 윤곽에 관한 것이다. 영어에서 문법적으로 표시된 형식들은: 진행(끝남에 대한 관심이 없는 계속됨)과 완료(우리는 사건의 여파 속에 있다 — 아니면, 과거 완료에 대해서는, 우리는 그 여파 속에서 시간에 대해 이야기하고 있다). 습관 상은 영어에서 문법적으로 표시되지 않는다. 그러나 즉시 이용 가능하고, 우리가 시제와 상을 이해하려고 노력하고 있을 때, 구별해야 할 필수적인 해석이다.

이 장에서 논의된 주제들과 4장에서 논의된 상황 유형들 사이에는 상호작용이 있다.

연습 문제

1. 표 6.2는 다양한 종류의 화시적 부사어들을 제시하고 있다. 그리고 그것들과 양립할 수 있는, 발화시와 관련하여 다른 시간들을 보여준다. *recently(최근에)*는 어느 집단에 속하는가? 그리고 *soon(곧)*은 어디에 속하는가? 여러분은 과거, 현재, 미래 시제를 위한 문장들과 시나리오들을 구성할 필요가 있을 것이고, 그것들의 *recently*나 *soon*과의 양립가능성을 시험해 볼 수 있을 것이다.

2. 상과 (4장에서 소개된) 상황 유형과 관련하여, *Arthur's a tyrant'*와 *'Arthur's being a tyrant* 사이의 의미에서의 차이를 논하라.

3. *A tobacco company told the Czech government that they had saved many millions of dollars because people were dying early(한 담배 회사가 체코 정부에 말하기를 사람들이 일찍 죽을 것이기 때문에 그들이 수백만 달러를 절약했다고 했다)*. 이 문장을 신문 보도의 부분으로 생각하라. (그리고 대명사 *they*는 체코 정부를 가리킨다.) 이 문장에서 사용된 시제와 상의 조합을 확인하고 사건들의 상대적인 시기를 표상하기 위해 그림 6.1과 비슷한 도식을 그리라. 시간 선 위에 '보고 시간'의 위치를 넣으라. 그 다음에 그 담배 회사가 체코 정부에 무엇인가를 말했을 때, 그 정부가 수백만 달러를 절약했을 때, 그리고 사람들이 일찍 죽었을 때의 위치를 각각 나타내라.

4. 문장 (a)는 BE *to Verb*를 미래를 표시하기 위한 얼마간 형식적인 방식으로 예시한다. 선생님은 그것을 시험 문제지 위에 쓸 수 있을 것이다. 5월 11일이 올 때 그 선생님은 학급에 (a)에 대해 상기시키기 위해 (b)를 말할 수 있을 것이다. 문장 (b)는 미래 시제를 과거 속에 내포시킨다; *were*는 과거 시제형이고 BE *to Verb*는 (a)에 예시되듯이 미래를 표시하는 한 방식이다.

(a) On 11 May you are to submit a written solution to this exercise(5월 11일에 여러분은 이 문제에 대한 서면 답안을 제출하도록 되어 있다).
(b) You were to submit written solution today(여러분은 서면 답안을 오늘 제출하도록 되어 있었다).

이제 과거에 미래를 내포시키는 덜 형식적인 방식을 발견하려고 해 보라. 여러분의 친구가 오늘 어떤 소설 복사한 것 한 부를 가져오겠다고 어제 제안했지만, 지금 "미안해, 내가 너한테 무엇을 가져다준다고 약속한 것을 기억했지만, 집에서는 그것이 무엇인지 생각할 수가 없었어."라고 털어놓았다. 여러분의 친구에게 상기시키기 위해, 여러분은 '과거 속의 미래'형을 사용할 수 있을 것이다. 어제 그 제안이 만들어졌기 때문에 과거, 여러분에게 책을 빌려주는 것은 그 당시에 미래에 예정되었으니까 미래. (c)를 완결시키기에 적당한 한두 가지 가능한 답을 제시하라. 그러나 그것들은 과거 시제를 가진 미래형을 포함해야 한다.

(c) You said you _______________ bring me that book called *White Teeth*(너는 네가 '하얀 이'이라는 제목의 책을 나에게 가져오________ 했어).

또한, ―(a)에 상응하는― 그 요구는 어떻게 말로 표현되었었을까?

추천 논저

트라스크(Trask, 1993)는 친숙하지 않은 용어들인 *시제, 상, 진행, 완료* 같은 것들을 처음 찾아보기에 좋을 만한 자료다. 밀러(Miller, 2002)의 13장은 시제와 상에 관련된 의미들에 대한 짧고 명확한 도입이 될 것이다. 컨즈(Kearns, 2000:7장)는 영어의 시제와 상에 대한 뛰어나게 이해하기 쉽고 체계적인 설명을 제공해 준다. 크루즈(Cruse, 2000)와 사이드(Saeed, 2003) 역시 좋은 논의들을 포함하고 있다. 많은 흥미로운 세부 사항들뿐만 아니라 훌륭한 일반화가 허들스턴 · 풀럼(Huddleston and Pullum, 2000)과 쿼크 외(Quirk et al., 1985)의 시제와 상에 대한 색인을 통해서 이용할 만하다.

제 7 장

양태, 작용역, 양화

Modality, scope and quantification

개관

양태는 필연성과 가능성이라는 개념에 중심을 둔 의미 다발에 대한 용어다. 즉 그래야만 하는 것(7.1a), 아니면 단지 그럴 수 있는 것(7.1b).

(7.1) a. This has to be a joke.
b. The letter said the students might go there.

양태와 부정 사이에는 흥미로운 상호작용이 있다. 예를 들어, (7.2a, b)의 두 문장은 거의 같은 의미를 가진다.[1] 거기에서 양태 *have to*와 *must*는 거의 동의적이다. 그러나 관련된 부정문들은 의미상 뚜렷이 차이가 난다. (7.2c)는 금지지만, 표준 영어에서 (7.2d)는 그 문제를 보고할 필요가 없음을 나타낸다.

1) 의미에서의 작은 차이는 (7.2a)에서는 권위의 출처가 화자이지만, (7.2b)에 대해서는 다른 사람이거나 규정일 가능성이 더 크다.

(7.2) a. You must report it.
b. You have to report it.
c. You mustn't report it.
d. You don't have to report it.

그 차이는 다음에 달려있다. (1) *must*나 *have to*에 의해 부호화되는 의무가 (7.2c)에서처럼 부정적인 사태들과 관련하여 유지되는지 여부 — '그것을 '안' 보고하는 것이 '반드시 해야 하는 것(must)'이다. 또는, (2) 그 의무가 (7.2d)에서처럼 그 자체로 부정되는지 여부 — 그것을 보고하는 것에 관한 '해야만 하는 것(have to)'은 없다. 이런 종류의 차이들은 문장들의 서로 다른 부분들이 부정과, 양태 표지 같은 연산(operation)에 의해 영향받는다. 이것을 우리는 **상대적 작용역**(relative scope)이라고 부르며, 이 장의 두 번째 주된 주제다.

상대적 작용역은 또한 양화와 관련된 의미를 이해하는 데도 필요하다. **양화사**들은 *all*, *some*, *most*와 같은 단어들을 말한다. 그것들은 이 장의 세 번째 주된 주제가 된다. 양화사와 양태 사이에는 본유적인(내재적인) 연계성이 있다. 'must be'인 것은 *모든(all)* 상황 속에서 기대되는 것이고, 어떤 상황이 *몇몇(some)* 우연적인 일에서 가능하다면 그것은 'may be'다.

7.1 양태

이주 일반적으로 말해서, 절은 상황을 특징짓는다. 양태는 (7.3)에 있는 이탤릭체로 표시된 표현들에 의해 신호되는 의미들에 대해 주어지는 명칭이다. 이 의미군(群)은 어떤 상황을 일어나게 만드는 의무들(7.3a), 그것이 허락할 만한지 아닌지에 대한 가리킴들(7.3b), 이행 가능한지 어떤지에 대한 가리킴들(7.3c)을 포함한다. 또한 화자가 상황에 대한 지식을 얼마나 자신 있다고 여기는지에 대한 신호들을 포함한다: 이용 가능한 증거에 비추어서 그 명제가 참인 것이 확실해 보이는지(7.3d), 개연적으로 참인 것으로 보이는지(7.3e), 단순히 그럴 가능성이 있는 것으로 보이는지(7.3f) 여부.

(7.3) a. You *must* apologise.
b. You *can* come in now.
c. She'*s* not *able to* see you until Tuesday.
d. Acting like that, he *must* be a Martian.
e. With an Open sign on the door, there *ought to* be someone inside.
f. Martians *could* be green.

양태의 주된 운반자는 양태소(modals)라고 불리는 조동사들이다: *will, would, can, could, may, might, shall, should, must, ought to.* 양태는 또한 다음과 같은 그 밖의 다양한 다른 표현들에 의해 부호화된다: *possibly, probably, have (got) to, need to, be able to.*

7.1.1 양태 동사들과 시제

6장에서는 시제형들과 시간 사이에 구별이 만들어졌다. 그것은 여기서도 여전히 연관성이 있다. 양태 동사들 *would, could, might, should*는 과거 시제형들이지만, (7.4)의 예들은 양태 동사들의 과거형들이 종종 과거 시간을 표시하지 않는다는 것을 보여준다. (7.4a-7.4c)의 요구들은 (7.4d)에 있는 것들보다 더 망설이는 것이고 공손하다. 그러나 그것들 중 어느 것도 의미론적으로 과거에 관한 것이 아니다. 또한 (7.4a) 문장들은 양태소들이 과거 시제형이 아닌 (7.4d)의 것들과 거의 같은 의미를 가진다.

(7.4) a. Would/Could you help me tomorrow?
b. Might you be free to help me tomorrow?
c. Should you have the time tomorrow, please help me then.
d. Will/Can you help me tomorrow?

양태소들의 과거 시제형들, 특히 *would*와 *could*는 (7.5a, b)에서처럼 때로 과거 시간과 관련된다.

(7.5) a. Previously we would meet every New Year, but not anymore.
b. Two years ago she could swim fifty lengths, but not anymore.

6장에서는, 양태소 *will*이 미래성을 신호할 수 있지만 *A diamond will cut glass*와 같은 예측과 무시간적 진리에 대해서도 사용될 수 있다는 것이 지적되었다. 양태 표시는 시제에 대한 표시에 상보적이다. 영어 통사론은 자주 우리에게, 절이 그 안에 시제를 가질 것인지 아니면 그 대신 양태를 가질 것인지에 대해 선택하도록 강요한다. 4,000만 단어 — 영국과 북미의 문어와 구어 텍스트 유형들을 대표하는 범위 — 에 이르는 텍스트 표본들의 분석에서 양태소들이 그것들을 가질 수 있을 만한 절의 약 15%에서 사용되었다는 것이 발견되었다(Biber et al. 1999: 456). 시제를 가졌지만 양태에 대한 표시가 없는 절들은 무표적인 유형이다. 이 장의 끝에 있는 연습문제 1은 보통의 시제절들과 양태적으로 표시된 절들의 상대적인 힘에 관한 것이다.

7.1.2 의무 양태와 인식 양태

양태 표현들은 특별히 유사한 의미들의 흥미로운 연속체(스펙트럼)을 보여준다. 양태 조동사들은 또한 영어에서 가장 빈번하게 사용되는 동사들 가운데 있다. 가장 많이 쓰이는 20개의 영어 동사들 가운데 6개가 양태소들이다. *will, would, can, could, may, should*는 각각이 평균적으로 신문이나 잡지 기사 본문의 100만 단어 당 1,000개 이상 출현한다(Leech et al. 2001: 282). 영어의 양태소와 양태에 대해서 논의하기 위해 책 한 권 분령이 필요했던 경우도 여럿 있다. 예를 들어, Palmer(1990) 같은 것이다. 여기서 필자의 목표는 양태를 흥미롭게 만들어 줄 주요 문제들의 한 표본을 제시하는 것과 그 영역의 기본적인 구별들과 용어를 예시하는 것이다.

두 철학적인 용어, *인식*과 *의무*는 양태의 두 주요 부류들에 대한 명칭으로서 규칙적으로 사용되어왔다.

인식적 해석들은 지식과 이해에 관련된다. 인식 양태의 표시들은 명제가 참이 될 확실성의 층위에 관한, 화자나 청자에 의해 (혹은 그들이 보고하는 누군가로부터) 제공되는 성격 규정으로 이해된다. (7.6-7.9)의 (a) 예들처럼, 양태적으로 무표적인 문장들은 (b) 예들에서 보여지는, 인식 양태가 그것들에 대해 대조를 보이는 배경을 형성한다.

(7.6) a. The whole hillside is slipping down into the valley.
b. The whole hillside could be slipping down into the valley.

(7.7) a. They meet in the centre court final tomorrow.
b. They may meet in the centre court final tomorrow.

(7.8) a. Jessica went by motorbike.
b. Jessica probably went by motorbike.

(7.9) a. The car was travelling very fast, so it came unstuck at the bend.
b. The car must have been travelling very fast because it came unstuck

at the bend.

양태적으로 성격이 부여되지 않은 진술들은 생생한 논평(7.6a와 같은 경우로, 산사태가 일어나는 것을 지켜보는 뉴스 리포터가 말한 것으로 상상해 보라)에서 발견된다. 그때 화자들은 고정된 계획상의 사건들에 대해 말하고 있다(7.7a). 또 그것들은 그들이 일어난 것에 대한 믿을 만한 정보를 가지고 있다고 느끼는 다른 경우들(7.8a)에서 발견되기도 하며, 목격한 증언에 대해서 발견된다(7.9a).

양태는 그 힘에서 다양하다. 약으로부터 강으로의 기울기가 양태적으로 표시된 (b) 예들(7.6b-7.9b)에서 보여질 수 있다. *could* 때문에 (7.6b)를 산출하는 사람은 언덕 비탈이 골짜기로 산사태가 날 가능성이, 이용 가능한 증거에 의해 배제되지 않는다는 것을 인정하는 것으로 이해될 것 같다. (7.7b)의 *may*의 존재는 그 다음날의 센터코트 최종전에서의 문제의 선수들 사이의 만남이, 몇몇 이용 가능한 정보와 양립 가능하다는 것을 전달할 것 같다. (7.8b)의 *probably*의 사용은, 화자나 필자가, 이용 가능한 증거를 제시카가 오토바이로 간 것과 꼭 양립 가능한 것은 아니라고 여긴다는 것을 신호한다. 그러나 증거의 균형은 이것이 그녀의 여행 양식이었다는 쪽을 가리킨다. (7.9b)의 *must*는 강한 양태성의 표시다. 이것을 말하는 화자나 필자는 모든 이용 가능한 정보가, 그 차가 매우 빨리 가고 있었다는 결론으로 인도된다는 것을 보증하고 있다.

양태의 **의무적** 해석들은 사회에 근거를 둔 제약들에 관계된다: 의무, 도덕성, 법, 규칙. 의무 양태는 언어 사용자들로 하여금, 명제가 의무적 상황이나 허용 가능한 상황에 관련되는지 아니면 그 중간의 어디쯤에 관련되는지에 대해, 그들의 태도를 표현하(거나 다른 사람들의 태도를 중계하)게 한다. (7.10a-d)를 보라.

(7.10) a. You can ride my bike anytime you like.
b. The consul could have been more helpful.
c. You should send him an email.
d. Tax forms must be submitted by the end of September.

예 (7.10a)는 허가를 주는 일반적인 방식을 예시한다(비록 어떤 사람들은 이런 목적을 위해서라면 *may*를 쓰는 것이 더 낫거나 심지어 거의 필수적이라고 단언할지라도). *can*(또는 *may*)을 사용하여, 발화자는 수신자가 자전거를 타는 것에 아무런 반대를 하지 않는다. *could*는 (7.10b) 뒤에 있는 추정에 기여한다. 즉 영사가 크게 도움 되지 않는다는 것. 추가적으로 — 그리고 이것은 그 의미의 의무 양태 부분이다 — *could*는 영사가 더 도움이 되었더라면 더 나았을 것이라는 판단을 전달한다. *should*는 (7.10c)를, 행동의 바람직한 과정이 전자메일이 '그'에게 보내지는 것이라는 진술로 만든다. *must*와 더불어, (7.10d)는 세금 환급에 관한 의무를 전달한다.

같은 표현들이 자주 두 가지 방식, 즉 인식 혹은 의무 양태를 표시하는 것으로 해석될 수 있다는 것이 밝혀진다. (7.11-7.17)의 (a) 예들은 인식적으로 (증거에 의해 제공되는 확실성의 정도) 해석될 것 같고, (b) 예들은 (허가-의무 차원을 따라) 의무적 해석을 선호한다. 양태 표현들은 이탤릭체로 표시되어 있다.

(7.11) a. *Might* you have put the ticket in your jacket pocket?
b. *Might* I have another piece of cake, please?

(7.12) a. It *may* be dark by the time we've finished.
b. OK, we'll permit it: you *may* copy these two diagrams.

(7.13) a. Prime numbers *can* be adjacent: 1, 2, 3.

b. The pigeons *can* have this bread.

(7.14) a. The tide *should* be turning now; I looked up the times before we can here.
b. You *should* try harder.

(7.15) a. The tide *ought to* be turning now; I looked up the times earlier today.
b. You *ought to* try harder.

(7.16) a. Warmer summers *must* be a sign of global warming.
b. The treaty says carbon dioxide emissions *must* be reduced.

(7.17) a. At 87 metres this *has (got)* to be one of tallest trees in the world.
b. He *has (got)* to be more careful or he'll break the crockery.

(7.11b)에 보여지는 *please*는 요청에서 수의적으로 나타난다. 요청들은 의무적이다. *please*가 실제로 (7.11a-7.17a)에 있는 인식적 (a) 예들에 넣어질 수 없음을 보라. 예를 들어, *?Prime numbers can be adjacent please: 1, 2, 3*은 이상해 보인다. 만일 please 추가가 허용될 수 있다면 그것은 그 문장의 성격을 의무적으로 이해되도록 바꾼다. 예를 들어, *Warmer summers must please be a sign of global warming*은 이 명제에 이해관계를 가진 사람이 그것의 참이 확증되거나 허용될 것을 기원하는 것으로 들린다. 의무적 예들 (7.14b-7.17b)는 다른 어떤 것으로의 변화가 없이 즉각적으로 *please*를 수용한다. 예를 들어, *You ought to try harder please*는 단지 (7.15b)의 더 공손한 표현이다. (7.12b)와 (7.13b)에 밀접히 관련되는 의문문들은 *please*를 받아들일 것이다: *May I copy this please?*와 *Can the pigeons please have this?*

(7.11-7.17)에 예시된 이중 의미들은, 형용사 *light*가 'bright(밝은)'나 'not heavy(가벼운)'를 다 의미하는 것, 또는 명사 *bank*가 금융 기관이나 호수나 강의 육상 경계를 다 표의하는 것과 같은 중의적인 단어들의 일상적인 경우들보다 더 재미있다. 양태와 함께 거기에는 일관되게 유지되는 평행성이 있다. 우리는 우리가 다른 의미들을 나열하기만 했다면 일반화를 놓치고 있는 것으로 보일 것이다: *may* 'possibly(아마도)'나 'permitted(허락됨)', *should* 'likely(그럴 것 같음)' — 통상적으로 사물들이 어떠한가에 따라 — , 아니면 'desirable(바람직함)' — 행동거지의 일반적인 규칙에 따라 — . 관련된 의미들에 대한 설명의 한 가지 방식이 아래의 7.1.3절에서 탐구된다.

7.1.3 핵심 양태 의미들

(7.18) a. *She expected the coffee to be strong*; she'd tasted that blend before.
b. She told the waiter that *she expected the coffee to be strong* and would not accept it otherwise.

맥락은 양태의 해석에 영향을 준다. 이것은 (7.18a)에 의해 예시되는데, 그것은 인식적이고, 실재가 어떻게 밝혀질 것인지에 대한 확신의 제법 강한 표현이다. 그리고 (7.18b)에 의해서도 예시되는데, 그것은 의무적이며, 그녀가 그것에 대해 원했던 것에 관한 제법 강한 요구다. 이탤릭체로 표시된 절은 동일하지만, 증거가 얻어졌던 경험의 언급과 짝지어질 때(7.18a에서) 그 해석은 지식의 확실성의 정도에 관련되며, 반면에 웨이터와 허가에 대한 언급(7.18b에서)은 우리에게 그 절을 보고된 요구로 받아들이게 한다. 이 장의 앞선 예들에서 양태의 표시들은 조동사들이나 그와 유사한 것(*have got to*처럼)과 부사 *probably*였지만, (7.18)의 *expect*는 본동사다. 인식적-의무적 중의성이 상당히 일반적이라는 점을 주장하기 위해 다른 단어 부류가 선택되었다.

이 장의 시작에서 양태는 필연성이나 가능성과 관련되는 것으로 소개되었다. **필연성**과 **가능성**이라는 개념은 서로 연결되어 있다. 어느 쪽이나 다른 쪽에 비추어 정의될 수 있다. (7.19-7.21)을 보라.

- 무엇이든 필연적으로 참인 것을 피한다는 것은 가능하지 않다(7.19a를 보라).
- 가능한 상황들은 필연적으로 불가능하지는 않은 것들이다(7.20a).
- 만일 무엇이 참인 것이 불가능하다면, 그러면 그것은 참이 아니어야 한다(7.21a).

'P'는 임의의 명제를 나타내며 양방향 등치 화살표은 2장에서 도입된 용어인 **환언**(문장 의미의 동일성)을 표상한다. 양방향 화살표는 환언들 사이의 함의가 두 방향으로 다 성립한다는 것을 상기시켜 주는 것이다.

(7.19) a. P is necessarily true ⇔ It is not possible for P to be untrue.
b. necessarily P ⇔ not possibly not P

(7.20) a. It is possible that P is true ⇔ It is not necessarily so that P is untrue.
b. possibly P ⇔ not necessarily not P

(7.21) a. It is impossible that P to be true ⇔ P is necessarily so that P is untrue.
b. not possibly P ⇔ necessarily not P

(7.19-20)에서 (b)로 주어진 이 환언들의 축약된 표현들이 나중에 7.2절에

서 사용될 형식으로 되어 있다. 그것들을 이해하는 한 방식은 ⇔의 각 측면의 자료들을 따로따로 다루는 것이다. 예를 들어, (7.19b)의 두 번째 절반은 생각에 의해 이해될 수 있다. *P*는 '명제 P가 참이다'를 의미한다; *not P*는 'P가 참이 아니다'를 의미한다; *possibly not P*는 'P가 참이 아닌 것이 가능하다'를 의미한다. 그리고 *not possibly not P*는 'P가 참이 아닌 것이 가능하지 않다'를 의미한다. 7.2에서는 단계를 표시하기 위해서 괄호가 더하여질 것이다. 그러나 지금 단계에서 괄호 부여는 이해를 더 어렵게 만들기만 할 것 같다.

명제가 필연적으로 참이라고 말하는 것은 무엇을 의미하는가? 한 예는, 전체 수가 2로 곱해지면 언제나 그 결과는 짝수라는 것이다. 계산이 구성되는 방식은 그 명제가 항상 참이라는 것 — 필연적으로 참이라는 것 — 을 확신시켜준다. 만일 이전의 몇 단락이 이해하기 어렵다면, *necessarily* 자리에 *for sure(확실히/틀림없이)*를 넣어보라.

양태는 자주, 계산과는 달리, 체계화되지 않은 문제들에 대해 소통하기 위해 사용된다. 그런 경우들에서, 필연성은 의사소통에서 관련되는 화자와 청자에 의해 이해되는 것처럼, 맥락에 상대적이다. 일상의 의사소통에서, 화자와 저자는 임의의 명제에 대해, 그것이 그들이 발화의 순간에 참이기도 하고 현안에도 적절하다고 간주하는 모든 것에 대해 피할 수 없는 결과라면, 명제를 필연적 참 — *반드시* 그런(*must* be인) 어떤 것 — 으로 제시한다. 또 임의의 명제는, 지금 그것을 전달하는 사람의 관심 속에서 두드러지고, 참이면서 적절하다고 간주되는 어떤 정보가 그 명제와 양립할 수 있다면 아마도 참(possibly true)이라고 여겨진다.

이 전 단락에서 주어진 참이면서 적절하다고 간주되는 정보라고 하는 조심스러운 이야기에 대해서는 다음과 같이 정당화할 수 있다. 인간은 모든 가상의 시나리오에 고루 미치는 완벽한 컴퓨터가 아니다. 매일의 의사소통에서, 사람들은 일반적으로, 그들에게 적절한 것으로 직접 일어나고, 그들의 수신자들에게 즉각적으로 접근 가능할 것이라고 그들이 믿는 현실의 측면들만을 고려한다. 수신자들은, 그들이 화자가 출발했던 가정들에 접근하는 맥락 속의 메시지를 해석할 수 있어야 하기 때문에, 그 이야기에 관련된다. 그러나 속에 양태 표시를 가지고 있는 특정 발화와 관련하여 화자를 신뢰하는 수신자는 뒷받침 정보를 확인하지 않고 단순히 말하여진 것을 받아들일 수도 있다는 것에 유의해야 한다. 예를 들어, *It may be dark by the time we've finished*(7.12a)는, 화자가 그 일에 익숙하고, 시간을 잘 지키는 것으로 알려져 있는 사람이라면, 있는 그대로 수용될 수 있다. (반면, 수신자는 확증적인 증거가 쉽게 발견되지 않으면, 그 단언을 뒷받침하는 명제들이 무엇인지를 조사하는 편을 선택할 수 있고, "당신은 왜 그렇게 생각하지요?" 하는 식의 질문을 분명하게 물을 수도 있다. 그러면 약간의 정당화할 만한 증거를 제공할 부담이 화자에게 지워진다.)

5장에서는 **전제**(presupposition) 집합이라는 개념을 도입했었다. 발화가 그것에 비추어 발화되는 문맥을 형성하고, 그것을 해석하기 위해서 수신자(들)에 의해 사용되기에 유효할 것이라고 발신자가 고려하는 맥락을 형성하는 명제들. 그러한 연관될 것으로 간주되는 명제들의 집합은 철저한 연구가 그 의사소통에 연관성을 가진다고 상정할 수 있을 명제들의 집합보다 훨씬 작은 것일 수도 있다. 전제란 단순히 발신자가 발화시에 의존하고, 수신자(들)이 즉각적으로 접근할 수 있다고 가정하는 것이다.

인식 양태는, 맥락상 연관성이 있는 전제들이, 소통되는 명제의 참임을 상정하기에 충분하지 않을 때 사용된다. 그 문제가 참이라고 결정할 수 있는 충분한 정보가 있었다면, 그것은 양태에 의지하지 않고 직설적으로 표현되었을 것이다(연습 문제 1을 보라). 인식적 표시는 화자나 저자가 이용할 수 있는 증거를 넘어설 것임을, 그리고 실제 상황이 과거에 어땠고, 현

재 어떠하며, 앞으로 어떨 것인지에 관한 추론을 만들어낼 것임을 신호한다.2)

*have to*는 영어가 필연성을 부호화하기 위해 가지고 있는 방식들 가운데 하나다. 앞에서 본 두 예들, (7.1a)와 (7.7b)를 다시 사용하자면, 그것들의 의미는 (7.22a, b)에서처럼 진술될 수 있다.

(7.22) a. *This has to be a joke* — '내가 여기서 고려하는 모든 전제들은 필연적으로 나에게 '이것'이 농담이라고(인 것으로) 결론짓게 한다.'

b. *They may meet in the centre court final tomorrow* — '여기에서 고려되는 전제들의 적어도 한 가지 그럴싸한 정교화에서, 내일의 사태들은 그들이 결승전에서 만나는 일을 가질 것이다.'

달리 말해서, (7.22b)는 '내일 그들이 센터코트에서 만나는, 적어도 하나의 그럴싸한 시나리오가 있다는 것이다. 그러므로 — 이것이 연관된 맥락의 유일하게 가능성 높은 전개가 아니라는 것을 받아들인다면 — 그러한 만남이 반드시(필연적으로) 배제되지는 않는다.' *배제되다(ruled out)*는 부정적인 표현이고, 그것은 '반드시 배제되지는 않는다(not necessarily ruled out)'가 '(7.20b)에 주어진 'possibly P'의 부정된 부정적 분석'이라는 것을 의미한다. 즉 'not necessarily not P'

2) 연관된 맥락이라는 개념과 텍스트에서 그것에 대해 암시되는 역할은 이 설명을 매우 느슨하게 진술된 Sperber and Wilson(1995)의 '연관성 이론(Relevance Theory)'의 변종이 되게 한다. 양태가 연관된 맥락의 불완전한 정보로부터 실제 과거, 현재, 미래 상황으로의 추론을 나타낸다는 생각은 비형식적으로 가능 세계 개념에 호소한 것이다(구체적인 설명으로는 Swart 1998:212-14를 보라). *가능 세계*라는 용어는 이 장의 본문에서는 피하였는데 그 이유는 대체로, 그 용어에서 *가능*이라는 말이 양태 논리 — (7.18-7.21)에서 비형식적으로 나타나 있다 — 의 가능성 운용소와 다르며 그 차이를 설명하는 것은 여기에서 허락된 것보다 더 많은 지면을 필요로 할 것이기 때문이다.

(7.22a)와 (7.22b)의 예문들은 둘 다 인식적으로나 의무적으로나 받아들여질 수 있다. 예 (7.22b) — 앞의 (7.7b) — 는 앞에서 인식 양태의 예로서 제시되었지만, 그것이 의무 양태를 가졌을 수도 있는 가상적 상황들이 있다. 인식적 해석은 전제들이 사실인 것으로 가정되는 명제들일 때 일어난다: 공통 지식, 또는 최근에 대화에서 받아들여졌거나 아니면 발화 맥락에서 경험될 수 있는 광경, 소리 등에 의해서 명백해진 명제들. 의무적 해석들은 선호(preferences), 바람(wishes), 요건(requirements), 추천(recommendations) 등이 맥락상의 전제를 형성할 때 일어난다. 예 (7.23a-d)는 방금 논의된 두 문장들에 대한 가상적 시나리오를 제공한다.

(7.23) a. A sixteen-year-old who has grown 25 per cent in the past year opens a present from a family friend who has not seen him recently. It is a garment. He measures it against himself and it is clear that he'll never fit into it. He says "This has to be a joke." (인식적)
(지난해에 키가 25%나 자란 열여섯 살짜리가 최근에 그를 못 본 한 가족 친구로부터의 선물을 열었다. 그것은 옷이었다. 그는 그것을 자신에게 대 보았고, 자기가 거기에 절대로 들어갈 수 없다는 것이 분명했다. 그는 "이건 농담이어야 해"라고 말했다.

b. TV producer explaining to an actor that she wants humour in a scene: "This has to be a joke". (의무적)
(배우에게 어떤 장면에서의 유머를 원한다는 것을 설명하는 텔레비전 피디의 말: "이것은 농담이어야 해"

c. Someone who takes an interest in tennis tournaments is asked about the prospects of two players, currently in the semi-finals. The reply is "They may meet in the centre court final tomorrow". ('They' could both win their current matches, so their facing each other the next day in the final is not ruled out. (인식적)

(테니스 토너먼트에 관심을 가진 사람이 현재 준결승에 있는 두 선수들의 전망에 대해 질문을 받았다. 그 대답은 "그들은 내일 센터코트 최종전에서 만날 수 있어요"였다. ('그들'은 그들의 당면한 시합에서 모두 이길 수 있을 것이고, 그러므로 그들이 그 다음날 최종전에서 서로를 마주하게 되는 것이 배제되지 않는다.)

d. In a fantasy story, an all-powerful manipulator is asked to make a match take place, and consents, adding specifics of where and when: "They may meet in the centre court final tomorrow". (의무적)

(판타지 이야기에서, 전능한 조종자가 어떤 시합을 일어나게 하라는 요구를 받는다. 그리고 거기에 동의하면서 언제 어디서에 대한 세부사항을 덧붙인다: "그들은 내일 센터코트 최종전에서 만날 수 있어요.)

지나가는 길에 언급해 두자면, 화용론적 해석이 종종 다중적인 층을 가진다는 것을 눈여겨볼 필요가 있다. (7.23a)의 상황에서, 사이즈가 작은 옷을 보낸 가족 친구가 그것을 농담으로 의도했을 것 같지는 않다. 받은 사람이 모든 증거가 익살스럽게 의도된 선물을 가리키는 것처럼 말하는 것은 그렇지 않으면 실패했을 선물인 것으로부터 농담을 만드는 한 방법이다.

인식적-의무적 차이에 대한 이 접근은 6장에서 단순 상 형식들의 단일 사건 해석과 습관적 해석에 대해 제안된 것과 유사하다. 각각의 경우에서, 그 구별은 화용론적이다: 구별에 무관한 의미론적 핵심에 대한 맥락 의존적인 덧씌움.

연관성이 있는 것으로 여겨지는 맥락 정보의 선택은 문장 그 자체의 성질에 의해 영향을 받을 수 있다(Biber et al. 1999: 485-6). 인식적 문장들은 앞선 두 예에서(주어와 주동사에는 밑줄에 쳐져 있다) 예시된 것, 비인간 주어와 상태 동사를 가지는 경향성 — 단지 경향성일 뿐이지만 — 이 있다.

It may be dark by the time we've finished(7.12a); *At 87 metres this has (got) to be one of tallest trees in the world*(7.17a). 의무적 문장들은 인간 주어와 행위 또는 다른 비상태 동사를 가지는 경향 — 다시 단순한 경향일 뿐임 — 이 있다. 예를 들면, ... *you may copy these two diagrams*(7.12b); *You should try harder*(7.14b). 인간 주어들이 의무적 해석을 선호하는 문장들에서 우세하다는 것은 일리가 있다. 의식이 있고, 의무적 양태의 기초를 구성하는 선호, 바람, 충고, 규칙 등에 의해 인도되는 것은 무정물이나 동물보다는 사람이다. 또한 허가, 요구, 상담지도를 통한 영향력에 가장 열려있는 것도 사람의 행동이며, 그들이 우연히 놓이게 된 상황이 아니기 때문이다.

표 7.1은 영어의 몇 가지 중요한 양태 표시에 대한 핵심 의미를 제안한다.[3] 그 표시들 사이의 의미론적 유사성과 차이에 초점을 맞추는 것을 더 용이하게 하기 위해, 같은 문장 틀 속에서 그것들 각각에 대해 생각해 보고, 오직 인식적 해석만을 고려하라. 충분한 문장 틀은, *Is that true?*에 대한 반응으로서의 *It* _____ *be true*다. *that*이 가리키는 명제는 *P*에 의해 표에서 제시된다.

표 7.1 몇 가지 영어 양태 표지의 핵심 의미

P ____ be true 틀에서의 양태 표시	의미	전제된 명제들의 유형
must *has to* *will*	P is true in all plausible scenarios based on the presupposition	사실적 명제들

3) 표 7.1에서 *should*에 대한 생각은 Papafragou(2000)에서 온 것이다; *must, may*와 *can*은 Groefsema(1995)의 분석에 대략적으로 기초하고 있다.

should *ought to*	P is true in all plausible scenarios based on the presuppositions	모범(norms)
may *might*	at least one plausible scenario based on the presuppositions does not rule out P	사실적 명제들
can	no plausible scenarios based on the presuppositions rule out P	사실적 명제들

의무적 해석에 대해서 표 7.1의 세 번째 열은 사실적 명제들 대신 선호나 요건과 관련된 전제들을 가질 것이다. *You ____ go'; 'that's what the manager said*와 같은 틀이 세부적인 내용들을 확인하기 위해 사용될 수 있다. *should*의 경우, 그 명칭 '모범'이 인식론에 대해서는 예정과 평균치를(7.24a, b를 보라), 그리고 의무론에 대해서는 행위의 규약을 포괄한다(7.24c를 보라).

(7.24) a. There should be a train at 10.20, according to that timetable (but perhaps it's not running today).

b. We shouldn't get snow in May, in a normal year (but exceptions do happen).

c. The people who didn't cook should wash the dishes (but I'll let you off this time).

d. ?There must be a train at 10.20, but perhaps it's not running today.

e. ?The people who didn't cook must wash the dishes, but I'll let you off this time.

*should*는 *must*처럼 필연성 양태다. 그러나 그렇게 강하지는 않다. *should*를 가진 주장들에 대한 예외들이 (7.24a-c)의 괄호로 묶인 이어지는 말들에서 보이듯이 응집적이다(일관성이 있다). 그러나 *must*를 가진 문장들 (7.24d, e)에 대해서 동일한 시도를 하는 것은 문제가 있다; 아마도 *must*가

아이러니로 이해될 때만 허용될 수 있을 것이다.

표 7.1에서 제안된 의미들은 *must, have to, will*을 동의적인 것으로 만든다. 마찬가지로 *should*와 *ought to*와 같은 짝도 그렇고, *may*나 *might*도 그렇다. 표는 다양한 사용상의 제약들을 눈에 띄게 보여주지는 않는다.

- *must*는 미래에 관한 인지적 주장들에 대해 거의 사용되지 않는다; 그 대신 *will*이 사용된다.
- *might*는 일반적으로 *may*보다 약하다. 과거 시제가 어느 정도 가능성을 멀어지게 하기 때문이다.
- *can't*가 분명히 인식적이고 의무적인 용법들을 다 가지지만, *can*은 때로 인식 양태에 대해 사용하기 어렵다; 예를 들어, 인식적 *can*은 제안된 틀에서 좀 이상하다: ?*It can be true.*

표 7.1은 *may*를 *can*에 대해 상위어로 만든다. *may*는 일반적으로 *can*(그것의 하위어 — 하의성의 의미 관계에 대해서는 3장에서 소개되었다)을 대체하여 사용될 수 있다. 약간의 정확성은 상실되겠지만 *dog*을 *animal*로 대체하는 것이 일반적으로 가능한 것과 마찬가지로, 의미의 다른 큰 전환은 없다. 예를 들어, *You may/can ride my bike*(7.10a), *Prime numbers may/can be adjacent*(7.13a), *The pigeons may/can have this bread*(7.13d) 등이 모두 가능하다. 그러나 이것은 *can*이 (7.4d) *Can you help me tomorrow?*에서처럼 "능력"을 표의할 때는 전혀 유효하지 않다. (7.4d)에서 *may*를 *can*의 자리에 놓는 것은 어쩌면 기도라고 할 수 있을 *May you help me tomorrow?*를 산출하는데, 그것은 도움 요청을 위한 다른 선택이 되지 못한다. *may*가 "능력"의 *can*을 대체하기에 적합하지 못하다는 또 다른 예는 *There's no trace of mist; I can see all the way across to Jura*다. 이런 종류의 증거 때문에 어떤 언어학자들은 *can*의 별개의 "능력" 의미, 즉 때로

동적 양태라고 불리는 것의 하위 의미로 여겨지는 것을 인식한다. **동적 양태** 속에 부호화된 제약들은 그 문장의 주어 명사구에 의해 지시되는 사람(또는 동물 또는 기계) 내부에서 발원하며, 그와 같이 의무적 양태 기저의 사회적 제약들과 인식적 양태가 기반을 두는 추론적 제약들과 대조된다고들 한다. 필자는 "동적 양태"를 인식적 양태의 하위종으로 생각한다.

7.2 상대적 작용역

기본적인 생각은 1장에서 *unlockable*이라는 중의적인 단어와 관련지어 소개하였다. 그 문제의 부분은 *un-*이 그것의 **작용역** — 말하자면 그것이 적용되는 자료 — 으로, 동사 *lock*을 가지는가 아니면 형용사 *lockable*을 가지는가 하는 것이었다. 상대적 작용역의 문제들은 같은 표현 속에 두 개의 **운용소** — 작용역을 가지는 항목 — 가 있을 때 일어난다. 두 운용소를 가지고서, 우리는 어느 운용소가 그것의 작용역 속에 다른 것을 포함하는지에 따라 다른 의미를 얻을 수 있다.

양태 표지가 부정과 상호작용할 때 흥미로운 일이 일어난다. (7.25) 문장의 의무적 해석들을 고려해 보라.

(7.25) a. You mustn't provide a receipt.
b. You don't have to provide a receipt.
c. You must provide a receipt.
d. You have to provide a receipt.

의무적 해석들은 여기서 명백한 것들이다. 즉 충고나 요구다. 예를 들어, 사용된 돈에 대한 환불 신청서에 관한 것을 생각해 보자. 문장 (7.25a, b)는 의미가 확연히 다르지만, (a, b)에 각각 대응하는 것으로 보일 긍정 문장 (c, d)는 의미상 매우 유사하다. *n't*(와 7.25b에서 그것을 가지는 조동사 *do*)의 제거가 어떻게 두 문장에 다르게 영향을 줄 수 있는가?

(7.25a)와 (7.25b) 사이의 차이는, (a) 문장은 부정적인 사태들이 유지될 필요가 있다는 것을 나타내지만(필연성이 부정을 그것의 작용역 안에 포함하지만), (b) 문장은 필연성을 부정한다(부정이 필연성에 위로 작용역을 가진다). 상대적 작용역에 관한 분석적 진술들은 파악하기가 어려울 수도 있다. 도움이 되는 관습적 표기가 (7.26)에서 사용되고, 그 예들 바로 아래에 설명이 주어진다.

(7.26) a. necessarily (not (you provide a receipt))
b. not (necessarily (you provide a receipt))
c. necessarily (you provide a receipt)

각 운용소는 한 쌍의 괄호의 왼쪽에 쓰며 괄호 안에 있는 자료는 그 운용소의 작용역을 표상한다. (7.26a)의 표상은 (7.25a)의 운용소 배열의 상대적 작용역을 반영하며, (7.26b)는 (7.25b)의 작용역 관계를 표상한다. (7.26a, b)의 구성요소들은 동일하다; 상대적 작용역이 유일한 차이다. 가장 안쪽의 괄호로부터 바깥으로 작용하면서, (7.26a)는 부정되는 명제 'you provide a receipt'를 가진다: 'you are not to provide a receipt'; 그 부정의 명시가 필연 운용소의 작용역을 구성한다; 그 문장이 반드시 성취되어야 하는 필연적인 것으로 특징짓는 것이 바로 그 부정적인 사태다. (아마도 그 화자는 횡령이 추적 가능하게 되는 것을 원하지 않는 모양이다!) 반면 (7.26b)는, 안쪽으로부터 바깥으로, 영수증을 제공하는 여러분에 관한 것이다. 영수증의 제공이 필연적이고 그 다음에 가장 바깥의 *not* 때문에 그 필연성이 삭제되는 것이다.

이제 (7.26c)는 (7.25c, d)의 의미를 표상한다. 절의 부정을 나타내기 위해서, 무엇이든 그것을 괄호 속에 넣으라. 그리고 *not*을 그 왼편에 더하라. 그리하여 (7.26c)의 부정은 (7.26b)이고, 그것은 다시 (7.25b) *You don't have to provide a receipt*를 표상한다. 필연 표지 'have to'의 왼편에 부정을 가져옴으로써 *don't have to*는 그 부정이 그 작용역 속에 필연을 포함한다는 것을 신호한다. (실제로 *don't*가 *have to*보다 동사구 내에서 더 높다는 사실이 좌에서 우로의 어순보다 더 문제가 된다.)

이제 (7.27)에 예시되듯이, *must*와 *have to*의 인지적 해석을 생각해 보라. 이것들을, 어떤 사람들이 왜 어떤 행사에 나타나지 않았는가에 대해 제안된 설명으로 생각하라. 만일 그들이 그런 사건에 대체로 오는 사람들이고, — 알려져 있는 한 — 다른 일로 바빴던 것이 아니고, 교통편에 문제가 없는 등의 경우라면, 설명은 초대장이 그들에게 전달되지 않았을 개연성이 매우 높다.

(7.27) a. They mustn't have received the invitation.
b. They can't have received the invitation.
c. necessarily (not (they received the invitation))

아마도 더 많은 영어 사용자들이 방금 위에서 개관된 인식적 의미에 대해 (7.27a)보다는 (7.27b)를 채택할 것이다. 그러나 (7.27a)는 — *mustn't*와 함께든 *must not*과 함께든 — 점점 더 사용이 확산되고 있다(Miller 2002: 140). —(7.27a)를 인식적으로 받아들이는 사람들에게 — (7.27c)는 (7.26a에 의해 표상되는 7.25a와 정확히 평행하게) 그것이 수반하는 의미다. 그렇지만, 어떻게 (7.27b)가 (7.27c) 의미, 즉 (7.27a)가 그것을 인식적 해석으로 받아들이는 사람들에 대해 가지는 것과 같은 의미를 표현해 내는 것인가? (7.27a)와 (7.27b) 사이에는 가시적인 차이가 있다. 우리는 어떤 사람들은 다른 사람들이 *can't*를 가지는 곳에서 *mustn't*를 가진다. 그 두 문장은 그렇지 않으면 동일하다. *must*와 *can*은 의미에서 다르다(표 7.1을 보라). 그러므로 우리는 *mustn't*와 *can't*가 의미에서 다를 것을 기대할 것이다; 그러니 (7.27a, b)는 다른 의미를 가져서는 안 되는가?

그 역설(*can*과 *must*가 다른 의미를 가짐에도 불구하고 *can't*와 *mustn't*가 같은 의미를 가진다는 것)은 *can*이 일반적으로 그것에 첨부된 부정 운용소 — *can't*와 *cannot*에서 — 의 작용역 내에 떨어진다는 것이 실현될 때 사라진다. (7.27b)에 대한 합당한 환언은 *not*을 상위절의 *possible* 옆에 가진 (7.28a) *It is not possible that they received the invitation*이다. 이것에 대해서 조심스럽게 생각해 보라. (7.27b)는 (7.28b)에서 아래에 주어진, 훨씬 덜 확실한 명세 'possible ... not'의 환언이 아니다. 후자는 (7.28c)로 주어진 *may*를 가진 문장과 같은 의미를 가진다. 작용역 관계는 (7.28)에 있는 처음 세 문장에 대해 비형식적으로 나타내진다.

(7.28) a. *It is not possible that they received the invitation.*
not(possibly(they received the invitation))
b. *It is possible that they have not received the invitation.*
possibly(not(they received the invitation))
c. *They may not have received the invitation.*
possibly(not(they received the invitation))
d. not possibly P ⇔ necessarily not P

(7.21b)에 주어진 필연성과 가능성 사이의 등치는 (7.28d)에서 반복된다. 이것은 (7.28a)에서 괄호 속 표현에 의해 표상되는 의미를 앞선 예 (7.27c)

에 대해 주어진 것과 등치가 되도록 만든다. 이것은 결국, 부정되지 않은 *must*와 *can*은 의미에서 서로 다르지만, (7.27a, b)에서처럼 *mustn't*와 *can't*가 같은 의미를 가지는 것으로 귀착된다! 예 (7.27a, b)는 환언들이다. 왜냐하면, 부정이 가장 넓은 작용역을 가지는 것이 'can't'의 특질인 반면 — 그것은 가장 바깥 괄호에 있다 — *mustn't*와 더불어서는 그 부정이 양태의 작용역 속에 오기 때문이다. 이 장의 끝에 있는 연습 문제 4와 5는 양태와 부정의 상대적인 작용역에 관한 것이다.

위의 표 7.1에서 양태소들에 대해 주어진 의미는 표현 *all, at least one, no*를 이용하고 있다. 다음 절은 후자의 종류들의 표현들을 살펴본다. 그것들은 **양화사**로 알려져 있고 그것들이 전달하는 의미의 종류는 **양화**(quantification; 量化)라고 불린다.

7.3 양화

마이소르(Mysore)에는 채식주의 호랑이들이 살았던 모양이다; 그래서 주민들은 니잠 연례 퍼레이드에서 거리를 따라 걸어 내려가면서도 그 호랑이들에 대해서 걱정을 안 했다. 코기(corgis)는 어떨까? 그것들 가운데 채식주의인 놈들이 있는가? 필자는 그 답을 모른다. 그러나 그 질문은 모든 코기들의 집합과 모든 채식주의자들의 집합의 교집합 속에 얼마나 많은 개체가 있는가에 대한 것이다. 그림 7.1의 두 개의 타원형은 그 두 집합을 표상한다. *교집합*을 나타내는 글자 *I*는 중첩 지대 속에 씌어 있었다. 만일 채식주의 코기가 있다면 그것들은 이 교집합에 속한다. (집합들의 교집합은 그 자체가 집합이다.)

코기 중에 채식주의인 것이 있는지 어떤지에 대한 질문에 가능한 몇 가지 답이 (7.29)에 제시된다. 양화사들은 이탤릭체로 표시된다.

(7.29)	a. *No* corgis are vegetarian.		$\mid C \cap V \mid = 0$
	b. *Several* corgis are vegetarian.	$2 <$	$\mid C \cap V \mid < 10$
	c. *At least three* corgis are vegetarian.	$2 <$	$\mid C \cap V \mid$
	d. *Some* corgis are vegetarian.	$1 <$	$\mid C \cap V \mid$
	e. *At least one* corgi is a vegetarian.	$0 <$	$\mid C \cap V \mid$

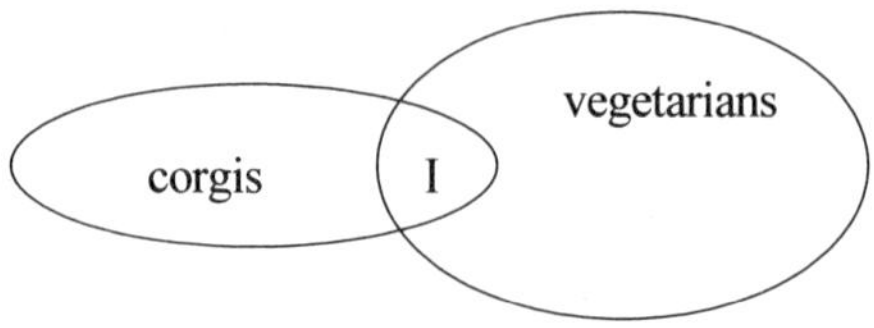

그림 7.1 코기와 채식주의자들. *I*는 두 집합들의 교집합, C ∩ V를 가리킨다.

(7.29)의 양화된 문장들은 교집합 속의 개체들의 수에 따라 참이나 거짓이 된다.[4] 각 문장은 그 오른쪽에 쓰인 집합이론적 명세가 충족되면, 그리고 그럴 때만 참이다. 'C ∩ V'라는 표기는 C와 V의 교집합, 즉 (만일 그런 것들이 있다면) 코기 채식주의자 또는 채식주의 코기들의 집합을 나타낸다. 한 쌍의 수직선 속에 어떤 집합 명칭을 넣은 것은 그 집합 속에 있는 **원소들의 개수**(cardinality)를 표상하는 방법이다. 예를 들어, 모든 코기들의 집합을 나타내는 C와 관련해서는, |C|가 존재하는 C의 전체 수가 된다. *no corgis*를 주어 명사구로 가진 문장 (7.29a)가 참이 되기 위해서는, 그 교집합이 비어 있어야 한다. 그 안에 아무 원소가 없어야 하고, 그것은 |C ∩ V|가 영에 해당하는 원소의 개수를 가진다고 말하는 것이다.

양화사 *several*을 가진 것(7.29b)은 그 교집합이 둘 이상의 원소(둘 이상의 채식주의 코기)를 포함하며 — 내 직관에 따르자면 — 열보다는 적어야

4) 7.3절에서 양화사에 대하여 말하여진 것 가운데 많은 것은 일반양화사 이론(Generalized Quantifier Theory)의 축약적이고 비형식적인 설명이다. Keenan(1996)과 Swart(1998: 8장)을 보라.

한다. 양화사로 *at least three*를 가진 것(7.29c)은 그 교집합의 최소 숫자가 그 숫자이지만('greater than two'='at least 3'), 코기와 채식주의자의 교집합의 크기에 아무런 상한선이 부가되어서는 안 된다. *some* ...과 같은 문장(7.29d)에 대해서는, 교집합에 둘 또는 그 이상이 있어야 한다('greater than one'='two or more'). 작은 변화를 주면 *at least one* ...(7.29e)에 대한 집합 이론적 참 조건을 얻을 수 있다. (7.29)에 예시된 종류의 양화사들은 그것들이 집합의 원소 개수에 연동되어 있기 때문에 **양수적 양화사**(量數的 量化詞; cardinal quantifiers)라고 불린다.

코기의 식습관에 대한 철저한 전 세계적 통계조사가 행해지고 오직 한 마리 채식주의 코기가 있다는 것이 밝혀진다면, 그 교집합에 대한 이러한 발견은 *A corgi*(또는 *One corgi* 또는 *Some corgi* — 후자의 경우는 단수명사와 어울려) *is a vegetarian*으로 보도될 수 있을 것이다. 밑줄 친 단어들은 역시 양수적 양화사들, |C ∩ V| = 1이다.

(7.29)에 주어진 것들과 같은 양수적 양화사들을 가진 문장들은, 다른 종류의 양화사들을 가졌을 때는 그러지 않을 것인데, 일종의 대칭성을 가진다. 그 명사들은 참이나 거짓 값이 영향 받음이 없이 위치들을 교환할 수 있다. 그러므로 *No vegetarians are corgis*는 (7.29a)와 같은 명제를 표현한다: |C ∩ V| = |V ∩ C| = 0. 그것은 사실들이 (7.29a)를 참으로 만드는 한 참일 것이며, (7.29a)가 거짓이 되는 같은 상황에서는 거짓이 될 것이다. 다음 문장들의 경우에 대해서도 마찬가지일 것이다: *Several/at least three/some vegetarians are corgis*나 *At least one vegetarian is a corgi*.

7.3.1 비례 양화사

(7.30)의 문장들은 **비례 양화사**라고 불리는 것을 가지고 있다(이탤릭체로

표시된 것들). 이것들은 양수적 양화사들에서 발견되는 대칭성을 나타내지 않는다. *Most meat eaters are corgis*는 (7.30a)의 문장과는 명백히 다르다. 그것에 대해 생각해 보라. 그리고 (7.30b)가 아마도 거짓일 것인데 반해, 명사들을 뒤바꾼 것 — *Less than half the world's meat eaters are corgis* — 은 아마도 참인 문장을 산출할 것이다. (7.30c)를 *Few vegetarians are corgis*로 바꾸는 것은 거의 충분히 강하게 그런 경우를 진술하지 않는다. 그것들 가운데 어느 것도 코기이기가 어렵다!

(7.30) a. *Most* corgis are meat eaters. $|C \cap M| > |C - M|$

b. *Lest than half* the world's corgis are meat eaters. $|C \cap M| < |C - M|$

c. *Few* corgis are vegetarian. $|C \cap V| << |C - V|$

(7.30)의 문장들의 오른쪽에 있는 집합이론적 형식화에서 'M'은 모든 고기 먹는 동물의 집합의 이름이고, 이전처럼, 'C'는 모든 코기들의 집합이다. 그림 7.2가 (7.30a, b)에 있는 양화사들의 의미에 관해 주장되고 있는 것을 더 이해하기 쉽게 해 줄 것이다.

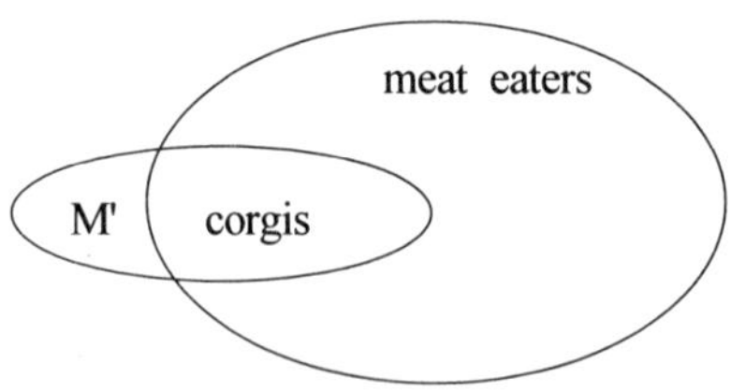

그림 7.2 코기들과 고기 먹는 동물들. *M'*은 고기 먹는 동물이 아닌 코기들의 부분집합 C - M의 이름이다.

그림 7.2에서 왼편에 불쑥 튀어나온 타원의 일부분에 있는 코기들은 고기 먹는 동물들의 집합에 포함되지 않는다. 그 튀어나온 부분은 코기들의 집합에서 그것들 중에서 고기 먹는 동물의 부분집합(큰 쪽)을 뺀 것이다. C - M. 그림 7.1에서처럼 고기 먹는 코기들의 집합은 코기들과 고기 먹는 동물들 사이의 교집합, C ∩ M 속에 있다. (7.30a)에서 *Most corgis are meat eaters*에 대해 주어진 명세는 단순히 고기 먹는 코기들의 수 |C ∩ M|이 고기를 먹지 않는 코기들의 수 |C - M|보다 크다는 것이다. 이것을 표현하는 또 다른 방법은 코기 집합 구성원들의 반 이상이 고기 먹는 동물이라고 말하는 것이다. (7.30b) 문장은 아마도 거짓일 것이다. 그것은, 그 균형이 반대가 되고 그래서 고기 먹는 동물들을 가진 교집합 속에 |C - M|보다 더 적은 코기들이 있으면, 그럴 때만 참일 것이다. *few*와 함께 쓰일 때(7.30c, 그리고 여러분은 그림 7.1을 되돌아보는 것이 유용하다는 것을 알게 될 것이다), 참이 되려면 그 교집합이 |C - V|보다 아주 많이 더 작아야(중첩된 '~보다 작음' 부호: <<) 할 필요가 있다.

(7.30)에 있는 문장들이 참이 되는 것은 코기들의 전체가 어떻게 교집합과 나머지 사이에서 분할되는가에 의존하며, 그래서 그 이름은 ***비례*** 양화사가 된다. 이것은 양수적 양화사들(7.29)과 다른데, 양수적 양화사들의 경우에는 오직 그 교집합의 수만 고려될 필요가 있었다; 그림 7.1에서 왼쪽에 있는 불쑥 튀어나온 것의 수는 양수적으로 양화된 문장들의 참 여부에 전혀 관련이 없다.

비례 양화사(이탤릭체로 표시)를 가진 문장들을 둘만 더 보자. '⊑' 기호는 '...의 부분집합이다'를 나타낸다. 그 둘을 위한 집합이론적 참 조건은 코기가 고기 먹는 동물의 부분집합이라는 것이다. 이 문장들이 (7.29) 문장들과 같은 대칭성을 보이지 않을 것이라는 것은 명백하다. *Every meat eater is a corgi*와 *All meat eaters are corgis*는 둘 다 명백히 거짓인 반면,

(7.31) 문장들은, 단지 가능성이지만, 참일 것 같다.

(7.31) a. *Every* corgi is a meat eater. $C \subseteq M$
b. *All* corgis are meat eaters. $C \subseteq M$

이것이 어떻게 (7.30)의 비례적으로 양화된 문장들에서 보여진 것처럼, 교집합과 나머지 집합 사이의 비교를 포함하는가? 그림 7.2에서 코기 타원이 오른쪽으로 |C - M| 나머지 즉 그 그림에서 *M'*로 이름 붙여진 것만큼 이동해서 사라져 버리는 것을 생각해 보라. 그것이 바로 C가 M의 부분집합이 된다는 것이 의미하는 것이다. 만일 모든 코기들이 고기 먹는 동물들이라면, 그리고 고기 먹는 동물 집합이 코기 집합들보다 더 크다면, 코기들은 고기 먹는 동물들의 진부분집합, $C \subset M$이 될 것이다(그런데 그것은, 부수적으로 언급하자면, 하의성의 조건이다; 3장을 보라).

같은 집합의미론적 명세가 (7.31)의 오른쪽에 있는 *all*과 *every*에 대해 주어지지만, 이 두 양화사들은 의미가 동일하지 않다. *every*는 **배분적 양화사**다. 그래서 예를 들어 *Every corgi at the dog show was worth more than £1,000*이 참이라면, 그것은 만일 그것들 가운데 열이 있었으면 그 전체가 £10,000을 넘었다는 것을 의미할 것이다. 그러나 *All*은 **집합적**(collective)인 해석과 배분적 해석 사이에서 중의적이다. 만일 *All the corgis at the show were worth more than £1,000*이 참이라면 그 숫자는 개 한 마리당의 값일 수도 있고 그것들 모두를 합한 것일 수도 있다. 또 다른 배분 양화사로 *each*가 있다. *every*나 *all*과 마찬가지로, 그것은 (7.31)에 있는 양화사들과 마찬가지로 부분집합 관계 $C \subseteq M$의 측면에서 명세된다. 그러므로 이 양화사들의 의미들에는 그것들의 집합이론적 속성들에 의해 포괄되는 것 이상의 것이 있다.

이 장의 앞쪽에서, 표 7.1에서는 세 양화사가 양태 의미의 설명에서 구성요소로 사용되었다. 이 양화사들이 (7.32)에 반복되어 있다. 그 양화사들이 기여하는 양태 표지들을 괄호 속에 넣어 두었고, 코기들에 대한 문장들보다 더 일반적인 형식으로 제시되어 있다.

(7.32) a. All As are Bs. $A \subseteq B$ (*must, has to, will, should, ought to*)

b. At least one A is a B. $0 < |A \cap B|$ (*may, might*)

c. No As are Bs. $|A \cap B| = 0$ (*can*)

부정이나 양태 표지처럼, 양화사들도 작용역을 가진 연산자들이다. 이 장에서 고려되는 양화사들은 통사적으로 명사구 속에 고립된다. 그러나 그것들은 절을 그것들의 작용역으로 가진다. 절들은 명제들을 표현한다. 그러므로 양화사들은 명제 연산자들이다. 두 양화사들, 또는 하나의 양화사와 부정이 있을 때, 상대적 작용역에 원인을 돌릴 수 있는 의미 차이들이 있을 수 있다. 몇 예들에 대한 고려는 이것에 대해 맛을 보여줄 것이다. (7.33)의 문장들을 고려해 보라. 그것들은 도서관 방문에서 문제가 되었던 것들을 보고하는 문장들이다. 작용역을 가지는 연산자들에 대해서는 이탤릭체가 사용되었다. 상대적 작용역에 대한 비형식적 괄호 표시가 각 문장 오른쪽에 7.2절에서와 동일한 일반적인 설명을 따라 제시될 것이다.

(7.33) a. *None* of the books was available.

As for every book (not (it was available))

b. *All* the books were *not* available.

Not (as for every book (it was available))

c. *Not all* of the books were available.

Not (as for every book (it was available))

크기 예들과 달리, 여기서는 우리가 세계에 있는 책들의 전체 집합에 대해 말하고 있지 않다. 거의 분명히 특정 도서관의 전체 보유고에 대한 것이 아니라 책들의 맥락상으로 회복 가능한 책들의 집합에 대한 것이다. *books* 앞에 *the*를 쓰는 것은 그 청자에 대한 화용론적 지표다. '약간만 생각해 보면 여러분은 내가 어느 책들의 집합을 지시하고 있는지 알아낼 수 있을 것이다.' 아마도 이 사람은 읽을 책 여섯 권의 집합을 추천한 대학 선생님에게 말하고 있는 학생일 것 같다.

(7.33a)에서 양화와 부정의 조합을 해석하는 것은 충분히 쉽다. 왜냐하면 그 두 연산자들은 부정보다 넓은 작용역을 가진 양화사와 함께 하나의 단어(*none*) 속에 미리 포장되어 있기 때문이다. (7.33b)와 같은 문장들을 사용하는 사람들의 다수는 양화사 *all*에, 예리한 고저 굴절, 아마도 더 큰 크기와 어쩌면 모음에 약간 더 긴 길이와 함께 억양적 돋들림을 준다. 이것은 영어에서, 어떤 항목이 이 문장에 대한 첫 번째 괄호 치기에서 보이듯이 부정의 작용역 내에 놓인다는 것을 신호한다. 그것은 또한 비중의적인 (7.33c)의 의미기도 하다. 그 의미는 괄호들 속에 더 깊이 묻힌 연산자를 가지고 시작함으로써 구성될 수 있다. 책들의 관련된 집합의 모두, 즉 모든 각각의 것이 이용 가능하다는 것이 무엇을 의미하는지 생각해 보라; 그 상황을 부정하는 것의 효과를 고려하라; 만일 그 책들의 하나조차 이용 가능하지 않다면 그것은 '모든 책들이 이용 가능하다(all the books are available)'는 것이 그렇지 않은 상황이다. *all*에 대한 억양적 돋들림이 없이, (7.33b)는 원칙적으로 그것에 대해 보여지는 대안적 의미를 가진다. 7.32a에 있는 집합이론적 형식화를 되돌아보면 이것은: '문제의 책들의 전체 집합이, 이용 가능하지 않은 것들의 부분집합이다'. 그러나 (7.33b)의 이

의미는 자주 작용하지 않는데 왜냐하면 그것을 전달하는 비중의적인 방식 즉 (7.33a)가 있기 때문이다. 화용론적으로 청자들은, (7.33b)를 말한 화자가 (7.33a)에 의해 부호화되는 것을 의도했을 리가 없다고 추론할 것인데, 왜냐하면 그러면 그렇게 말하는 것이 그것을 말하는 명백한 방법이었을 것이기 때문이다.

(7.34) 문장들에는 그 안에 두 개의 양화사(이탤릭체로 표시됨)를 가지는 문장들이 제시되었다.

(7.34) a. *Each* student borrowed *a* book.
As for every student (there was a book (the student borrowed it))
b. *A* student borrowed *each* of the books.
There was a student (as for every book (the student borrowed it))
또는 As for every book (there was a student (the student borrowed it))

다른 양화사와 함께 출현할 때 일반적으로 더 넓은 작용역을 가지는 것으로 받아들여지는 것이 *each*의 의미의 부호화된 특질이다. 그래서 (7.34) 오른쪽에 나타난 괄호는 실질적으로 그것의 유일한 방식이다. 그것은 괄호 안쪽에서 시작한다; 책을 빌리는 학생에 대해 생각해보라; 그러고 나서 각 학생이 차례로 그것을 하고 그래서 학생 대출자들의 수만큼 빌려간 책들이 있다고 생각하라. 그러나 (7.34b)는 상대적 작용역의 해독과 관련된 또 다른 요인을 예시해 준다. 주어 명사구 속의 양화사들은 더 넓은 작용역을 가지는 경향이 있다. 이것은 첫 번째 해석을 선호한다. 즉, 책을 한 권 한 권 빌려가는 단 한 명의 학생. (7.34a)에서 주어의 양화사가 더 넓은 작용역을 가지는 경향성은 *each*에 대해 넓은 작용역을 선호하는 편향성을 뒷받침해 준다. 그러나 (7.34b)의 목적어 명사구 속의 *each*는 주어에 대한 양화사와 경쟁하게 된다. 결국 어느 한 경향성이 압도하지 못하고 (7.34b)는 중의적이 된다. 선택적 해석들: 책이 한 권 한 권 빌려지는 데 각각이 한 학생에 의해 이루어지는 것과, 얼마나 많은 학생들이 대출을 했는지에 대해서는 말하여지지 않은 것.

요약

*must, should, can't*와 유사한 표현들이 양태를 부호화한다. 양태 표지들은 사람들의 요구와 선호성과 관련하여 해석되거나 증거와 관련해서 해석된다. 첫 번째 종류의 해석(의무적이라고 불림)과 관련하여, *You must* ...는 그 화자가 당신이 ... 할 것을 요구한다는 것; 'You can't ...'는 화자가 그것을 허락하지 않는다는 것, 등등을 소통한다. 문제가 증거로부터의 추론에 대한 발신자의 확실성의 정도인 맥락에서 해석되면(인식적 양태), *It must* ...는 참인 것에 대한 가망성에 대한 강한 확신, *It should* ...는 일들이 평균적인 방식으로 전개된다면 그 명제가 참일 것으로 기대된다는 것 등등을 전달한다. 필연성과 가능성은 양태에서 근본적인 개념들이며, 그것들을 설명하는 것은 *all*과 *some* 같은 양화사들(이 장의 두 번째 주제)에 대한 고려와 관련되었다. 왜냐하면, 예컨대, 필연적으로 참인 것은 모든 시간에 적용되며; 시간의 일부에 유효한 것은 가능하다. 이 장은 또한 상대적 작용역을 포괄했다. 상대적 적용역이란 명제의 의미에 양태 표지들, 부정 그리고 양화사들 가운데 하나 이상이 관련될 때 그것들 사이의 상호작용을 말한다.

연습 문제

1. 화자가 얼마나 확실히 결론에 관해 확신하는지를 가리키기 위해 사용될 때, 양태 동사들 사이에는 힘의 차이가 존재한다. 아무런 양태 동사를 사용하지 않는 것은 어떤가; 그것은 얼마나 강한가? 여기 생각해 볼 상황이 있다. 에드워드는 백화점으로 몰려 들어가는 무리를 보았고 *There might be a sale on*이나 *There's a sale on* 또는 *There must be a sale on* 가운데 하나를 말한다. 이 셋을 에드워드가 실제로 그 가게에서 세일이 있다는 것을 얼마나 확신하는 것으로 보이는지 순위를 매기라. 그들이 그것을 말함에서 양태 동사를 사용하자마자 상황에 대한 화자의 지식에 관해 우리는 무엇을 추론할 수 있는지 언급하라.

2. 아래 다섯 문장들에서 양태의 가능한 해석들을 생각하라. 그것들은 의무적, 인식적, 둘 다, 아니면 둘 다 아닌 것으로 이해될 수 있는가? 각 답에 대해 이유를 제시하라.

They must be made from buckwheat.
We must get up early tomorrow.
The email needn't have been sent.
I can hear you now.
They might or might not make it.
You better apologise.

3. (a) 인식적으로나 (b) 의무적으로 해석되는 것으로 이끌릴 수 있을 다음 세 문장들 각각에 대해 선택할 수 있는 시나리오들을 제안하라.

Guess may check in between 3 pm and midnight.
You must be a musician.
There should be a hallmark.

4. 상대적 작용역과 관련하여, *can't P*는 인식적으로뿐만 아니라 의무적으로

not (possibly P)를 의미한다. 같은 것이 *cannot P*에 대해서도 성립한다. *may not*(또는 *mayn't*, 이런 축약형이 허용된다면)은 어떤가? *They may not have an invitation*은 의무적으로('I forbid them having an invitation')나 인식적으로('Perhaps they do not have an invitation') 이해될 수 있다. 이 두 해석들에 대해 양태의 작용역에 상대적인 부정의 작용역은 무엇인가?

5. 라디오에서 "Which category of witness may | not be named in court?"라는 말을 한 번 들은 적이 있다. *may* 뒤에는 예리한 억양 단절이 있었고 여기서는 수직선으로 표시되었다. 법정이 증인에게 익명성의 보호를 가지도록 동의할 것이었을 때, 그 질문이 비정상적인 상황들에 관한 것이었다는 점이 맥락으로부터 분명했다. 이 의미에 대해, 양태와 부정의 상대적 작용역은 무엇인가? 좀 더 다루기 쉽도록, 문장 *The witness may | not be named*와 관련해서 답하면 되겠다.

6. 이 장의 예 (7.30c)에서 *few*는 비례 양화사로 도입되었다. 비채식주의자인 것들의 수에 비해, 채식주의자 코기의 비율이 작다면 *Few corgis are vegetarian*은 참이다. 그러나 *few*는 중의적인 양화사다. 그것은 항구에 있는 보트들이 많이 있는지 어떤지에 대해 질문을 받은 사람이 "No, there are few boats there today"라고 답할 때처럼 양수사로 역할을 할 수 있다. 가능하다면, 이 문장들의 참 조건들에 대해 집합이론적 명세를 쓰라. 그것이 너무 어렵다면 *few*가 양수사일 때 그것의 의미에 대해 말로 설명해 보라.

7. *In this part of the factory,* one machine tests each product. 밑줄 친 절은 상대적 작용역의 측면에서 중의적이다. 두 가능한 의미를 분명히 진술하라.

추천 논저

컨즈(Kearns, 2000)에서, 이 장에서 다루어진 모든 주제들에 대해 이 장에서 다루어진 것보다 더 길고 훨씬 더 엄격하게 명확한 설명을 제공하고 있다. 허들스턴과 풀럼(Huddleston and Pullum, 2002)은 양태에 대한 실질적인 개관을 포함하고 있는데, 많은 영향력 있는 예문들과 양화사에 대한 유용한 처리도 함께 갖추고 있다. 반 데르 오웨라 · 플런지언(van der Auwera and Plungian, 1998)은 양태의 부호화가 언어의 역사에서 변화될 수 있는 방식들과 그럴 수 없는 방식들을 면밀하게 제시해 주려고 노력한다. 여러분이 고대 영어를 연구하고 있다면, 이것은 살펴볼 만한 흥미로운 논문일 될 것이다.

제 8 장 화용론

Pragmatics

개관

1장에서, 발신자와 수신자가 의사소통의 행동들 속에서 문자적 의미에 대해 정교화하기 위해 어떻게 맥락에 의존하는지에 대한 연구로서 화용론이 도입되었지만, 지금까지 이 책은 **의미론** — 단어와 문장 의미의 추상적 지식 — 에 집중해 왔다. 화용론은, 예컨대 5장의 비유적 해석의 설명에서와 6장과 7장의 일부분에서 그것에 의존되는 경우가 더러 있기는 했다. 그러나 이제 화용론의 주된 개념들과 원리들과 함께 더 많은 세부 사항들을 다룰 때가 되었다. 8장과 9장에서 이것이 이루어진다.

화자와 청자들이 언어를 맥락에서 사용할 때 어떻게 부가적인 의미들이 일어나는지를 이해하기 위해, 그리고 그러한 의미들을 분류하기 위해 언어학자들과 철학자들에 의해 개발된 일군의 이론적 제안이 여기서 개관된다. 그 틀은, 주로 세 철학자들 — 오스틴, 그라이스, 설 — 에 의한 제안들에 기초하여 지난 40년 이상 존속하게 되었고 여전히 활발하게 개발되는 중에 있다. 그러나 여기서 기술될 것은 그 역사보다는 그 착상이다.[1)]

화용론에서의 기본적인 발상들 가운데 하나는 Levinson(2000: 29)이 표현하듯이: '추론은 값싸고, 명시적 표현은 비싸다'는 것이다. 언어 사용자들은, 고의적으로 맥락에 의존하는 발화들을 산출하고 수신자들로 하여금 그 신호에서 명시적으로 드러난 것을 넘어 힘들여서 정보를 추론하도록 허용함으로써 숨이나 글 또는 자판 입력의 노력을 절약한다. 예 (8.1)은 실제 대화에서 온 것으로, 이 장의 세 개의 주된 주제들에 대한 기본적인 오리엔테이션을 위해 사용될 것이다. A는 해외여행을 갔다가 얼마 동안 병원에서 시간을 보냈다고 B에게 말했다. B는 동정적인 관심을 보여주었는데, 그것이 다음의 대화로 이어졌다.

(8.1) A: "I was bitten by something in Berlin Zoo." (베를린 동물원에서 무언가에 물렸어요.)
B: "Was it an insect?" (곤충이었나요?)
A: "Yes." (네.)

B는 그것이 곤충이었다는 것을 어떻게 짐작했을까? (필자는 여기에서 확실한 직관을 가지고 있는데 왜냐하면 필자가 B였기 때문이다.) A가 *something*이라는 단어를 사용한 것이 중요한 의미론적 단서였다. *thing*은 많은 다른 더 구체적인 단어들(하의어, 3장을 보라)을 포괄하는 고차 상위어다: *lawnmower, shoe, key, tiger, penguin* 등등.

적어도 A가 말한 것을 이해하려는 첫 번째 시도에서, B는 무정물인 대상은 제외할 수 있었다. 세상에 있는 사물들에 대한 친숙성(1장과 3장에 나온 백과사전적 지식)은, 비록 은유적인 해석이 — 특히 잔디 깎는 기계의

1) 이 저자들에 의한 최초의 업적에 대해서는, 오스틴(1962), 설(1979), 그라이스(1989)를 보라.

경우에 대해 — 가상될 수는 있지만, 그것들이 동사 *bite*에 의해 표의되는 행위들에 대해 요구되는 입 부분을 가지지 않는다는 것을 알게 해 준다. 그러나 *something*이 호랑이나 펭귄, 아니면 다른 생물일까? 8.1절에서는 함축, 즉 그라이스에 의해 연구되었던 화용론적 추론의 유형이 설명될 것이다. 다른 것들 가운데서, 그것은 왜 "I was bitten by something" 같은 상대적으로 비제보적인 발화가, (*I was bitten by a tiger*나 *I was bitten by a giraffe*와 같은) 더 많은 제보적인 대안들이 바로 가까이 있을 때, 화자가 하나 이상의 제보적인 가능한 진술을 만들 만한 입장에 있지 않다 — 아마도 잘 모르기 때문에 — 는 추론을 체계적으로 가져오는지를 알게 해 준다. A가 무엇이 그녀를 물었는지 정확히 알지 못했다는 화용론적 추론에 대한 출발점은 의미론, 즉 그 언어에서 부호화된 다른 대안적 선택들(*thing*과 그 하위어들)이다.

백과사전적 지식의 다른 항목들은 (8.1)의 화용론적 해석에 관련되었다. 동물원의 동물들은 보통 명찰이 붙어 있는데, 그렇게 하는 것은 예를 들어, 무거운 꼬리를 보고서도 아드바크(개미핥기의 일종, 남아프리카 땅돼지)를 알아볼 줄 모르거나 아래쪽으로 향한 어금니를 보고도 페커리(남미산 멧돼지)를 알아보지 못할 사람들의 편의를 위한 것이다. 만일 A가 무엇이 그녀를 물었는지 알지 못했다면, 그것은 아마도 공식적으로 전시될 만한 동물들 가운데 하나는 아니었을 것이다. (나아가 기여했을 수 있는 백과사전적 지식들은 가시적인 흉터를 남기는 동물이 그녀를 물었을 가능성이다.) 만일 그것이 정주성(定住性)의 동물들 가운데 하나가 아니라면, 그러면 무엇인가? 격분한 동물원지기나 야만적인 어린아이인가? 아니다, 그 무는 존재가 인간이었다면 *누군가*로 가리켜졌을 것이다(이것은 의미론적 구별 — *무엇인가*(*something*)에 대조되는 것으로서의 *누군가*(*someone*) — 이 화용론적 추리를 위한 기초가 됨을 보여주는 또 다른 예가 된다). 많은 다른 가능성들이 있지는 않았다; 흠 ... 아마 곤충이었을까? 그러면, 그렇다, 그것은 그런 것으로 입증되었다.

화자들과 저자들이 의사소통의 배경에 대해 조성하는 가정들은 8.2절에서 다루어지는데, 전제에 관한 것이다. (8.1)에서, A가 그녀를 문 것에 관해 말하기 위해 '무엇인가(something)'이라는 표현을 사용한 이후에는, 그 무는 것이 배경 정보의 전제된 항목으로 취급될 수 있었고, B가 "Was it an insect?"라고 물었을 때처럼 대명사 'it'을 사용하여 지시될 수 있었다. (9장은 발화들을 이전 담화에 연결하는 전제들의 역할에 관한 더 많은 내용을 담고 있다.)

8.3절은 화행에 관한 것이다. (8.1)에서는 서로 다른 두 종류의 화행이 일어난다. A의 진술과 B의 질문. 진술을 만드는 것은 공유된 배경에 업데이트(정보 갱신)를 제안하는 것이다. '당신이 나에 관해 알고 있는 것에다가 무엇인가가 나를 베를린 동물원에서 물었다는 것을 추가하라'; 그리고, 맥락상, A의 궁극적인 "yes"는 그녀가 그 지식에다가 그것이 곤충이었다는 것을 추가하는 것을 승인한다는 것을 전달했다. B의 가부 질문은 배경 정보에 다르게 관련되었다. '내가 당신에 관해 당신을 문 것이 곤충이었다는 것을 아는 것을 추가할 수 있었다; 나는 그것이 참일 것인지 거짓일 것인지에 대한 지적을 바란다'. 다른 종류의 화행들도 있다 — 그것들 가운데 많은 것들: 충고, 위협, 사과 등등.

8.1 대화상의 함축

대화상의 함축은 통보자가 참을 말하려고 노력해야 한다는 보편적인 합의와 같은, 언어 사용을 위한 규준의 존재에 의존하는 추론들이다. (*대화상*이 명칭의 일부인 것은 역사적 이유 때문이다. 함축은 다른 말하기 장르와

글쓰기에서도 그들이 대화에서 하는 것만큼 많이 일어난다. 그러므로 그것들은 자주 그저 *함축*이라고 불린다.) 화자들, 저자들, 수신자들은 의사소통에 관여하는 모든 사람이 의사소통 상의 규준을 알고 있고 그것을 받아들인다고 가정한다. 이 일반적인 수용은, 개인들이 때때로 표준을 충족시킬 수 없고 때로 (예를 들어, 거짓말을 함으로써) 부정행위를 할지라도, 추론에 대한 중요한 출발점이 된다. 5장은 진실성 규준(아래에서는 "질의 격률"로 지시된다)의 명백한 위반이 은유적 해석을 유발한다는 것을 이미 보였다. 누군가의 얼굴이 엉겨 붙는다는 것의 현실 세계에서 있을 법하지 않은 일이지만, 제니 디스키가 '내 어머니의 얼굴이 엉겨 붙었다'라고 썼을 때 독자 여러분은 그 말을 그녀가 참인 진술을 하려고 했다는 가정과 조화시키기 위한 방법을 발견하는 것처럼 말이다.

함축이라고 불리는 추론은 언어 사용에서 항상 존재하지만 함의와 달리 보증이 되지는 못한다. (8.1)에서, A가 그녀를 동물원에서 물었던 것을 알지 못했다는 필자의 짐작 — 함축 — 이나 그녀를 문 것이 곤충이었다는 그 이상의 추론에 관해서, 필자는 틀렸을 수도 있었다.

그라이스(1975와 다른 곳)는 몇몇 의사소통상의 규준을 확인했고, 발화들이 그 기저문들 속에 문자적으로 부호화되어 있는 것보다 좀 더 많은 것을 전달하는 것이 가능하도록 만드는 추리에서 그 규준들이 어떻게 관련되는지를 보여주었다. 그는 네 가지의 "격률"이 협력적 의사소통을 위한 기초로 여겨질 수 있다는 것을 제안했다. 그 격률들은 (8.2)에 나열되고 해설이 붙어 있다.

(8.2) **질** – 통보 시에 진실되도록 노력하라.

양 – 적절한 양의 정보를 주어라. 너무 적거나 너무 많아서는 안 된다.

방법[2] – 발화들은 명확해야 한다. 간결하고, 순서에 맞고, 모호하지 않아야 한다.

연관성[3] – 기여는 관여된 사람들에 의해 가정된 현재의 목표에 연관성이 있어야 한다.

격률은 널리 응용할 수 있는 함축성 있는 조언으로, 예를 들면, 폴로니우스가 라에르테스에게 '모든 사람에게 그대의 귀를 주고, 아주 적은 사람에게만 그대의 목소리를 주게나'(Shakespeare, *햄릿*; 그라이스의 격률 가운데 하나는 아니다)라고 한 훈계 같은 것이다. 그라이스의 격률은 '마치 ... 처럼'의 역할을 한다. 그는 어떻게 말할 것인지에 관한 조언으로 그 격률들을 제안하고 있는 것이 아니었고, 의사소통이라는 것이 마치 화자들이 일반적으로 이 격률들에 의해 인도되는 것처럼 진행된다고 말하고 있는 것이었다.

X라는 사람이 (8.3a)에 있는 진술을 Y라는 사람에게 한다고 가상해 보라. Y가 말할 수도 있는 여러 다른 후속적인 것들 가운데 둘이 (8.3b, c)에 제시되어 있다. 그 중 하나는 X에 대한 반응이고 다른 하나는 다른 누군가에 대한 진술이다. 이 두 가능성들은, 그 둘이 모두 질의 격률에 관련시킬 만하다는 점에서 흥미롭다.

(8.3) a. X to Y: "The Greens will get more votes in the next election. (다음 선거에서 녹색당이 더 많은 표를 얻을 거예요.)"
b. Y to X: "What's the evidence for that? (무슨 증거라도 있나요?)"

---

2) 그라이스의 방법 격률은 '중의성을 피하라'라고도 표현되기도 했다. 필자는, 언어 사용자들은 일반적으로, 말장난 양식으로 말할 때나 글로 쓰인 자료를 조심스럽게 확인할 때를 제외하고는, 그들이 산출한 것 속에 있는 다중적 중의성에 대해 인지하지 못하며, (뒤에서 예를 들겠지만) 연관성에 대한 고려가 일반적으로 청자들로 하여금 중의적 입력을 어느 방식으로 설명해 낼 것인지를 생각해 낼 수 있게 해 준다고 믿는다.

3) 이 격률에 대한 그라이스의 명칭은 *관계(relation)*였으나 나중 저자들은 그것을 대체로 *연관성(relevance)*이라고 불렀다.

c. Y to Z: "X believes that, come election time, the Greens will get more votes. (X씨는 선거 때가 오면, 녹생당이 더 많은 표를 얻을 거라고 믿고 있네요.)"

표기법

"U"를 발화하는 X +> 'i'는 다음을 나타낸다. 발화 U를 산출하는 언어 사용자 X는 명제 i를 **함축**한다.

(이 표기법은 레빈슨 2000에서 차용한 것이다. 1장에서 구별을 만드는 것이 유용하다고 보일 때 발화는 겹따옴표로 묶였고 의미는 홑따옴표로 묶였던 것을 상기하기 바란다.)

예: "The Greens will get more votes"를 발화하는 X +> 'X believes that the Greens will get more votes'

나중에 이 장에서 약간 다른 기호 +<(필자가 고안한 것)가 **전제**에 대해 사용된다. 또 다른 상기할 것: (1장에서 도입된) 기호 ⇒는 함의를 나타낸다는 것

사람들은 소통하기 위해서 발화를 사용한다. 함축하는 것은 화자와 청자다. 또는 (이 장의 다른 두 주제들을 기대한다면) 전제하고 화행을 수행하는 것은 화자와 청자다. 그러나 그런 내용을 줄여서 발화 또는 그 기저문 또는 그 안에 들어있는 단어들이 함축을 수행한다고 (또는 다양한 것들을 전제한다고, 또는 화행을 구성한다고) 말하는 것이 유용할 것이다. 그래서 필자는 때로 함축 기호 +>(또는 전제 기호 +<)를 표현과 의미 사이에 놓을 것이다(Stalnaker 1999:7을 보라).

(8.3a, b) 연쇄의 자연스러움은 질 격률이 진정으로 의사소통의 요인임을 보여준다. 의사소통이 진실되어야 한다고 가정되는 일반적인 동의는 화자

들이 그들이 단언하는 것에 대한 정당화 사유를 가지고 있다고 하는 추론 ―함축―으로 인도된다; 그렇지 않으면 그들이 어떻게 그 질 요건을 이행하기를 바랄 수 있는가? 많은 상황에서 대화자는 뒷받침하는 증거에 대해 묻는 데 자유로우며, (8.3b)는 그것을 하는 한 방법이다. X가 인용하는 증거가 정치 여론조사 자료의 통계적 분석으로부터 온 것일 필요는 없다. 그것은 미용실에서 몇몇 사람들이 말한 것에 기초를 두고 있을 수도 있을 것이다. (Y가 X의 이유(들)를 설득력 있는 것으로 평가할 것인지 그렇지 않은지는 의미론과 화용론의 범위 밖에 있는 다른 문제다.)

(8.3c)에서 Y는 매우 자연스럽게 다른 사람 Z에게 X가 말한 것에 대해, X가 그것을 믿고 있는 것으로 말했다고 보고할 수 있다. X가 (8.3a)에서 "...라는 것이 나의 믿음이다"라고 말한 적은 없지만 말이다. 이것은 역시 질의 격률로부터 도출되는 함축이다. 진실성은 규준이다. 그래서 진술을 만드는 화자들은 그들이 스스로 믿고 있는 명제들만을 말해야 한다. 그러므로 X가 약물에 취했거나 아이러니하게 말하거나 농담을 하고 있다는 징후가 없을 때, X가 (8.3a)의 진술에 의해 전달되는 명제를 믿고 있었다고 보는 것은 정당한 가정이다.

(8.4)에서는 (8.3)에 예시되었던 두 개의 질-격률 함축을 일반화된 방식으로 보이기 위해 레빈슨의 표기법이 사용된다.

(8.4) "U"를 진술하는 X +> 'X는 발화 U에 의해 표현되는 명제에 대해 증거를 가지고 있다'
"U"를 진술하는 X +> 'X는 발화 U에 의해 표현되는 명제를 믿고 있다'

*진술하기(stating)*라고 불리는 행위의 종류를 결국 무엇이라고 할 수 있는가에 대해서는 8.3절에서 다른 화행들과 함께 살펴볼 것이다. 다음으로 논

의될 것은 (8.2)의 다른 격률들에 근거한 함축의 예들이다.

8.1.1 양 격률로부터 오는 함축

양 격률의 낮은 끝 — 너무 적은 정보를 주는 — 에 관련되는 함축이 (8.5)에 예시된다.

(8.5) a. "Are you from America? (미국에서 오셨어요?)"
b. "No (아니요)"라고 말한 뒤 침묵 +> 'I am not willing to talk to you any further. (나는 당신에게 더 말하고 싶지 않아요.)'

일본에서, (8.5a)는 대화를 트기 위해서 필자에게 매우 흔하게 건네어지는 말이다. 그런데 필자가 (8.5b)와 같은 단순한 대답으로 말을 멈추지를 못하는 것은 무례의 함축 때문이다. "No"는 참이겠지만, 그것으로 충분하지 않다; 그러므로 필자는 필자가 어디에서 왔는지 말하는 것으로 계속 말을 이어간다.

다른 꾸밈이 없는 "No"가 항상 무례하기만 한 것은 아니다. (8.6)의 서론적인 부분은 (8.5)의 말들을 다른 맥락에 놓이게 한다. 거기에서는 정교화되지 않은 "No"로부터 그런 함축이 일어나지 않는다.

(8.6) a. "That is an interesting accent. (말씨가 재미있으시네요.) Let me guess where you are from. (제가 당신이 어디 출신인지 맞춰 볼게요.) Are you from America? (미국에서 오셨어요?)"
b. "No. (아니요.)"

(8.6b) 뒤로도 추측 게임은 서로 얼굴 붉히는 일 없이 계속될 수 있다. 함축은 맥락에 의존한다. 그래서 그것은 화용론에 관한 장에 속하게 되는 것이다.

제보성에 따라 등급화될 수 있는 단어들의 집합이 있다(예를 들면 1장에서 예 중에 나왔던 *excellent* > *good* > *OK*). 그런 척도들은 (8.7)에서처럼 일방적 함의를 뒷받침한다. 거기에서 척도 항목들은 이탤릭체로 쓰여서 구별되고 있다.)

(8.7) It was *excellent* (탁월했다) ⇒ It was *good* (좋았다) ⇒ It was *OK* (괜찮았다)
We brought *three* spare mugs (여분의 컵 세 개를 가져왔다) ⇒ We brought *two* spare mugs (여분의 컵 두 개를 가져왔다)⇒ We brought *a* spare mug (여분의 컵 한 개를 가져왔다)
There was an *earthquake* (지진이 있었다) ⇒ There was an *earth tremor* (땅에 진동이 있었다)
I *know* that we've met before (나는 우리가 예전에 만났던 것을 안다) ⇒ I *believe* that we've met before (나는 우리가 예전에 만났다고 믿는다)
He *hates* being corrected (그는 교정 받는 것을 싫어한다) ⇒ He *dislikes* being corrected (그는 교정 받는 것을 안 좋아한다)
You are allowed to ask for cereal *and* fruit juice (시리얼과 과일 주스를 요구해도 좋다) ⇒ You are allowed to ask for cereal *or* fruit juice (시리얼이나 과일 주스를 요구해도 좋다)

이것들과 같은 척도들은 규칙적으로 함의 화살표들의 역방향으로 가는 양-격률 함축을 불러일으킨다. 이런 식으로 도달된 함축들은 항상 부정적이다. (8.8)을 보라.

(8.8) We bought a spare mug (여분의 컵을 한 개 가져왔다) +> 'We did not bring more than one spare mug (여분의 컵을 한 개 이상 가져오지 않았다)'
There was an earth tremor (땅에 진동이 있었다) +> 'It was not violent enough to be called an earthquake (지진이라고 불릴 만큼 강력하지는

않았다)'

I believe ... (믿는다) +> 'I'm not certain enough to say that I know ... (안다고 말할 만큼 확실하지는 않다)'

He dislikes ... (안 좋아한다) +> 'It would be too strong to say that he hates being corrected (싫어한다고 말하는 것은 너무 강할 것 같다)'

(아침 식사 메뉴의 첫째 줄:) CEREAL OR FRUIT JUICE (시리얼이나 과일 주스) +> 'You mustn't choose both cereal and fruit juice (시리얼과 과일 주스를 둘 다 선택해서는 안 된다)'

(8.9)와 같은 모순 없는 삭제의 가능성은 함의보다 함축으로서의 그것들의 위상을 확인해준다.

(8.9) We brought a spare mug, or perhaps even two or three of them. (여분의 컵을 한 개 가져왔다. 어쩌면 두 개나 세 개까지 가져왔을 수도 있다.)

I believe we've met before; in fact I'm certain of it. (나는 우리가 예전에 만났다고 믿는다; 사실은 확신한다.)

He dislikes being corrected; as a matter of fact he hates it. (그는 교정받는 것을 안 좋아한다. 사실 싫어한다.)

웨이터(메뉴의 CEREAL OR FRUIT JUICE로부터 일어나는 함축을 말끔히 털어내면서): "You'd like both cereal and fruit juice—not a problem. (시리얼과 과일 주스를 둘 다 원해도 돼요. 아무 문제 없어요.)"

함축은 (8.10)에서 예시되듯이, 양 격률의 다른 끝 — 너무 많은 정보를 주는 것을 피하라 — 으로부터 도출될 수도 있다.

(8.10) A: "Can anyone use this car park? (이 주차장 아무나 써도 돼요?)"

B: "It's for customers of the supermarket. (슈퍼마켓 고객용이에요)" +> 'No (안 돼요)'

만일 그 주차장이 모든 사람에게 개방된 곳이었으면, 그것은 슈퍼마켓 고객들을 포함할 것이고 굳이 그들을 언급할 필요가 없을 것이다; 그러므로 B의 발화는 불필요한 정보를 제공하는 것으로 보인다. B가 양의 격률을 준수하고 있다는 — 그러므로 요구되는 것보다 더 많은 정보를 주는 것이 아니라는 — 가정은 슈퍼마켓 고객들을 지정하여 말하는 것이 필요하다는 함축을 일으킨다. 즉 그것은 그들을 위한 것이고 다른 자동차 운전자들을 위한 것이 아니라는 것. 그것은 A의 질문에 대한 제보적인 부정적 대답이 된다.

함축의 두 특질이 (8.10)에서 관찰될 수 있다. 첫째, 함축은 간접적으로 의사소통하는 방법들을 제공한다. 그리고 간접성은 공손성을 위해 채택될 수 있다. B의 대답은 공손한 데 반해, 단순히 "아니요"라고 말하는 것은 무례했을 것이다((8.5)에 관한 논의를 보라). 둘째, 함의가 아니라 함축에 기초하는 경우에는, B의 대답에 의해 전달되는 '아니요' 의미가 참인 것으로 보장되지 않는다. 즉 그것은 뒤집힐 수 있었다. 예를 들어, B가 다음을 덧붙인다면 그럴 것이다. "그렇지만 오늘처럼 절반만 찼을 때 우리는 여기 주차하는 다른 분들에 대해 전혀 문제 삼지 않아요."

8.1.2 방법으로부터의 함축

(8.11)의 문장들은 4장에서 언급된, 직접 사동 (a)와 간접 사동 (b) 사이의 구별을 예시한다.

(8.11) a. Helen switch the lights off. (헬렌이 전등을 스위치를 껐다.)
b. Helen caused the lights to go off. (헬렌이 전등을 꺼지게 했다.)
+> 'She did it in an unusual way (그녀는 그것을 비정상적인 방법으로 했다)'

그라이스의 방법의 격률(8.2를 보라)의 일부분은 간결성을 목표로 한다. 간접 사동 (8.11b)는 직접 사동 (8.11a)보다 길다. 두 문장들은 모두 불들이 꺼졌다는 것을 함의한다. 불을 꺼지게 만드는 정상적인 방식은 스위치를 조작하는 것이다. Levinson(2000: 136)은 방법 규준으로부터 출발하는 효과를 다음과 같이 요약한다: '비정상적인 방법으로 말하여지는 것은 비정상적인 상황을 가리킨다 ...' 불을 끄는 이상한 방식은 도자기 가마를 가동해서 회로에 과부하가 걸리게 하는 것이나 전구를 박살나게 하기에 충분한 고음으로 노래하는 것을 포함한다. 그러나 모든 함축들과 마찬가지로, 헬렌이 정상적인 방법으로 스위치를 끄지 않았다는 것은 단순히 이유 있는 추측이다. *Helen caused the lights to go off by flicking the switch in the normal way(헬렌은 정상적인 방법으로 스위치를 손가락으로 젖혀서 꺼지게 했다)*가 전혀 모순이 아니다. (왜 어떤 사람은 그와 같은 문장을 사용하고 싶어 할까? 아마도 그것은 불이 꺼지는 데 놀라고, 헬렌이 스위치를 움직이는 것을 보지 못했고, 장난꾸러기 요정이 그랬을 것이라고 제안하고 있는 사람에게 해 주는 설명일 수도 있을 것이다.)

방법 격률에 따르면, 우리의 말(글말 발화들도 마찬가지)은 또한 순서에 맞아야 한다. 이것이 의미하는 것이 (8.12)에 있는 예들과 함께 설명될 수 있다.

(8.12) a. We sold our car and bought a tandem bicycle. (우리는 차를 팔고 2인승 자전거를 샀다.)
+> 'Car sale before buying of tandem (2인승 자전거를 구입하기 전에 차를 매도)'
+> 'Car sale led to buying of tandem(차의 매도가 2인승 자전거의 구입으로 이어짐)'
b. We bought a tandem bicycle and sold our car. (우리는 2인승 자전거

를 사고 차를 팔았다.)

+> 'Tandem bought before car was sold (차가 팔리기 전에 2인승 자전거가 구입됨)'

+> 'Tandem purchase had car sale as a consequence (2인승 자전거 구입이 차의 매도라는 결과를 낳게 됨)'

c. You asked what happened last summer: we sold our car and bought a tandem bicycle. The two transactions came through on the same way, but they were unrelated; we'd begun separate negotiations for them weeks beforehand.

(당신이 지난여름에 무슨 일이 있었냐고 물었다: 우리는 차를 팔고 2인승 자전거를 샀다. 그 두 거래는 똑같이 성사되었지만, 그 둘은 서로 무관하다: 우리는 수 주일 전부터 미리 따로따로 협상을 시작했었다.)

d. We didn't buy a tandem and sell the car — we wouldn't have been able to afford to do that; we sold the car and then bought the tandem.

(우리는 2인승 자전거를 사고 차를 팔지 않았다 — 우리는 그렇게 할 여유가 없었을 것이다. 우리는 차를 팔고 그 다음에 2인승 자전거를 샀다.)

e. Her name is Moira and his name is Jon.

(그녀의 이름은 모이라고 그의 이름은 존이다.)

(8.12a, b)에서 *and*는 'and then' 내지는 심지어 'and consequently'를 의미하는 것으로 보인다. 그러나 (8.12c)는 이러한 추가적인 해석들이 함축이며, *and*의 의미의 내재적인 측면이 아니라는 증거가 된다. 함축은 모순됨이 없이 취소될 수 있는데, (8.12a)를 (8.12c)로 바꾸는 긴 보충설명에 의해 될 수 있는 것과 같다. (8.12a, b) 예들은 단순히 세 가능한 연쇄 가운데 어떤 것에서 일어난 두 사건들에 대한 설명일 수 있을 것이다. 2인승자전거 구입 전 차 처분, 차 처분 전 2인승자전거 구입, 아니면 차 처분과 2인승자전거 구입을 동시에 함. 그러나 그것들은 +>의 오른쪽에 보이는 함축을 가지는

것 같다. 그 이유는, 발화자가 사건들을 열거할 때 발화자들이 순서대로 할 것이라는 가정이 청자나 독자로 하여금 만일 두 사건이 연쇄 표지들 (*before, first, then, after* 등) 없이 특정 순서로 제시된다면 그 발화 순서가 직접적으로 그 사건들의 순서를 반영한다는 것을 가정하도록 할 것이라는 것이다. 백과사전적 지식 — 차를 파는 것은 2인승자전거를 살 돈이 생길 것이라는 것 혹은 2인승자전거의 소유는 사람들로 하여금 그들이 차를 필요로 하지 않는다는 생각을 하도록 도와줄 것이라는 것 — 은 결과나 원인에 대한 더 많은 함축의 기초가 된다.

(8.12d)의 단어 *didn't*는 함축된 순서를 부인한다. 함축을 부인할 가능성은 함축의 실재성에 대한 증거가 된다.

예 (8.12e)는 *and*에 의해 연결된 절들이 상태(4장을 보라)를 기술하는 것으로 보일 때, 그것은 시간의 어떤 지점들에 위치되는 것이라기보다는 계속되는 존재를 가지는 것이고(6장을 보라), 그때 *and*는 순차성이나 결과를 함축하지 않고 두 명제의 최소한의 연결을 전달한다. *Her name is Moira and his name is Jon*은 *His name is Jon and her name is Moira*와 교환이 가능해 보인다. 이 장의 끝 연습 문제 5는 (8.12d, e)에 대해 방금 만든 논점들을 강화하도록 돕도록 의도된 것이다.

의미에 대해 두 부문(의미론과 화용론)을 가지는 것으로 설명하는 것의 이점은 *and*의 분석으로 예시되었다. *and*의 의미를 순수하게 의미론의 관점에서 설명하려는 시도는 *and*가 '&', '& then', '& consequently'의 세 가지 방식으로 중의적인 것으로 인식될 것을 요구할 것이다. 특정 문장에서 셋 중 어느 하나가 나타난 것으로 설명하기 위해서는 우리는 여전히 맥락과 백과사전적 지식에 호소할 필요가 있을 것이다. 그라이스의 것처럼 화용론의 유망한 이론을 가지면, 의미론이 단순하게 유지될 수 있다. *and*는 단지 '&'를[4] 의미하고 맥락상의 해석이 함축이라는 부대적 의미를 산출한다.

8.1.3 연관성으로부터 온 함축

그라이스의 연관성 격률은, (언어적) 기여들이 대화자들 사이에 가정된 현재의 목표에 연관성이 있어야 한다고 규정한다(8.2를 보라). "What's the date?"라는 질문은, 질문자가 여러분이 나폴레옹 시대의 유물이라고 알고 있는 것에 관심을 가지고 있다면 "19세기 초예요"라고 대답하는 것이 합리적일 수 있다. 그러나 여러분의 친구가 은행에서 양식을 채우면서 "What's the date?"라고 물을 때 "19세기 초야"라고 대답하는 것은 농담으로 반응한 것이 될 것이다. 연관성의 고려가 대화상의 차례를 이해하는 데 어떻게 도움이 될 수 있는지가 (8.13)에 예시된다.

(8.13) A: (서점에 전시된 책 하나를 집어들면서) "*Long Walk to Freedom* 읽어봤어요?"
B: "난 자서전들이 매력적이더라구요" +> '*Long Walk to Freedom*은 자서전이다'
+> '그래, 난 그거 읽어봤어'

A는 *Long Walk to Freedom*에 관해 물었다. B는 자서전에 대해 말한다. A는 B가 그 책을 읽었는지 어떤지에 대해 물었다. B는 그가 매력적이라고 느끼는 것에 대해 말한다. 어떤 사람은 B가 질문을 무시했다고 생각할 수도 있지만, B의 기여가 A의 질문에 어떻게 연관성이 있을 수 있었는지를 알아내려고 노력함으로써 그 대화는 협력적이고 일관성 있는 것으로 읽힐 수 있다. 그 책이 자서전이라면, B는 화제를 바꾼 것이 아니다. 여러분이

4) '&' 의미에 대한 직접적인 설명은 참과 관련해서 주어질 수 있다. &로 연결된 한 쌍의 절들은 연결된 절들 각각이 따로따로 참이면 참이 된다. 그러나 그 별개의 절들 가운데 한쪽이나 다른 쪽, 또는 둘 다가 거짓이면 거짓이 된다. 논리 의미론을 소개하는 어떤 책에서든(예컨대 컨즈 2000), *참 표(truth table)*라는 제목 아래의 내용을 보라.

읽은 책에 대해 질문을 받을 때 평가를 제공하는 것은 상례적인 것이다. *Long Walk to Freedom*이 자서전이라면, 자서전들이 매력적이라고 말함으로써, B는 그것을 평가한 것으로 여겨질 수 있을 것이다. 그리고 아마도 그 책이 자서전적이라는 것을 그가 아는 것은 그것을 읽었기 때문에 가능한 일일 것이다. 이러한 추측들은 연관성 있게 B의 발화를 A의 질문에 연결하며, 그래서 그것들에 동조할 만한 가치가 있다. 그러나 그것들만이 유일한 함축은 아니다. 이 말은 그것들이 틀릴 수도 있다는 것을 의미한다. B가 그 함축들 가운데 하나를 취소하기 위해서 다음처럼 자신의 발화를 확대한다면 B가 모순되게 말하고 있는 것이 아닐 것이다: "자서전이 매력적이라는 것을 알지만, 아직 그것은 읽지 못했어요." 만일 B가 (잘못 알아서) *Long Walk to Freedom*가 자서전이 아니라고 생각한다면 그는 "자서전이 매력적이라는 것을 알게 됐고, 그래서 난 주로 그것만 읽는 편이에요. 중국 역사에는 관심이 없어요."라고 말할 수도 있을 것이라는 것까지도 상상할 수 있는 일이다.

연관성은 정규적으로 **명시의미**의 화용론적 단계(1장을 보라)에서 중의성 제거를 위한 기반이 된다. 미술 전시관에서는 *painter*라고 하면 색을 그 건물의 벽이나 목조부에 입히는 사람보다는 훨씬 더 화가 쪽으로 해석될 것 같다. 그러나 현재의 관심이 자택 수리일 때는 정반대다. (각 경우에 맥락 기반 추론은 잘못일 수 있다. 왜냐하면 전시관은 칠해져야 하고 그림들은 집에 걸려 있을 수 있기 때문이다.) 1장에서, *That was the last bus*의 중의성을 제거하는 맥락들의 예는, *last*가 'final(마지막)'을 의미하느냐 'more recent(더 최근의)'를 의미하느냐에 따라, 문자 메시지를 보낸 사람과 버스 기사가 그들의 수신자의 관심사에 연관성 있도록 발화를 만들 것이라고 가정하는 것에 의존했다.

연관성은 또한 라디오 프로그램에 전화를 걸어온 전화방문자로부터 차례를 끝내려할 때 "Thank you"가 사용될 수 있는 방식을 설명해준다. 어떻게 — 전화방문자가 이상하게 생각할 것으로 상상된다 — 감사가 갑자기 연관성 있게 되었는가? 오, 그 앵커가 마치 내가 내 발언을 한 것처럼 행동하고 있네. 왜냐하면 그래야 감사가 연관성 있어질 테니까. 그러면 그것은 전화방문자가 그 암시를 받아들일 만큼 고분고분하냐, 아니면 그것을 무시할 만큼 고집스러우냐에 의존한다. 자주 사용되는 짧은 자르기는 확립된 경로가 되는 경향이 있고, 그래서 이런 *Thank you*의 용법은 이제 충분히 관행이 되었다.

8.1.4 함축에 관한 일반적인 사항들

우리는 네 격률을 모두 다 필요로 하는가? 그것들 사이에는 얼마간의 중첩이 있어 보인다. (8.10)에서의 주차 안내원의 응답과 같은, 양 격률의 높은 끝에 입각한 고려를 일으키는 발화들은 또한 대개 더 길거나 아니면 더 어려운 말들을 포함한다. 그것은 그것들을 방법 격률의 영역에 들어가게 한다.

(8.12a, b)에서 2인승자전거 구입과 차 처분을 연결시키는 '결과' 함축들은 연관성의 격률에 의해 설명될 수 있을 것이다. 기여들은 그것들이 대화상에서 일어나는 요점에 연관성이 있어야 한다. (8.12a, b)의 *and* 앞에 오는 절을 발화하는 것은 *and*를 따라오는 절에 대해 맥락을 생성한다. 수신자들은 두 번째 절이 첫 번째 절에 연관성이 있을 것을 기대할 것이고, 연결을 알아내려고 노력하기 때문에 차와 2인승자전거에 대한 다양한 동기들과 그것들의 장점들에 대한 백과사전적 지식을 사용할 것이다.

연관성이 다른 격률들을 포괄할 수 있을 것인지 궁금해 하는 것은 정당하다. 거짓인 것(질 실패)은 아마도 의사소통에서 행해지고 있는 것을 이해하는 데 부적절할 것이다; 연관성은 양 격률을 포섭할 것 같은데, 왜냐하면 너무 적은 정보는 연관성을 확신하기에 충분치 않은 것으로, 그리고 너무 많은 것은 연관성 없는 여분의 것들과 혼합되어 있는 것으로 생각될 수 있을 것이기 때문이다; 그리고 우리는 도움 되지 않는 방법으로 구성된 발화들을, 그것들의 연관성이 파악되지 않을 것 같기 때문에 실행되지 못할 위험에 놓여있는 것으로 여길 수 있을 것이다.

그러나 그라이스의 연관성 격률에 의해 전형적으로 포착되는 경우들과 다른 것들 사이에는, 특히 연관성 격률과 (8.8)의 예들처럼 척도에 의존하는 양 격률 함축들 사이의 대조에는 성격상 차이가 있다. 후자의 것들은 체계적으로 계산할 수 있다. 부정 명제는 척도를 상정하는 함의들을 통해서 뒷받침함으로써 도출된다. *We brought four mugs*는 *We brought three mugs*를 함의(⇒)하고, 그것은 *We brought two mug*를 함의한다. 그리하여 "We brought 2 mugs"를 말하는 것은 'We did not bring three more mugs'를 함축(+>)한다. 이 간단한 계산 가능성과 비교해 볼 때, 연관성에 기초를 둔 함축은 (8.14)의 공식에 의해 암시되듯이, 무작위로 청자의 창의성을 요구한다.

(8.14) (은행에서:) "What's the date?" +> 'The day of the month is what I am asking about?'
(집 리모델링에 대해 이야기하면서:) "··· painter" +> '··· person who applies protective and decorative paint coatings'
(라디오 시청자 참여 프로에서:) "Thank you" +> 'You should stop talking'

백과사전적 지식에 의지하여, 청자나 독자는 그 문맥에서 발화와 관련된 연관성 있는 의미를 만들어 줄 추측들을 생각해 내야만 한다.

그라이스의 체계는 많은 다른 연구에 영감을 제공했지만 위에서 언급된 중복과 차이들이 이론가들로 하여금 이론의 수정을 시도하는 자극이 되었다. 여기서는 두 가지 서로 다른 변종들이 언급될 것이지만 깊이 다루지는 않을 것이다. 왜냐하면 그것을 논의하다 보면 입문의 수준을 넘어가게 될 것이기 때문이다. 스퍼버 · 윌슨의 "연관성 이론(Relevance Theory)"(1995)이 그들의 방향을 보여준다. 그들은 모든 종류의 함축을 포괄할 수 있는 체계를 제안한다. 그들에게는 연관성이 격률이 아니다. 그 대신 그들은 우리가 발화로부터 얻는 유용한 정보를 극대화하는 것으로 나아가면서 다른 한편으로 거기에 투입되는 해석적 노력을 최소화하는 정신적 과정들을 탐색한다. 혼(1984)과 더 최근의 레빈슨(2000)은 다른 정책을 취하여, 양과 방법 종류의 함축에 집중한다. 그것들은 백과사전적 지식보다는 그 언어에서 부호화되는 더욱 의미론적인 구별에 의존하고, 그것들이 어떻게 계산되는가를 세부적으로 명시하려고 노력하는 것이다.

8.2 전제

5장에서 우리는 **전제**, 즉 우리가 소통할 때 당연하게 여기는 공유된 배경 가정에 대해 소개했다. 이것들은 화용론에서 중요한데 왜냐하면 (9장에서 다시 제시될 것처럼) 그것들이, 연결된 담화의 구성에 필수적이기 때문이다. 공유된 배경 전제들은 또한 저자의 메시지가 연관성 있다고 여길 수 있는 것에 대해 궁금해 하는 독자나 청자를 위한 명백한 출발점이다(위의 8.1.3절을 보라). 서로를 잘 아는 사람은 그들 사이에 어떤 가정들이 공유되는지에 대한 매우 정확한 인상들을 구축할 수 있다. 그러나 그 정보의 어떤 측면들을 다른 사람이 의사소통 상호작용의 어느 시점에서 생각하고 있는지에 대해 아는 것은 더 어렵다; 그리고 낯선 사람들 사이의 의사소통에서는 무엇이 전제되어 있는지 아는 것이 훨씬 더 어렵다. **전제**는 이 절에서 설명될 추론의 특정 종류에 대한 용어로서 더욱 특정적인 것으로 사용될 것이다. 이 부류의 추론들은 여기에서 흥미로운데 왜냐하면 그것들은 화자와 저자가 각 발화들을 만드는 과정에서 어떤 가정들에 대해 그들이 현재 당연하게 생각하고 있는지에 대해 암시를 제공하기 때문이다.

만일, 첫 번째 후식 배급에서 기회를 놓쳤는데, "Would you like some more dessert?"라고 질문을 받는다면, 여러분은 단순히 "Yes, please"나 "No, thank you"로 실제로 답할 수는 없다. 문제는 'more'가, 질문자가 여러분이 이미 어느 정도 먹었다는 것을 전제한다는 것을 가리킨다는 것이다. 두 대답은 모두 그 질문의 부분을 입수하여 보존할 것이다: "Yes, please (I would like some more)" and "No, thank you (I would not like any more)". 그것은 *more*가 거기에서 여전히 여러분이 이미 얼마간의 후식을 먹었다는 동일한 거짓의 전제를 가리키고 있다는 것을 의미한다.

영어의 대명사 성 구분(*she-he, her-him, hers-his*)은 전제적이다. 이것은 (8.15)에 있는 A와 B 사이의 대화에서 예시된다. 전제는 +< 기호 뒤에 오른쪽에 있다. (이 기호는 기억하기에 쉽도록 의도된 것이다. 왼편에 있는 자료가, 오른쪽에 있는 명제가 참인 맥락에 적절히 추가될 수 있다.)

(8.15) A: "Where is the head of department's office? I want to speak to him."
+< 'The HoD is male'
B: "She is female." +< 'The HoD is female'

전제된 것은 배경 정보다. 그것은 단언되지 않으며, 그래서 발화에 의해 전달되는 가시적으로 보존되는 정보로 간주되지는 않는다. B의 대답 "She is female"은 *female*이라는 의미를 두 번 전달하지만 그 발화는 불필요하게 반복적인 것이 아니다. 이것은 왜냐하면, 단어 *she* 속에는 그 동일한 정보('여성'이라는 것)가 전제되어 있는 반면, *female*이라는 단어는 단언된 성 정보를 부호화하는 부분이기 때문이다; 이 특정 부서장을 지시하는 것은 단지 대명사의 적절한 선택을 위한 기초일 뿐이다. (B는 단순히 단호하게 "Her"라고만 말할 수도 있었다. 반응의 이 형식은 그 문제에 다른 방식으로 접근하는데, 요구된 정보를 단언함으로써가 아니라 그 조사자가 사용했어야 할 단어를 올바르게 제공함으로써 말이다.)

8.2.1 함의로부터 구별되는 전제

많은 예들 가운데 선별된 것들이 (8.16-8.18)에 나타나 있다.

(8.16) Hana forgot to post the letter.
Hana remembered (/did not forget) to post the letter.
Did Hana forget to post the letter?
} +< 'Hana was supposed to post it'

(8.17) Dick has begun to do a share of the chores.
Dick hasn't begun to do a share of the chores.
Has Dick begun to do a share of the chores?
} +< 'He didn't previously do ...'

(8.18) The medicine has cured her uncle.
The medicine hasn't cured her uncle.
Has the medicine cured her uncle?
} +< 'Her uncle was ill'

예들에서 특정 단어들(*forget, begin, cure*)과 통사적 배열 방식(뒤에서 예시할 것처럼)에 의해 촉발되어, 전제들은 의미론을 특징짓는 '언어 속에 부호화된' 의미에 가깝다. 그러나 그것들은 다르기도 하다. (8.16-8.18)은 구별된 특질을 조명할 수 있는 세 개의 문장으로 제시된 것들이다. **전제**는 한 문장의 단언된 부분의 부정에 의해 영향 받지 않으며, 한 문장의 주된 취지에 대한 질문도 전제를 손상하지 않고 남겨둔다. 이런 식으로 살아남는 것이 참인 것으로 간주되는 정보인 전제의 징후를 나타낸다. 대조적으로, (8.19)는 함의가 일반적으로 부정에 살아남지 못한다는 것을 보여준다.

(8.19) a. The medicine has cured her uncle. ⇒ 'Her uncle is well'
b. ~~The medicine hasn't cured her uncle. ⇒ 'Her uncle is well'~~

줄을 그어 지운 것은 (8.19b)에 아무런 함의가 없음을 나타낸다.

전제는 또 다른 점에서 함의와 다르다. 전제들은 (8.20)에서 예시되듯이, 그것들이 화용론적이라는 것을 명백하게 만들어 주는 사실에 의해 취소될 수 있다. 이것이 일어나면, 의사소통은 탈선될 위험에 빠진다. 그리고 그런 결과에 대한 경고는 대개 그 전제 촉발자의 강세가 주어지는 음절 —, 예컨대 *forget*의 *get* 음절이나 *remember*의 *mem* 음절 — 에 대한 상승조의 음조에 의해 신호된다. (8.20)의 예들에서 추가적인 높이는 기대된 하강-상승 억양곡선을 표시하는 ^{v}를 더 상승시킴으로써 나타난다.

(8.20) Hana didn't for^{v}get to post the letter; she didn't even know it needed to go.
Hana didn't re^{v}member to post the letter; she didn't even know it needed to go.
He hasn't be^{v}gun to do a share of the chores; he's been doing his share

for years.
The medicine hasn't ^{v}cured her uncle; he never was ill; you must be thinking of someone else.
The medicine has ^{v}cured her uncle; he was just pretending to be ill and when he heard what sort of medicine they were planning to give him he got up and declared himself well.

전제 촉발자가 되는 것은 희귀한 변덕이 아니다. 수많은 예가 있다. (8.17)에서 *begun to do*의 자리에 *stopped doing*을 놓으라. 그러면, 전제가 이제 'he previously did do ...'라는 것을 주목하라. 동사에 기초한 상황 유형들을 구별하기 위한 4장의 테스트에서 사용되었던, **복귀적** *again*은 이전에 존재했던 상태나 행위에 대한 전제를 촉발한다. 양화사 *both*는 언급되는 실재물이 꼭 둘만 있다는 것을 전제한다는 것 등등.

사실성 서술어(factive predicates)는 전제 촉발자로 폭넓게 연구되어 온 동사들 — *regret, matter, realise, explain* 등을 포함한 — 과 형용사들 — *(be) odd, sorry, aware* 등과 같은 — 의 부류다(Huddleston and Pullum 2002: 1,004-11을 보라). 이 서술어들은 화자나 청자가 정상적인 의사소통에서 참인 것으로 추정하고 있는 절을 도입한다. 사실성 서술어의 보기가 (8.21- 8.23)에 주어진다.

(8.21) It matters that they lied to us.
It doesn't matter that they lied to us.
Does it matter that they lied to us?
} +< 'They lied to us'

(8.22) You should have explained that your train was late.
You didn't explain that your train was late.
Should you explain that your train was late?
} +< 'Your train was late'

(8.23) She's sorry that the Olympics are over.
She's not sorry that the Olympics are over.
Is she sorry that the Olympics are over?
} +> 'The Olympics are over'

위의 것과 비교를 위해, 비사실성 서술어 (*prove*)의 경우가 (8.24)에 제시된다.

(8.24) a. It proves that they lied to us. ⇒ 'They lied to us'
b. ~~It doesn't prove that they lied to us. ⇒ 'They lied to us'~~
c. ~~It doesn't prove that they lied to us. +< 'They lied to us'~~
d. ~~Does it prove that they lied to us? +< 'They lied to us'~~

*proves*와 더불어, 명제 'They lied to us'는 (8.24a)에서 함의되지만 그 함의는 — 함의에 대해서 기대되듯이 — 그 문장이 부정된 (8.24b)에서는 떨어져나간다. (8.24a)의 오른쪽에 있는 추론은 전제로 여겨지지 않는데, 왜냐하면 그것은 부정이나 질문 (8.24c, d)에서 유지되지 않기 때문이다.

전제를 촉발하는 통사적 구성도 있다. (8.25)에 있는 *that Admin sent us* 와 같은 관계절들이[5] 이것을 예시한다.

---

5) 엄격히 말해, 전제를 촉발하는 것은 제한적이거나 동일지시적인 관계절이다. 관계절에

(8.25) The email that Admin sent us said Thursday.
The email that Admin sent us didn't say Thursday.
Did the email that Admin sent us say Thursday?
+< 'Admin sent us an email'

*when we were in Monterrey*와 같은, 과거 지시를 가진 시간 절 또한 전제를 촉발한다. *I loved you when we were in Monterrey*는 *We were in Monterrey*를 전제한다. 만일 *We*에 의해 지시된 한 사람 혹은 그 이상의 사람들이 Monterrey에 있은 적이 없다면 이 전제는 결코 충족될 수 없고 그 맥락에서 그 문장을 사용하려고 시도하는 것은 난처한 상황으로 인도될 것 같다. "무슨 말씀을 하시는 거예요? 나는 Monterrey에 있은 적이 없는데... 당신은 거기에 누구랑 가셨던 거예요?"

8.2.2 tell 테스트

어떤 문장에서 단어나 구성에 의해 촉발된 전제는 이미 그 수신자에 의해서 알려져 있는 것으로 가정되는 배경 정보인 것으로 여겨진다. 그래서 그것은 소통되었던 것으로 간주되지 않는다. 이것은 (8.15)에 예시되었는데 "She is female"에서 '여성'이라는 의미가 두 번 중복으로 출현한 것이 췌언(贅言; pleonasm)으로 이해되지는 않는다. *tell*이라는 동사는 전제에 대한 테스트를 제공한다. 어떤 사람으로부터 정보를 수집할 때 그 정보가 그 사람에 의해 전제된 것이라면, 그 수집한 내용을 보고할 때 *tell*이라는 동사를

관한 자세한 것은 Huddleston and Pullum(2002)을 보라. Miller(2002: 6장)에는 관계절에 대한 약간의 논의가 있다.

사용하는 것은 사실을 오도하는 것이다. (8.26)의 예를 보자. 문장 앞에 의문부호가 붙어 있는 것은 그것이 추론된 정보를 전제로 전달하는 것이 부적절한 방식이라는 것을 신호한다. 앞에 나왔을 때의 예문 번호가 오른쪽에 표시되어 있다. 그 정보를 옮기기에 더 알맞은 방법은 각 조의 세 번째 문장으로 제시된다.

(8.26) A to B: ... Head of Department ... I want to speak to him. +< 'The HoD is male' (8.15)

?B to C: A told me our Head of Department is male.

better: B to C: A just assumed that our Head of Department would be male.

A to B: Dick has begun to do a share of the chores. +< 'He didn't previously do a share of the chores' (8.17)

?B to C: A told me that Dick did not previously do a share of the chores.

better: B to C: I gathered from what A said that Dick did not previously do a share of the chores.

A to B: It matters that they lied to us. +< 'They lied to us' (8.21)

?B to C: A told me that they had lied to us.

better: B to C: From the way A spoke it seems she believes that they lied to us.

또 다른 예가 (8.27)에 제시되어 있는데, 거기에서는 *both*가, 두 실재물들이 지시되고 있다는 전제를 나타내 주고 있다.

(8.27) Soldier about to pat someone down:

"Put both your hands on the wall, up here." +< 'You have two hands'
?Pattee to someone else: "The soldier told me I had two hands."

다음 절에서 전제는 우리가 언어를 사용할 때 수행하는 행동들에 대해 기초가 되는 부분으로 보일 것이다.

8.3 화행

설(J. R. Searle)은 오스틴의 연구를 발전시켜 이 절에서 논의될 것과 관련된 용어로서의 '화행(speech act)'을[6] 상정하였다(설 1975, 1979).

다른 사람들에게 말하기, 타이핑하기, 글쓰기 따위의 취지는 무엇인가? 진술하기(stating) — 다른 수신자들에게 뉴스가 될 사실들을 전해 주기 — 는 실로 언어의 중요한 기능이다. 그러나 그것만이 유일한 것은 아니다. 사람들의 언어학적 상호작용을 기술하는 직접적이고, 거의 비전문적인 방식들이 있다. *She is giving the player a warning(그녀가 그 선수에게 경고를 주고 있다); They're greeting the visitors(그들은 방문자들에게 인사하고 있다); I'm using this email to apply for an extension(나는 전화선 회선 연장을 신청하기 위해 이메일을 쓰고 있다); That man is telling them what he saw(저 사람은 그가 본 것을 그들에게 말해 주고 있다); The letter confirms your appointment(그 편지는 당신의 약속을 확인해 줍니다)*. 이러한 언어적 상호작용 — 경고를 주는 것, 인사하는 것, 신청하는 것, 무엇을 말하는 것, 약속을 확인하는 것 — 의 기본 단위들이 (그 명칭들이 아니라,

---

6) 용어에 정확을 기하기 위해서는, 화행의 세 가지 일반적인 범주들 가운데 하나인 언표수반행위(illocutionary acts; IAs)라고 말해야 한다. 그러나 언어학자들이 거의 배타적으로 언표수반행위에만 초점을 맞추었기 때문에, 필자도 다른 저자들을 따라서, 화행을 언표수반행위를 의미하는 것으로 사용할 것이다.

그 행동들이) **화행**이라고 불린다.

화행의 표본들이 (8.28)에 목록으로 주어져 있다. 현대 화행 이론의 창시자인 오스틴(1962)은 이런 종류의 목록이 수백으로 확장될 수 있다고 여겼다.

(8.28)	a. 진술:	"I lived in Edinburgh for five years. (나는 에든버러에 5년 동안 살았소.)"
	b. 명령:	"Pay this bill immediately. (이 청구서를 즉시 지불하시오.)"
	c. 질문:	"Where are you from? (어디에서 오셨어요?)"
	d. 금지:	"No right turn. (우회전 금지)"
	e. 인사:	"Hello. (안녕하세요.)"
	f. 초대/권유:	"Help yourself. (많이 드세요.)"
	g. 경축:	"Happy New Year! (복된 새해!)"
	h. (마지못한) 사과:	"I hereby apologise as required by the magistrate. (재판정에 의해 요구된 대로 이에 사과하는 바이다.)"

화행은 서면으로 이루어질 수도 있다. 말로만 이루어지는 것이 아니다; 예를 들어 (8.28g)에서의 새해 소망은 카드에 인쇄되어 있든 말하여지든 똑같이 적절할 것이다. (8.28)의 오른쪽에 있는 발화는 각각 단문에 기반을 둔 것들이다. 그 문장은 화행이 결부되는 언어의 층위다(Verschueren 1999:131). 그것은 평균적인 식사나 정치 연설은 화행이 아니라 화행의 연쇄라는 것을 의미한다.

8.3.1 화행 유형을 가리키는 통사현상과 단어들

(8.28a-c)에 있는 화행은 목록의 머리에 놓여있는데, 그것은 그것들이 영

어 문장들이 구성되는 주된 배열 방식 중의 셋에 대한 무표적인 용법을 나타내기 때문이다(문장 유형의 설명을 위해서는 Miller 2002: 27-9 참조). (8.28a)에서처럼, 평서문 구성은, 맥락이 다른 것을 암시하지 않는다면(Edinburgh를 모르는 사람들이 그 도시의 지도에서 Corstorphine이라는 이름의 언덕과 교외를 찾아내지 못해 짜증스러워 하는 것을 보고 그 예문이 그곳을 찾아주겠다는 제안으로 사용되었을 때처럼), **진술**을 위한 매개체일 것 같다. **명령**은, 맥락이 그것을 충고 — 예컨대 가장 친한 친구로부터의 — 라고 나타내주지 않는다면, (8.28b)처럼 명령문에 기초한 발화들에 의해 전달되는 화행이다. (8.28c)에 있는 것과 같은 의문 구성은 그것의 중심 용법으로 **질문**을 가지고 있다. 그러나 맥락은 그것들을 다른 화행에 대한 암시로 해석되게 유도할 수 있다. 예를 들어 “비행기 예약 확인했어요?” 같은 경우다. 아니면 요청, “잠시 문을 연 채로 잡고 있어 주시겠어요?”

어떤 문장 유형이 그것들의 무표적 종류와 다른 화행의 수행에서 사용될 때, 우리는 **간접 화행**이라고 불리는 것을 가진다(Verschueren 1999:25). 이것의 한 예가 (8.29)다.

(8.29) “Could you put this lid on that one to your right? (그 뚜껑을 당신 오른쪽에 있는 것 위에 덮어 줄 수 있으세요?)”

이것은 필자가 요리하고 있을 때 나로부터 2미터 정도 떨어져서 일하고 있던 사람에 의해 필자가 작업을 하고 있는 레인지 위에 있는 다른 스튜 냄비를 언급하면서 필자에게 말하여졌다. 필자는 “OK”라고 말했고 그 뚜껑을 내 오른편에 있는 스튜 냄비에 덮었다. 이 문장 유형은 질문을 그 무표적인 화행 유형으로 만드는 의문문이었지만 그 발화를 단순히 질문으로 받아들여서 “네, 나는 할 수 있어요. (내 팔은 충분히 길고 나는 충분히 힘이 있답니다.)"라고 말하고 그 이상의 아무 것도 하지 않는 것은 비협력적이었을 것이다; 그러므로, 물론, 필자는 그것을 요청으로 다루었다. 설(1975)은 함축(8.1절)의 측면에서, 이 질문이 간접 화행으로 취급되게 되는 방식에 대해 어떻게 일반적인 설명이 주어질 수 있는지를 다음과 같이 보여 주었다.

그녀는 필자가 스튜 냄비 위에 뚜껑을 덮을 수 있는지 어떤지를 묻고 있는 것 같다. 내가 그럴 수 있다는 것, 그것이 분명히 그녀가 알기를 원하고 있는 것일 수 없다는 것은 너무나 명백하다; 그러므로 그러한 질문이 어떻게 연관성 있는 것이 될 수 있을까? 그래, 그녀가 만일 내가 그 냄비를 덮는 것을 요청하는 것을 생각하고 있다면, 선행 조건이 내가 그렇게 할 수 있다는 것일 것이다; 그리고 조금이라도 나에게 불편한 것은 할 수 없는 것으로 여겨질 수 있는 것처럼 하는 그녀의 가장은 나에게 그러한 요청에 대해 동의하지 않을 수 있는 방식을, 또는 만일 내가 그 요청을 거절할 근거들을 가질 수도 있을 것 같다면, 그녀가 그 요청을 하려는 생각을 단념할 수도 있는 방식까지도 제공할 것이다. 그렇다, 그것이 꼭 알맞을 것이다; 그러므로 나는 그 과정을 줄이고, 그 요청을 기다릴 것도 없이, 그 예비적 질문을 마치 요청인 것처럼 취급하고 내 오른편에 있는 냄비에 뚜껑을 덮는 것이 좋지 않겠는가?

이것은 분명히 지루한 얘기다. 그러나 이야기가 응집성이 있고, 왜 직접 화행과 간접 화행이 둘 다에 대해 반응하는 것이 가능한지를 설명해 준다. 필자는 다음과 같이 말할 수 있었을 것이다. "예, 나는 할 수 있어요. 보기보다 그렇게 바쁘지 않거든요; 그러니까 좋아요. 내가 그것을 할게요." 그러나 아마도 영어 화자의 대다수에 의해 유사한 추리가 이루어진 결과, *Could you ...?* 형식은 *Why not ...?*이 제안을 하는 관용적인 방식인 것과 똑같이 공손한 요청을 하는 관용적인 방식이 되었다.

특정 단어들이 그 종류의 화행이 수행됨을 확인하는 데 기여할 수 있다. 예를 들어 *promise*라는 단어는 약속하기의 화행에서 합당할 것이고 *sorry*는 사과에 합당할 것이다. 그것들은 그 종류의 화행을 결정하지는 못할 것인데, 왜냐하면 단어를 사용하는 것에는 많은 방법들이 존재하기 때문이다. "I promise to make you regret this(네가 이 일에 대해 후회하게 해 줄게(/줄 것을 약속하마))"는 약속이라기보다는 위협이다. 우리는 "We were sorry that we hurt his feelings"라고 말하는 사람들에게 그들이 사과를 하는 것인지 아닌지에 대해 물을 수 있다. 왜냐하면, 그 인용된 발화는 단순히 진실한 사과를 위한 올바른 마음 자세의 기술일 뿐, 반드시 실제 사과일 필요는 없기 때문이다. 그것은 실제로 마찬가지로 맥락에 의존한다. "I promise to be there(내가 그리 가마)"는 만일 수신자가 지시된 장소에 화자가 있는 것에 겁을 먹을 것이라면 약속보다는 위협으로 간주할 수 있을 것이라는 것 등등.

(8.28d-f와 비교하면) 거리 표지판은 우회전이 금지된다는 것을 가리킬 때나, 누군가가 '안녕하세요'라는 뜻으로 미소짓거나, 아니면 '많이 드세요'라는 제스처로 초대를 표시할 때처럼 어떤 행동들은 언어 없이도 수행될 수 있을 것이라는 점이 인정되어야 하지만, 언어는 (8.28)에 예시된 행동의 종류들을 수행하기 위한 유일한 일반적인 방식이다. 언어적 신호 자체를 실제로 전달하는 것에 의해 그 행동은 이루어진다. 수신자가 실생활 맥락에서 (8.28h)를 읽거나 들을 때, 그것이 바로 그 사과가 일어나고 있는 것이다. (8.28h)에서 *hereby*가 화시적인 방식임에 유의하라(1장을 보라). 단어 *hereby*는 그 발화 자체를 사과로서 가리키기 위해 사용된다. 만일 누군가가 필자에게 "This is to wish you a happy New Year"라고 쓴다면, *this*는 담화 화시소의 또 다른 예가 된다. 거기에서 그것은 특정의 글로 쓰인

발화 자체를 경축으로서 가리키고 있는 것이다.

8.3.2 화행에서의 내용과 힘

의미론에서 기초가 되는 함의가 참의 측면에서 정의된다. S1을 참으로 만드는 조건 하에서, S2는 반드시 참이어야 한다(1장). 참은 진술이라고 알려져 있는 화행에 대해 생명과 같은 것이지만, 다른 화행에 대해서는 주변적인 것일 수 있다. 이것은 실제 예인 (8.30-8.31)에 의해 예증된다. 필자는 전기요금청구서 맨 위에 씌어 있는 (8.30)을 읽었을 때 노발대발했다.

(8.30) PAY THIS BILL IMMEDIATELY

이와 같은 단호한 명령을 4분기를 단 3일 남겨두고 발행한 것이 터무니없어 보였다. *Pay this bill immediately*라는 문장은 **명령** 구성이고, 위에 보이듯이, 명령문에 의해 발생되는 무표적 화행은 명령이다. 필자를 성가시게 한 것은 참의 문제가 아니었다. 필자는 "거짓말쟁이!"라고 생각한 것은 아니었다. 다음 순간, 필자는 청구서를 좀 더 읽어보았고 마음의 평정을 되찾았다. 왜냐하면 필자가 본 것은 (8.31)에 전체가 제시된 제안의 첫 번째 절이었을 뿐이었다. 그리고 그 제안은 명령과는 다른 화행이다.

(8.31) PAY THIS BILL IMMEDIATELY AND RECEIVE A £2.50 PROMPT PAYMENT DISCOUNT

대부분의 화행은 **내용**을 가지고 있다. 즉, 이 화행에 의해 수반되거나, 그것에 의해 전제되거나, 또는 다른 방식으로 연루되는 명제들. (8.30)에서 그 내용은 수신자가 청구서 대금을 아주 빨리 납부하는 것에 관한 명제다;

(8.31)은 같은 명제와 청자가 할인을 받는 것에 대한 또 다른 명제를 가지고 있다. 필자는 그 공유된 명제를 다르게 제시된 것으로 이해했다. (8.30)에서는 필자가 하도록 강요되고 있는 무엇으로, 그러나 (8.31)에서는 필자가 할인을 받는 조건으로, 각각 다르게 이해되었던 것이다.

어떤 화행을 다른 것으로부터 구별하게 해 주는 특성을 가리키는 용어는 **힘(force)**이다. 힘은 주로 내용 명제가 화행에 연루되는 다른 방식들에 관한 것이다. (8.32)에 있는 모든 화행은 같은 내용 '누군가가 금메달을 두 개 땄다'는 것을 포함한다. 여기서는 그 명제를 'sw2gm'로 요약할 것이다. 그것이 화행의 범위의 힘에 따라 얼마나 다르게 이해되는지에 유의하라.

(8.32) a. "Someone won two gold medals" — 'sw2gm'의 참을 책임 있게 말하는 것을 표현하고 청자가 이미 'sw2gm'을 알고 있지 않다는 가정 위에서 그렇게 하는 진술

b. "Who won two gold medals?" — 'sw2gm'을 전제하고 더욱 명시적인 명제를 얻기 위해 승자의 신분을 알고 싶어 하는 질문

c. "Who won two gold medals?" — 'sw2gm'을 전제하고 그 챔피언에게 "내가 했다"는 것을 생각하거나 말하는 것을 즐길 수 있는 기회를 제공하는, 챔피언의 어머니로부터의 칭찬

d. "Who won two gold medals?" — 'sw2gm'을 전제하고 관중들이 그들이 w2gm한 사람 앞에 있다는 것을 깨달을 때 웃을 준비가 된 챔피언의 자기과시

e. "Be the one who wins two gold medals!" — 운동선수에게 자기가 'sw2gm'이라는 것을 참이 되도록 만들라고 요구하는 운동선수의 코치의 명령

화행들을 그것들의 힘의 주된 특질들에 따라 제한된 수의 범주들로 묶는 체계들이 고안되었다. 많은 다른 유형의 화행들을 범주들로 분류하는 것은

모든 변종 속에 체계를 분별해 내는 희망을 제기한다. 설(1979를 보라)은 다섯 범주의 집합을 제안한다. 그 접근의 발상을 제공하기 위해, 그것들 중 둘이 여기에 언급될 것이다.

표현적인 것들 — 예를 들면, 감사, 조위, 경축, 사과 — 은 전제에 관한 심리적 상태(감사에 대한 사의, 조위에 대한 동정, 축하에 대한 기쁨, 사과에 대한 후회)를 표현하기 위해 사용된다. 그 명제는 다음에 관심을 가진다. 감사와 축하의 경우에 수신자에 의해 행해진 것(감사에 대해서는 발화자의 이익에, 축하에 대해서는 수신자의 칭찬에), 조위의 경우에는 죽음, 사과의 경우에는 화자에 의한 잘못.

지령적인 것들 — 예를 들면, 명령, 요구, 요청 — 화자가 바라는 수신자의 미래 행동에 관한 명제를 전달하고, 그 취지는 수신자가 그 명제를 참으로 만드는 일을 이행하게 하려고 노력하는 것이다.

화행의 화용론적 연구는 다시 의미론으로 흘러 들어가는데 왜냐하면 의미론에서 기술될 필요가 있는 수천의 단어 의미들 가운데는 수백의 화행 동사들(*thank, congratulate, tell, assert, ask, demand, excommunicate* 등)이 있기 때문이다. 이런 동사들의 화행 특성에 대한 바른 이해, 그리고 그것들이 어떻게 다른가(예를 들어, *assert*는 *state strongly*를 의미하는, *(to) state*의 하의어다)는 그것들의 의미를 기술하는 데 유용하다.

그 내용(의미론에 의해 조명되는 명제적 의미)이 힘(내용이 화행에 연루되는 변별적 방식)과 구별된다는 것은 (8.33)에서 보여지듯이 그것들이 따로따로 부정될 수 있다는 사실로부터 확인될 수 있다.

(8.31) I tell you the ball wasn't in; it was out. (부정된 내용)
I'm not telling you the ball was in; I'm asking you whether it was. (부정된 힘)

이 절에서 논의된 문장 층위 화행을 수행하는 것의 일부로서, 발신자는 **지시**(referring)의 행동을 해야 한다. 지시하기 위해, 그들은 "they", "your right", "this bill", "the ball"과 같은 표현들을, 보일 수 있는 것, 들릴 수 있는 것, 또는 맥락 속에서 안전하게 전제될 수 있는 것과 관련하여 그것들의 수신자들이 그 사물, 장소, 사람, 사건, 시간, 또는 무엇이든 그것에 대해 말하여지거나 쓰인 것을 분간해낼 수 있도록 사려 깊게 사용해야 한다. 수신자들이 발화에서 지시되고 있는 것을 이해하기 전에 그들은 그 발화의 내용이 무엇인지 충분히 알지 못한다. 1장에서 개관된 발화 해석의 3단계 설명을 상기하라. 중의적 단어들에 대한 맥락상의 중의성 제거(위의 8.1.3절을 보라)와 연관성 계산해 내기는 명시의미의 단계에서 이루어지며, 거기에서 명제적 내용이 결정된다.

요약

화용론은 맥락 속에서의 발화 사용에 관한 것이고, 우리가 어떻게 문장들의 의미론에 의해 문자적으로 부호화되는 것 이상을 전달해 내는지에 관한 것이다. 대화상의 함축이라고 추론할 만한 추가적이고 다른 의미들은 산출 노력을 덜어 준다. 화용론은 언어 속에 의미론적으로 부호화되는 것에 의지한다. 예를 들어 양태 동사들의 등급 *must* > *should* > *may*는 "Fred may leave"라고 말하는 화자가 Fred에게 떠날 의무가 없음을 함축하는 것을 허용해 준다. 전제 촉발자(이것은 화자나 청자가, 지시되는 상태나 사건이 이전에 실제로 구현된 적이 있다고 믿고 있음을 신호한다)로서 행동하는 *again* 같은 단어들이 있고, 어떤 통사 구성들(예를 들어, 관계절)도 전제 촉발자로 행동한다. 함축과 전제에 대한 표기법(각각 +>와 +<)이 소개되었다. 9장에서는 담화의 응집성이 우리가 발화들을 전제된 배경에 맞추어 넣는 것에 의존한다는 것이 보여질 것이다.

이 장에서는 또한 화행이 소개되었다. 우리가 언어로 수행하는 관습적인 행동들 — 말하기, 요청하기, 묻기, 인사하기, 충고하기, 내기 걸기, 도전하기 같은 것들. 대부분의 화행은 명제적 내용을 가지고 있다. 서로 다른 화행들 사이의 주된 차이는 그것들의 내용이 연루되는 방식에 관련된다. 예를 들어, 그것이 전제들의 정보 갱신으로서; 전제된 배경에 대한 바람직한 변화로서; 또는 우리가 후회, 사의 또는 무엇이든 표현하려고 하는 것에 대한 전제된 명제로서 제시된 것인가? 간접 화행 — "Tell me your name"이 명령이 아니라 질문으로 사용될 때처럼 — 은 문장 유형(평서문으로 진술하기, 명령문으로 명령하기, 의문문으로 질문하기)과의 세 가지 무표적인 상관관계에 집착하지 않는 것들이다. 간접 화행들의 힘은, 어떤 것들은 관용어로 정착되지만, 함축으로 이해될 수 있다.

지시도 화용론적 행동이다. 그것은 맥락 속에서 명사구를 사용하여, 어느 사람, 사물, 또는 무엇이든 여러분이 소통하려고 하는 것에 대해 여러분의 수신자들에게 알게 해 주는 것이다.

연습 문제

1. A: "Who's that(거기 누구세요)?" B: "It's me(저예요)." 이 대화에서, B의

반응은 도움이 안 되는 것으로 보일 수 있다. 'me'는 화자들이 자신들을 가리키는 통상적인 방식이다. 그러므로 그것은 A에게, 누군가가 문의 반대편에서, 또는 전화로 말하고 있을 때 다음과 같이 명백하지 않은 어떤 것을 말해 주는 것 같지 않아 보인다: '여기에서 말하고 있는 사람이 이 발화의 화자다!' B가 개연적으로 전달해 내는 것은 무엇일까? 그라이스의 격률들 가운데 어느 것이 그 발화를 해석하는 데 관련되는가? 그 해석 과정을 설명하라. 왜 사람들은 예들 들어 "내 이름은 얀 룸스텐이에요"라든가 "당신 아내예요"라고 말하는 대신에, 이와 같이 말하는 쪽을 선택하는 것일까?

2. "The truth is: continued growth is unsustainable(진실은: 지속적인 성장은 유지될 수 없다는 것)"에서 맨 앞의 세 단어(The truth is)의 역할은 무엇인가? 우리는 어떻게든 정직하게 말하도록 기대된다. 그러니 진술로 인도하기 위해서 왜 그 주장을 사용하는가? 추측건대 화자는 화용론 이론가들이 그라이스의 질의 격률로 알고 있는 것을 명시적으로 향하게 함으로써 진지한 관심을 유도하고 있는 것이다. '아마도 당신은 내가 때로 허세를 부린다고 생각할 것인데, 나는 당신에게 내가 말하려고 하는 것이 참이라는 것을 보장한다.' 유지 불가능성에 대해 유사한 강조적 진술을 만드는 다음 두 가지 다른 방식에 의해서는 어느 격률들이 연상되는가? (이 연습 문제에 대한 착상은 Grundy 2000: 79로부터 온 것이다.)

> Continued growth is unsustainable and that's all there is to it(지속적인 성장은 유지되기 어렵고, 그것이 그 말 속에 들어 있는 전부다).
> Let me make this clear, continued growth is unsustainable(이것을 분명히 해 두자. 지속적인 성장은 유지될 수 없다).

3. A: "Where are the sociolinguistics books kept(사회언어학 책들은 어디에 보관돼 있어요)?" B: "I don't know, but psycholinguistics is at that end of the shelf(모르겠어요. 하지만 심리언어학 책들은 그 서가 끝에 있어요)." B의 발화는 개연적으로 'Perhaps sociolinguistics books are there too(아마 사회언어학 책들도 거기 있을 거예요)'를 함축할 것이다. 그라이스의 격률과

관련하여, 이 함축이 어떻게 일어날 수 있는지 설명하라.

4. *Guardian Weekly* 2004년 12월호 10-16쪽의 보도에 따르면, Plain English Campaign(쉬운 영어 운동 본부)의 2004년 해괴 발언 상(Foot in Mouth award)이 보리스 존슨의 *I could not fail to disagree with you less(나는 당신에게 덜 반대하지 못할 수 없었어요)*에 돌아갔다고 한다. 존슨은 그라이스의 격률 가운데 어느 것을 어긴 것인가? 같은 명제를 표현하는 더 단순한 방식을 찾으려고 시도해 보라. 왜 그는 그 발언을 이런 식으로 표현했겠는지에 대해 깊이 생각해 보라.

5. 예 (8.12d)는 순서에 관한 함축의 부인(denial)을 예시했다. 그것은 "I hear you bought a tandem and sold your car"에 대한 대답에서 말하여졌을 것이다. (8.12d)를 모델로 사용하여, (8.12e)에 대해서도 평행한 순서 함축의 부인을 구성하는 시도를 해 보라. 그것이 (8.12e)에 의해 전달되는 순서의 함축이 있다고 믿는 것에 대한 확실한 이유를 제공하는가?

6. 만일 여러분이 누군가가 "It seeped into the basement(그것이 지하실로 스며들었다)"라고 말하는 것을 듣는다면 여러분은 다른 것들 중에서, "it"에 의해 지시된 것이 유동성(流動性) 물질(즉, 액체나 가스)였다는 것을 추론할 수 있다. 여러분은 또한, 그것이 무엇이었든, 그것이 천천히 지하실로 들어갔다는 것을 추론할 수 있다. 이 예들 가운데 하나는 전제이고 다른 것은 함의다. 어느 것이 어느 것인가? 여러분의 답에 대해 이유를 제시하라.

7. 화행과 전제의 개념을 사용하여, 버스에 붙어 있는 이 안내문의 표현법에 대한 간략한 기술을 제공하라. "Thank you for not smoking. MAXIMUM FINE £100". (같은 틀 내에 필수적인 금지의 빨간 원 속에 담배가 들어 있고 그 위로 사선을 그어 놓은 그림이 있었다.)

8. 다음 각각에 대해, 괄호 속에 표시된 문장 유형에 대해 무표적인 직접 화행

의 종류에 이름을 붙여 보라. 그리고 그 예가 개연적으로 어떤 간접 화행을 수행하기 위해 사용되었을 것인지 말하라.

a. (의문문:) Can't you stop talking(말 좀 그만 할 수 없어요)?
b. (명령문:) Help yourself to milk and sugar(우유와 설탕을 마음껏 드세요).
c. (의문문:) Have you heard: our team's leading 18 to 15?(들었어요? 우리 팀이 18대 15로 이기고 있다는 거.)
d. (평서문:) You have my sympathy(당신은 나의 동정을 얻었어요).
e. (명령문:) Don't imagine that entailment and implicature are the same thing(함의와 함축이 같은 것이라고 생각하지 마세요).
f. (명령문:) Accept my profound condolences(나의 깊은 조의를 받아 줘요).
g. (의문문:) Have I ever let you down(내가 당신을 배신한 적이 있어요)?
h. (평서문:) I recommend that you keep a copy of the letter(나는 당신이 그 편지 사본을 보관할 것을 권합니다).

9. A: "Do you like Brooke Shields?"
B: (잠시 당황하여 머뭇거린 뒤에): "What are they?"
A가 여배우 Brooke Shields를 지시하려다가 실패한 것(필자가 우연히 들은 것이다)에 의해, 고유명칭의 사용에 관한 무엇이 예시되는가?

추천 논저

그런디(Grundy, 2000)의 화용론 입문서는 쉽고 많은 예를 담고 있다. 베르슈렌(Verschueren, 1999)는 화용 이론에 대한 폭넓고 흥미로운 개관이다. 함축, 전제, 화행의 철학적 설명에 대한 쉬운 입문서로는 라이컨(Lycan,

2000: 12장과 13장)에 의해 제공된다. 컨즈(Kearns, 2000)의 11장은 함축에 대해 엄격하고 자세하지만 읽기 쉽게 다루고 있다. 사이드(Saeed, 2003: 8장)는 화행에 대해 잘 설명해 주고 있다. 억양과 화용론적 효과에 대한 뛰어난 개관은 로치(Roach, 2000: 15장)에서 발견할 수 있을 것이다. 8.1.4절에서 언급된 연관성 이론의 기초 블레이크모어(Blakemore, 1992)에서 잘 설명된다. 윌슨 · 스퍼버(Wilson and Sperber, 2004)의 안내서 논문도 참조하기 바란다.

제 9 장

발화를 배경에 연결하기

Connecting utterances to the background

개관

연결된 발화들은 **담화**(談話; discourse)를 구성한다. 예를 들어 대화는 담화다; TV 인터뷰도 담화다; 필자가 친구에게 쓰는 편지도 담화다; 책 한 권 전체도 저자와 독자가 그 연결을 추적할 수 있다면 담화일 수 있다. 이 장은 담화 화용론의 한 측면에 집중한다. 어떻게 우리의 발화들이 현재의 관심사들과 수신자에게 이미 존재하는 지식에 연결되도록 바꾸어지는가. 그런 각색은 **초점 강세**("Meg's a SCOT"와 "MEG's a Scot" 사이의 대조에서처럼 — 대문자들은 더 강한 강세를 가지고 발음되는 음절들을 나타낸다). 결정사들 사이의 선택, 예컨대 *the*와 *a*에서 자주 보이는 한정성; (*It is Mary who is Scottish*와 *Mary is Scottish*와 같은) 구별된 통사적 배열방식 등을 포함한다.

이 장의 목적은 위의 단락에서 언급된 문제들을 이해하기 쉽게 설명하고 흥미롭게 — 필자는 그럴 줄로 믿는다 — 만드는 것에 국한된다. 담화 화용론은 넓은 분야다. 그러므로 선별적인 접근이 필수적이다.

사람들이 대화를 하고 있는 방에 들어가서, 그들이 말하고 있는 것에 아무 관심도 가지지 않고서, 무엇이든 여러분이 그들에게 말하고 싶은 것을 불쑥 내뱉는 것은 의사소통 면에서 비생산적인(역효과가 나는) 일이다. 말하거나 쓰는 것의 취지는 발신자와 수신자 사이에 공유된 전제들 — 5장과 8장에서 소개된 개념 — 을 갱신하려고 시도하는 것이다. 이성적으로, 그것을 하기를 바라는 사람은 담화가 현재 어디에 있는지에 대한 가정을 만들 필요가 있고, 그다음에 어떤 기여가 전제된 배경에 맞아 들어가도록 모양을 만들어야 한다. 수신자의 배경 지식과 관심에 관한 가정들은 다음에 기초한다. 모든 인간 수신자들은 어떤 사물들(지구, 해, 달, 고통과 사랑을 느낄 수 있는 능력, 등등); 주어진 문화에서의 규준들(예를 들어, 먹을 수 있는 것에 관한); 누군가가 선택하여 담화 속에 들여온 사실들(내 경우, 이 책의 독자들은 의미에 관심이 있다고 가정하는 것); 수신자들과 함께한 과거 경험들; 그리고 매우 중요하게는, 현재의 담화에서 이미 주고받은 것(그 담화에 기여할 수 있는 기회를 가졌던 모든 사람에 의해 최근에 말하여지거나 글로 쓰인 것들)을 공유하고 있다. 전제되는 것은 맥락의 부분이다. 화용론이 맥락에 관련된 의미의 연구라는 것을 기억한다면, 여기에서 논의될 문제들은 '화용론'이라는 제목 아래 속하는 것들이다.

9.1 한정성

명사구 속에 있는 **한정성**(限定性; definiteness)은 영어 문법의 중요한 측면이고 여기서의 출발점으로 사용될 것이다. 만일 여러분이 이 개념에 이미 익숙하지 않다면, 표 9.1에 있는 목록들이 도움이 될 수 있을 것이다. (목록에 압도된다고 느끼지 말기 바란다. 앞으로는 결정사(determiner)인 *a*와 *the*만 많이 사용될 것이다.)

표 9.1 비한정형과 한정형의 선택

비한정	한정
	고유 명칭 *Aberdeen, Zoroaster*
결정사 *a, an, some, another, several, most, no, enough, any*	결정사 *the, this, that, those, its, their, her, his, your, my, our*
머리 명사가 복수일 때 결정사의 부재 *_cities worth visiting, _famous people*	
비한정 대명사 *something, someone, somebody, anything, anyone, anybody*	인칭 대명사 *it, they, them, she, her, he, his, you, I, me, we, us*

정관사 *the*는 '이 지시는 제약되어 있다. 나는 당신이 알고 있는 무엇을 지시하고 있다'를 표시하는 신호다. 예의 한 부류는 (9.1)이다. 그런데 그것은 도시의 다른 편에서 전화를 하는 어떤 사람에 의해서 말하여질 수 있을 것이다.

(9.1) Go and have a look outside, there's a weird green glow in the sky.
(가서 바깥을 한 번 봐. 하늘에 이상한 녹색 빛이 있어.)

공통된 사고방식으로, 같은 하늘이 거의 모든 곳의 바깥에 있다. 그래서 전화를 거는 사람은 그 전화 수신자가 그 하늘에 대해 알고 있을 것을 기대한다; 그래서 그것이 즉각적으로 한정 지시를 적절하게 만들어 주는 것이다. 그 하늘은 화제다. **화제**(話題; topic)는 '발화가 주로 그것에 관한 것인 것'(Huddleston and Pullum 2002: 236)이다. 필자가 그 용어를 사용할 것처럼, 화제는 어떤 발화에 제시되는 새로운 정보가 아니다 — 예를 들어, (9.1)에서 그것은 이상한 녹색 빛이 아니다. 대신, 화제는 하늘처럼 전제된 배경 속에서 쉽게 접근 가능한 실재물이다. 화제에 대해서는 아무런 예비적인 점검을 할 필요가 없어야 한다: "만일 내가 *하늘*을 말하고자 했다면 내가 어느 하늘에 대해 말하고 있었는지 아시겠어요?"

(9.2)에서는 다른 좀 더 일반적인 표현 방식이 제시될 수 있다. 조리법에서[1] 발췌한 것이다. 일부 중략하였지만 이 언어 단편의 연쇄는 원문에서와 동일하다.

(9.2) 675g fresh green beans
1/2 vegetable oil
Trim the beans and cut them into ... 4-cm lengths.
Heat the oil in a wok over a medium-high flame.
Fry the beans ... until the skins just begin to crinkle ...
turn off the heat under the wok.

여기에는 *the*가 두 번째 지시로부터 쭉 사용된다는 경향성 — (9.3)에서 강조된 — 이 있다. (이 일반화에 대한 예외가 곧바로 논의될 것이다.)

(9.3)

첫 지시	후속적인 지시
675g fresh green beans	the beans, them, the beans
1/2 vegetable oil	the oil
a wok	the wok
a medium-high flame	the heat

1) Madhur Jaffrey(1983), *Eastern Vegetarian Cooking*, London: Jonathan Cape, p. 18.

(9.3)에 있는 자료의 첫 두 줄은 조리법의 한 특질을 예시한다. 재료들의 목록이 어떤 사물들을 독자의 염두에 밀어 넣고 — 그것들을 화제들로 만들고 — 그 이후로는 저자가 같은 항목을 지시하기를 원할 때마다 한정 지시가 적절하다. 그때쯤이면 그것들이 이미 부엌 조리대 위에 모아져 있을 것이다. 그러나, 자료의 그 다음 두 줄은 재료 목록이 화제를 상정하는, 즉 담화의 배경 지식으로 무엇을 도입하는 유일한 방식이 아니라는 것을 보여준다.

*a wok*와 *the wok*라는 표현들은 같은 wok(금속제의 중국 요리 냄비)를 지시한다. *the oil*이라는 표현은 그 재료들 가운데서 언급된 식물성 기름 반 리터를 지시한다. (9.3)의 마지막 줄은 화제들에 관한 중요한 점을 예시한다. 그것들은 수신자가 담화를 이해하는 과정에서 고려에 넣고 수정하는 지식 기반 속에 있는 실재물들이다. 화제들은 단어들 자체가 아니다. *the heat*라는 표현은 *medium-high flame*이라는 단어들 가운데 어떤 것도 포함하고 있지 않지만 그것은 같은 화제에 대한 두 번째 지시를 구성한다. 여기서 화제인 것은 타오르고 있는 가스의 실제 예가 아니다. 왜냐하면 조리법은 부엌에서 일을 시작하지 않고도 이해될 수 있기 때문이다. *the heat*를 읽자마자, 정관사는 독자에게 이 특정 담화에 연관성이 있는 개념들의 전개되는 정신 표상을 검색해서, 이미 거기에 있으면서 그 표현에 의해 지시될 수 있을 무엇을 찾으라는 신호를 보낸다.

(9.2)에서 *Fry the beans ... until the skins just begin to crinkle ...*이라는 줄은 (9.3)에 예시된 일반화에 대한 예외를 포함한다. 이것은 조리법에서 아무 종류의 껍질에 대한 첫 지시지만 그것의 결정사로서 *the*와 함께 실현되는데, 독자에게 '당신은 이미 이 특정 껍질들에 대해 알고 있다'고 신호하고 있다. 콩 껍질(bean skins)은 하늘처럼 도처에 산재하는 것도 아닌데 말이다. 그것은 원형 콩이 껍질을 가지고 있어서 — 그리고 콩들은, 이 부분

에서 이미 화제다 — 그 껍질을 화제, 즉 그 발화를 이해하기 위한 배경 지식의 일부로 취급하는 것이 가능하기 때문이다. 3장에서 살펴보았듯이 *가짐*-관계가, 만일 연관된 전체가 이미 화제라면 부분에 대한 첫 지시에 대해서도 *the*를 사용할 수 있도록 하는 근거가 된다. 그러므로 우리는 탈것이 공유 배경에 속할 때마다 *the brakes*에 대해서도 말할 수 있다. 왜냐하면 원형 탈것(vehicle)은 브레이크를 가지기 때문이다. (외발자전거는 비원형적이어서 브레이크가 없다.) 슈퍼마켓에 있는 상하기 쉬운 음식은 sell-by-dates(유통기한)를 가진다; 따라서 우유 한 통을 사가는 심부름을 하는 사람은 바로 *the sell-by-dates*를 확인하는 것이 떠올려질 수 있다. 전기제품에 대한 우리의 원형 관념에서, 그것은 instruction manual(사용설명서)를 가질 것이다. 일단 그 기구가, 예컨대 누군가에 의해 *I can't make this thing work*라고 말하여짐으로써, 화제 위상을 획득하면 그로부터 *Why not look in the manual?*이라고 말하는 것이 정당화된다.

(9.2-9.3) 예들은, 새로운 지시대상들이 *a wok*, *675g fresh green beans*처럼 비한정 표현에 의해서 담화에 도입되고 있음을 보여준다. 비한정 표지(여기서는: 결정사 *a*나 — 복수 머리 명사 *beans*처럼 — 무(無)-결정사)가 수신자들을 향한 신호가 된다. '나는 당신이 이 담화에 대해 열었던 정신 파일 속에 이것에 대한 지시대상을 이미 가지고 있다고 믿지 않아요'. 비한정 지시는 수신자에게 지시대상에 대한 표상을 상정하도록, 달리 말해서 그것을 화제로 취급하기 시작하도록 요청한다.

9.2 분열문과 피동문

논의될 통사적 배열 방식들은 환언 집합(다시 말해서, 상호 함의하는 문장들; 2장을 보라)으로 이루어지며, 의미론적 층위에서는 같은 의미를 가지는 것들이다. 그러나 그것들은 전제적 배경과 연결하는 그것들의 역량에서는 차이가 있다. 위에서 한정성과 관련해서는, 문제가 지시대상들 — 특정 wok 같은 것 — 에 대한 수신자들의 앎이었다. 이 절과 다음 절에서는, 명제적 지식도 역할을 한다.

9.2.1 유사 분열문

2004년 6월에 뜨거운 바위가 하늘로부터 떨어져, 뉴질랜드의 어떤 집 지붕을 관통했고 소파에서 튕겨져 나오면서 거기에 크게 패인 자국을 남겼다. (9.4) 문장들은 어느 것이나 정확히 소파를 때린 바위를 기술한다.

(9.4) a. What hit the sofa was the meteorite.
b. What the meteorite hit was the sofa.
c. The meteorite hit the sofa.

(*meteorite*와 *sofa*에 모두 *the*를 사용한 것은, 그것들 모두를 여기에서 화제로 만들기 위해 그리고 그 그림으로부터 한정성을 유지하기 위해, 의도적이다.) (9.4)의 문장 각각은 다른 것들 각각을 함의한다. 그러므로 세 문장 모두는 서로의 환언이다. 더 나아가 그것들 모두는 같은 화행 잠재력을 가지고 있다(8장을 보라). 그리고 그 반대에 대한 특별한 함의가 없다면 그것들은 진술을 만들기 위해 사용될 가능성이 가장 크다. 예 (9.4c)는 영어의 기본적이고, 무표적이고, 타동적인(4장을 보라) 절 배열 방식을 보여준다. 무표적(unmarked)이라는 것은 그것이 "내정값(default)", 즉 정상적인 것이라는 말이다. (9.4a, b)에 있는 문장 배열 방식은 유사 분열문(pseudo-cleft)이라고 불리며 세 가지 구별된 특성을 가진다.

- (4장에 설명된, 논항의 전문적인 의미에서) 명시되지 않은 논항을 가진 *wh*-절(*what hit the sofa*는 그 주어가 명시적이지 않다. 그리고 *what the meteorite hit*는 목적어에 관한 세부적인 것이 없다.)
- *wh*-절에서 명시되지 않은 논항에 대한 빠진 세부사항을 제공하는 명사구(9.4a의 *the meteorite*, 9.4b의 *the sofa*)
- BE는 주동사다(9.4a, b에서는 *was*로 나타난다).

wh-절들은 전제된 명제들에 관련되는데, 그것들은 (9.5)에 명기된 것처럼 유사 분열문의 긍정 유형과 부정 유형 모두로부터 추론될 수 있는 것들이다. (⇒가 함의를, +>가 함축을 각각 나타내는 것을 상기하라. 아래의 (9.8-9.10)에는, 그 차이에 대한 논의가 있다.)

(9.5) a. What hit the sofa was the meteorite. ⇒ Something hit the sofa.
a'. What hit the sofa wasn't the meteorite. +> Something hit the sofa.
a''. “They say something hit the sofa.” “Yes, what hit the sofa was the meteorite.”
a?. ?“They say something hit the sofa.” “Yes, what the meteorite hit was the sofa.”
b. What the meteorite hit was the sofa. ⇒ The meteorite hit something.
b'. What the meteorite hit wasn't the sofa. +> The meteorite hit something.
b''. “I heard that the meteorite hit something.” “Yes, what the meteorite hit was the sofa.”
b?. ?“I heard that the meteorite hit something.” “Yes, what hit the sofa was the meteorite.”

겹-프라임 부호(")가 붙은 대화 (9.5a", b")은 그 반응들이 조금 장황하기는 할지라도, 자연스럽다. 이것은, 수신자가 이미 가지고 있는 정보(‘They say ...’나 ‘I heard ...’)가 각각의 유사 분열문과 연결된 전제 (9.5a, a', b, b')와 어울릴 때는 유사 분열문이 적절하다는 것을 보여준다. 그러나 (9.5 a?, b?)에서 보여지듯이, 이 유사 분열문들은 그것들의 전제들과 맞지 않는 배경에서의 반응으로서는 적절하지 않다. (의문부호들은 이것들이 두 사람의 소형 담화로서 어색하다는 것에 관심을 끈다. 고립되어 고려되는 개별적인 표현들로서는 문제될 것이 전혀 없다.)

(9.5a, a')에서, 긍정문과 그 대응하는 부정문은 둘 다 같은 추론을 허용하는데, 그것은 그 추론을 전제로 만든다. 8장에서 도입된 표기법을 사용하여, *What hit the sofa was the meteorite* +< *Something hit the sofa.* (9.5b, b')의 경우도 마찬가지다. 오른쪽 절 *The meteorite hit something*은 전제되어 있다. 그리고, 우리가 나중에 유사한 추론을 얻는 곳에서 — (9.8)과 (9.12) — 긍정문과 그 대응하는 부정문 모두로부터 추론 가능한 절들은 전제들이다.

이와 같이 유사 분열문의 *wh*-절은 전제를 확인시켜 주고, 그것은 이미 수신자에게 알려진 구정보(old information)여야 한다. 만일 그렇지 않다면, 그 특정 문장은 사용하기에 적합한 것이 아닐 것이다. 그 전제들은 명시되지 않은 변항들, (9.5a, a', b, b')에서의 *something*을 가진 명제들이다. 적절한 유사 분열문 — 전제와 어울리는 것 — 은 두 가지를 한다. 그것의 *wh*-절에 의해 그것은 그 전제를 나타내고, 그것은 그 변항의 값(현재의 예들에서 비한정적인 *something*의 자리에 있는 명시된 세부사항)으로 명사구를 제시한다. 이 명사구는 유사 분열문의 발화자에 의해 제공되는 **신정보**(new information)를 전달한다.

(9.4c)에 있는 무표적인 문장 *The meteorite hit the sofa*는 두-차례 대화 (9.5a", b")에 있는 유사 분열문 문장들 각각을 대체할 수 있을 것이다. (9.6a, b)를 보라.

(9.6) a. "They say something hit the sofa." "Yes, the MEteorite hit the sofa."
b. "I heard that the meteorite hit something." "Yes, the meteorite hit the SOfa."
c. "They say something hit the sofa." "Yes, the sofa was hit by the meteorite."

(9.6a, b)에서의 반응들은 강세 차이 — 대문자화된 음절 *ME*와 *SO*에 의해 표시된다 — 를 보여줄 가능성이 매우 크다. 이것들은 9.3절에서 *초점 강세*에 대해 논의될 것이다. (9.6c)에 있는 반응처럼 피동문들도 나중에 논의될 것이다.

9.2.2 It-분열문

(9.7) a. It was her grandma who took Judy to the Potter film.
b. It was Judy who her grandma took to the Potter film.
c. It was the Potter film that her grandma took Judy to.

***It*-분열문**은, 대개 다른 명사구와 대조시키기 위하여 한 명사구를 돋보이게 한다. 예를 들어, (9.7a)는 '당신이 무슨 생각을 하고 있을는지 모르지만, Judy를 영화에 데리고 간 사람은 그녀의 할머니였고, 그녀의 고모가 아니었다'는 것을 전달하기 위해 사용될 때 *it*-분열문이다. (만일 여러분이 *her*가 Judy나 다른 사람을 지시하는지 어떤지에 대해 걱정해 왔다면, 영어가 그저 이것을 명확히 하지 않는다는 것을 유의하라; 따라서 그것은 걱정할 만한 일이 아니다. 필자는 *her*를 *Judy*로 생각해 왔지만 그것은 그 구조나 이러한 *it*-분열문의 용법에 아무런 차이를 야기하지 않는다.)

it-분열문은 앞서 유사 분열문에 대해 나열된 것들과 비슷한 변별적 특성

을 가진다.

- 명시되지 않은 논항(*who took Judy to the Potter film*는 *who*가 사람 주어를 암시하고, 일테면 no. 12 bus 같은 것을 배제하지만, 주어에 대한 세부사항을 제공하지 않는다; *who her grandma took to the Potter film*은 그 목적어를 명시하지 않는다; 그리고 *that her grandma took Judy to*는 전치사 *to* 뒤에 공백을 가지고 있다.)을 가진 절
- 빠진 논항을 명시하는 명사구((9.7a-c)에서 각각 *her grandma, Judy, the Potter film*)
- BE가 주 동사((9.7)에서 *was*)다.
- *it*가 문법적 주어다.

유사 분열문에서처럼, 명시되지 않은 변항을 가진 절은 전제되는데, 그것은 그것이 참이라는 사실이 *it*-분열문의 긍정형이나 부정형으로부터 모두 추론될 수 있다는 것을 말해주는 것이다. 전제는 명제지만, 다시, 그것들을 문장의 형식으로 제시하기 위해서는 비한정 대명사(*someone*이나 *something*)를 빠진 논항 자리에 넣을 필요가 있다. (9.8)을 보라.

(9.8) a. It was her grandma who took Judy to the Potter film
⇒ Someone took Judy to the Potter film
a'. It was not her grandma who took Judy to the Potter film.
+> Someone took Judy to the Potter film
b. It was Judy who her grandma took to the Potter film
⇒ Her grandma took someone to the Potter film
b'. It was not Judy who her grandma took to the Potter film
+> Her grandma took someone to the Potter film
c. It was the Potter film that her grandma took Judy to
⇒ Her grandma took Judy to something
c'. It was not the Potter film that her grandma took Judy to

+> Her grandma took Judy to something

(9.8a, b, c)에서의 추론들은 함의들이다. 오른편에 있는 문장이 참이 아니라면, 각 경우에서 왼편에 있는 함의하는 문장이 참일 수 없다. 그것은 (9.9a-c)가 모순들이라는 사실로부터 알 수 있다.

(9.9) a. *It was her grandma who took Judy to the Potter film, but no-one took Judy there.
b. *It was Judy who her grandma took to the Potter film, but her grandma took no-one there.
c. *It was the Potter film that her grandma took Judy to, but her grandma didn't take her to anything.

그러나, (9.8a', b', c')에 있는 함축들은 정상적으로 이용 가능한 추론들이지만, 유사시에는 회피될 수 있다. (9.10a', b', c')는 모순이 아니다.

(9.10) a'. It was not her grandma who took Judy to the Potter film; no-one took Judy there.
b'. It was not Judy who her grandma took to the Potter film; her grandma took no-one there.
c'. It was not the Potter film that her grandma took Judy to; Judy wasn't taken to anything.

(9.10)에 있는 것들과 같은 문장들은 누군가가 그 사실들에 대한 실질적인 혼동을 증명하고 있을 때 — 아마도 어려운 필체나 말에 섞인 잡음이나 부주의 때문에 — 그 담화의 더 이른 단계들 동안에 이용될 수 있다. 합리적인 의사소통이 일어나고 있는 상황에서, 화자들과 저자들은 대응하는 오

른편의 전제들이 참으로 유지될 때만 (9.8)에 있는 *it*-분열문을 사용할 것이다. 예를 들어, (9.8a)는 "Who took Judy to the Potter film? Her Aunt?"에 대답하기 위해 사용될 수 있을 것이다. 왜냐하면 이 질문들의 첫 번째 것은 또한 'Someone took Judy to the Potter film'을 전제하기 때문이다.

9.2.3 피동문

(9.11) a. The conspirators liked the scheme.
b. The scheme was liked by the conspirators.
c. (9.11a ⇒ 9.11b) & (9.11b ⇒ 9.11a)

문장 (9.11b)는 **피동**이라고 불리는 유형의 것이다. 문법학자들은 (9.11a) 절의 무표적인 타동 유형을, 그것들을 피동 절들과 대조시킬 때, **능동**이라 부른다(Miller 2002: 26을 보라). 피동문은 대응하는 능동문보다 길다. 이것은 피동문들이 더 큰 수의 문법 형태소들로 표시되기 때문이다(BE — (9.11b)에서 *was*로 나타나는 —, 전치사 *by* 그리고 어떤 동사들에 대해서는 과거분사형). 대조적으로 능동문들은 더 적은 "표지들"을 가진다. 그것이 그것들을 *무표적*이라고 부르는 이유다. 다른 차이는 문법적 주어와 목적어로 나타나는 논항들(the conspirators와 the scheme)이 능동과 피동 사이에서 서로 교환된다는 것이다. 그러나 대응하는 능동문들과 피동문들이 (9.11c)에서 볼 수 있듯이 상호간에 함의하고 있다. 그런데 그것은 그것들이 의미론적으로 등가의 것, 또는 환언이라는 것을 의미한다.

주어와 목적어 위치 사이의 교환을 허용하는 구성의 존재는 전제된 배경 정보를 가진 새 정보의 톱니 맞추기에서 역할을 한다. 영어에는 그리고 어쩌면 모든 언어들에는 발화들에 대해 신정보 앞에 구정보를 제시하는 경향 — 불변의 규칙이 아니라 — 이 있다(Huddleston and Pullum 2002: 1372).

직관적으로 이것은 합리적이다. 수신자가 가지고 있는 것으로 전제되는 지식으로 시작하라, 당신이 그 지식의 어느 부분에 의존하고 싶은 그 지식을 나타내는 화제 표현을 사용하라, 그 다음에 새 정보를 제시하라. 이와 같이 만일 수신자가 이미 그 음모자에 관해 알고 있다고 가정되지만 그 계획에 관해서는 아니라면, (9.11a)가 선호될 것이지만, 만일 수신자가 그 계획에 관해서는 안다고 생각되지만 그 음모자에 관해서는 아니라면 (9.11b)가 선택될 수 있을 것이다.

영어 용법에서 또 다른 경향은 (9.11a)에서처럼 유정물인 존재에 대한 지시들에 대해 주어 자리를 선호한다는 것이다(Biber et al. 1999: 378). 상대적으로 더 유표적인 형을 듣거나 읽을 때, 수신자는 이것인 어떤 이유가 있어서 된 것일 것인지, 그리고 그러한 고려가 — 자주 대체로 무의식적인 — 8장에서 가리켜지듯이 의사소통을 이해하는 데 도움이 될 수 있는지 고려해야 한다. 그러므로 더군다나 유정물-주어 규준에 반하는 피동문인 (9.11b)와 마주한 수신자는 무엇이 그 가외의 노력을 유발했는지 이상하게 여겨야 한다. 왜 'the scheme'이 주어 위치에 놓였나? 아마도 그것을 명백한 화제, 담화에 대한 배경과의 결정적인 연결부로 만들기 위함이다. 그리고 그것은 수신자가 *a plot*에 관하여 말해졌을 수 있는 어떤 것의 최근 기억 표상을 발견하도록 도울 수 있을 것이다.

the conspirator — 정관사와 함께 — 도 역시 화제를 지시할 수 있다는 것이 주어지면, (9.11b)가 새로운 것으로 제시하고 있는 것이 무엇인지 물을 만하다. 그것은 두 화제 사이의 연결의 성립일 수 있을 것이다: '당신은 그 계획에 관심이 있다; 당신은 그 공모자들에 대해 알고 있다; '나는 당신에게 전자가 후자에 의해 좋게 생각되고 있다는 것을 말하고 있다'.

구어에서, (9.11b)는 통상적으로 다른 음절들보다 한 음절을 더 돋들리게 발화할 것이고, 그 강세 주어진 음절의 문장 속의 위치는 그것이 전제하는 것에 영향을 줄 것이다. 이 초점 강세의 전형적인 위치는 절의 매 후미 부근이다(Huddleston and Pullum 2002: 1372를 보라). 이 장에서 연관성 있는 전제의 종류는 (9.12a, a')에서 오른편에 제시된다. 그때는 *conspirators*가 강세 있는 음절을 포함하고 있는 단어다.

(9.12) a. The scheme was liked by the conSPIrators ⇒ Someone liked the scheme.

a'. The scheme wasn't liked by the conSPIrators +> Someone liked the scheme.

a". "Who liked the scheme?" "The scheme was liked by the conSPIrators."

a$^{?}$. ?"Who did the conspirators like?" "The scheme was liked by the conSPIrators."

(9.12a, a')의 전제에서 *someone*을 단 한 사람에 제한되지 않고 'some people'도 포괄하는 것으로 생각하라. 그 예의 마지막 두 줄의 질문들은, (9.12a")에서는 질문자가 'Someone liked the scheme'을 전제하고 있음을 보여주지만(그것은 그 예에서 볼 수 있듯이 강세가 주어진 피동문의 전제와 부합한다), (9.12a$^{?}$)에서는 'The conspirators like something'을 전제하는 것으로 보여준다. 표시된 음절에 강세를 가진 (9.12a")은 충분히 있을 법한 질문-대답 연쇄지만 (9.12a$^{?}$)는 부자연스럽다.

그러므로 피동문의 한 기능 — 여기에서 논의되는 유일한 것 — 은 논항을 주어 위치, 즉 화제를 위한 기본 자리에 놓는 것이다. 이제 자료를 화제와 신정보 위치 속으로나 밖으로 옮기는 다른 방식에 대해 짧은 고찰이 이루어질 것이다.

2장은 어떤 단어 쌍들 사이에 유지되는 관계반의성의 의미 관계를 도입했었다. 기억을 되살리기 위해 (9.13)에 동사 관계반의어쌍이 예시된다.

*like*와 *please*의 경우다.

(9.13) a. The conspirators liked the scheme.
b. The scheme pleased the conspirators.
c. (9.13a ⇒ 9.13b) & (9.13b ⇒ 9.13a)

(9.11)과 (9.13) 사이의 전체적인 유사성에 유의하라. (a)가 (b)에 비교될 때, 그 의미적 등가성은 (c)처럼 유지되지만, 논항들의 교환이 동사의 차이와 평행하게(*liked — was liked by, liked — pleased*) 일어나고 있다. 능동문과 그것의 대응하는 피동문은 서로 **통사적 관계반의어**다. (9.11)에서와 같은 통사적 관계반의성과 (9.13)에서와 같은 어휘적 관계반의어 사이의 유사성에 대해서는 (9.14)의 문장들에 의해 더 예시된다. 그것들은 모두 서로를 상호 함의하고 있다.

(9.14) a. The conspirators liked the scheme.
b. The scheme was liked by the conspirators.
c. The scheme pleased the conspirators.
d. The conspirators were pleased by the scheme. (or *at* or *with*)

관계반의적인 동사들의 쌍이 그리 많지는 않다; 그래서 *like*와 *please*가 제공하는 피동문들에 대한 대안은 그리 일반적으로 이용 가능한 것이 아니다.

(9.15)에서는 의미론에 영향을 주지 않고 문장들 속에서 구들을 옮기는 것을 가능하게 함으로써 배경에 관련된 신정보의 제시를 용이하게 하는 몇 가지 다른 문장 배열 방식들이 예시된다.

(9.15) To the Potter film, her grandma took judy.

Judy, her grandma took to the Potter film.
The Potter film, her grandma took Judy to it.
Her grandma, she took Judy to the Potter film.
Took her to the Potter film, Judy, did her grandma.

Huddleston and Pullum(2002: 1366)은 더 많은 그런 구조들을 나열하고 그것들에 대한 명칭들을 제공하고 있다.

9.3 초점 강세

구어 영어의 억양은 일반적으로 흔히 절과 일치하는 한 숨에 말하는 만큼의 단위에서 한 음절에 특별한 무게를 부여한다. 음절은 발음의 단위지만 논의되는 강세의 종류는 통사적 단위와 연결되는데, 무표적인 경우에는 구의 오른쪽 끝 단어, 대개 내용어에서 일어난다(Giegerich 1992: 252-4) 그러면, **초점 강세**(focal stress)는[2] 의미론적이거나 화용론적인 신호 역할을 하는 통사적으로 위치된 억양 돋들림이다. 7장에서 부정, 양태, 양화사 사이의 작용역을 구별할 때, 초점 강세에 대한 의미론적 역할에 대해 잠시 살핀 적이 있었다. 현재의 절은 화용론에서 신정보 혹은 대조적 정보의 신호로서 그것의 용법의 개관을 제공한다. (각 영어 단어는 그 자체의 강세 윤곽을 가지고 있는데 *conSPIrator*, *conspiraTOrial* 사이의 차이에서 나타나는 것과 같다. 만일 어떤 단어가 초점 강세를 수반할 것이라면 그때 그 단어 내의 어느 음절이 강세를 받는 것이 될 것인지는 단어 층위에서 결정

2) 필자가 *초점 강세*라는 명칭을 사용한 것은 단지 그렇게 하는 것이 그것이 강세의 일종이라는 것을 상기시키는 데 더 용이하게 해 줄 것이기 때문이다. 언어학에서는 같은 것에 대해 *초점*이라는 용어가 더 일반적으로 쓰인다. 상대적으로 적게 사용되는 다른 용어로는 *문장 강세(sentence stress)*와 *음조(tonic)*가 있다.

된다. (영어 단어 강세 배열 방식에 대한 소개는 McMahon 2002: 119-23이 있다.)

별로 두드러질 것이 없는 두-차례(two-turn) 대화가, 초점 강세가 신정보를 어떻게 표시하는지 보이기 위해 (9.16)에 주어진다.

(9.16) A: "Did you come by BUS." B: "I came by TRAIN."

A의 초점 강세는 운송의 수단('by bus')이 의문의 핵심이라는 것을 가리킨다. 신정보가 확언을 위해 제공되고 있다 — B의 도착은 아마도 'You came by some means'를 전제하는 것이 올바르게 만들어준다. 대답 속의 초점 강세는 다른 종류의 운송이 사용되었다는 것을 말하기 위해 사용되었다.

Swart and Hoop(2000:123)에 의해 나에게 제안된, (9.17)에 주어진 것들은, 초점 강세가 통사부와 결부되는지를 예시하기 위한 더 복잡한 가능성들의 집합을 제시한다.

(9.17) a. Could you [email [her [new BOSS?]]]
b. No, but I could email her new SECretary.
c. No, but I could email her uniVERsity.
d. No, but I could email MEEna.
e. No, but I could GO there.

(9.17a)의 요청은 마지막 단어에 초점 강세를 가지고 있다. (9.17b-e)에 있는 다른 가상의 반응들은, (9.17b)에서처럼, 새로운 것으로 여겨지는 것이 단지 *boss*의 지시대상일 수 있다는 것, 또는 *boss*가 마지막 단어가 되는 다른 구들 가운데 아무것이라는 것을 보여준다. 첫 줄에 있는 각괄호들은 이 구들이 하나가 다른 것 속에 포개 넣어질 수 있다는 점을 강조하는 것이

다. (9.17d)에 있는 반응은, 한 예를 들면, 그 요청을, *her new BOSS*라는 구를 신정보로 제시하는 것으로 취급한다. 그것은 마지막 단어에 초점 강세를 가지는 것에 의해 신호된다. 그리고, 만일 그것이 새로운 것이라면, 전제된 나머지는 'you could email someone'인데 그것은 *I could email MEEna*를 적절한 반응, 즉 전제된 것을 취하고 동사 *to email*의 목적어로 맞아 들어가는 논항을 제공하는 것으로 만든다.

(9.18)을 (9.16)과 비교하라. (9.18a)에서 그 질문의 초점 강세는 *you*에 있다. 세 개의 다른 적절한 대답들이 (9.18b-d)에 주어진다.

(9.18) a. A: "Did YOU come by coach? (**당신이** 버스로 왔나요?)"
b. B: "I came by TRAIN. (**나는 기차로** 왔어요.)" (where both *I* and *TRAIN* have focal stress)
c. B: "I came by TRAIN ((나는) **기차로** 왔어요)".
d. B: "LORna came by coach. (**로나가** 버스로 왔어요.)"

화자와 수신자는 종종 자동적으로 배경의 일부로 취급된다. (왜냐하면 그들 없이 대화를 가지는 것은 어렵기 때문이다.) 그 경우에 *I*와 *you*는 초점 강세를 수반하지 않는다. 그러나, (9.18a)와 (9.18b)는 그것들이 대화를 가리키기 위해서 강세를 자연스럽게 수반하는 예들이다. 질문 (9.18a)는 'one or more came by coach'를 전제하지만, (9.18a)에서 초점적으로 강세가 주어진 *you*는 추가적인 전제 'you perhaps came by coach and I didn't think you would'를 제안한다. (9.18b)에서 강세가 주어진 *I*는 '내가 나 자신을 당신이 겉으로 보아 생각하고 있을 가능성으로부터 단호히 구별한다'는 것을 전달하고, (9.18b)에 있는 두 번째 초점적으로 강세가 주어진 항목은, 질문자가 한 가능성으로 장거리 버스 여행을 전제하는 것에 반대하면서, 기차 여행을 신정보로 가리킨다. (그렇다. 이것이 이례적이기는 하지만

한 절 속에 두 개의 초점적으로 강세가 주어진 항목들이 있는 일이 일어날 수 있다.)

예 (9.18c)는 질문자가 대화자가 장거리 버스로 왔을 가능성에 놀라는 것처럼 보이는 것을 무시하고, 단순히 전제의 'you perhaps came by coach' 부분과 모순되는 정보를 제공한다. 그것은 (9.18b)의 수탉 울음소리 같은 상음(overtones; 上音)이 없는 중립적인 종류의 반응이다. 예 (9.18d)는 그 질문에 직접적으로 답하지 않는다. *Lorna*에 대한 초점 강세는 (9.18a)의 전제적 배경의 'one or more came by coach' 부분에 있는 변항 'one or more'에 대해 대체할 수 있는 논항을 제공한다. 질문자는 양의 격률(8장에서 논의됨)을 통해, 만일 (9.18d)의 화자가 대답으로 충분하다고 생각한다면 청자는 *Lorna*가 장거리 버스로 온 유일한 서로의 지인임에 틀림없다는 것을 추론해야 한다. 그러므로 (9.18d)는 화자가 장거리 버스로 오지 않았다는 것을 함축한다.

요약

이 장은 영어에서 다음을 가리키는 구조들과 장치들(한정성, 분열문의 두 종류, 피동문, 초점)의 도입적 개관이었다.

- 의사 전달자가, 수신자가 그 발화를 해석할 때 기대는 배경 정보에 대해 전제하고 있다는 것
- 그리고 그 메시지의 어느 부분이 새로운 것으로 제시되고 있는지

이 주제와 관련해서는 여기서의 도입보다 더 많은 복잡한 것들이 있다.

배경, 배경 속의 화제, 신정보 사이에 대한 이 장에서의 구별은 매우 거친 것이다. 예를 들어, *There's your future to think about* 같은 "상기시키는 말(reminder)"에서도 (9.1)에서의 'weird green glow'처럼 정보의 새 항목을 도입하는 데 특화된 구조(존재적 *There's* ...)를 사용하고 있다. 그러나 *your future*는 한정적이다. 그것은 그것을 알려진 배경 정보에 관련되는 것으로 표시하며, 그들의 미래에 대해 한 번도 생각해 보지 않은 비-유아(幼兒) 대화자를 상상하기도 어렵다. 아마도 그것들이 얼마나 최근에 또는 얼마나 두드러지게 담화 속에 두각을 나타내는가에 따라 적어도 두 종류의 배경 정보가 구별될 필요가 있는 것이다.

또한 이 장에서 논의되지 않은 것으로 강세와 구성 유형 사이의 상호작용이 있다. 만일 피동문의 문법적 주어 위치가 화제(이미 알려진 것으로 가정되는 정보)를 나타낸다면, 주어가 초점 강세를 가지면서 그것을 새로운 것으로 표시할 때 구어 피동문은 어떻게 해석되는가? (빠른 대답은 그런 피동문들은 전제적으로 중의적이라고 하는 것이다.)

7장은 의미론적인 역할 — 함의에 영향을 줄 수 있다고 암시하는 — 을 수행하는 초점 강세를 보이는 예들을 담고 있었다. 그 예들은 초점 강세를, 이 장에서 피동화와 분열이 아무 의미론적 효과를 가지지 않는다고 주장해 온 것과 다른 것으로 만들 것이다. 연관된 경우들이 대개 연산자들(부정, 양화사들, *only* 등에 의해 영향 받는 것)의 작용역을 포함한다. 피동화와 *it*-분열문들도 역시 그런 효과를 보일 수 있다. 논의를 위해 Rooth(1996)과 Swart and Hoop(2000)을 보라.

분명한 것은, 이 책에서 다루어진 문제들에 대해 말할 것이 더 많이 있다는 것이다. 필자는 여러분이 언어가 의미 구별을 부호화하는 방식들에 관해, 그리고 사람들이 의미론을 의사소통의 화용론 속에서 어떻게 작용하게 하는지에 관해 계속 생각하고 더 많이 읽어보기를 바란다.

연습 문제

1. 필자는 시인 Hamish Henderson을 꼭 한 번 만났는데, 그때 그것은 전혀 예기치 못한 일이었기 때문에 이렇게 물었다. "Are you THE Hamish Henderson?" 그의 겸손한 대답은 자신은 100위권 내에 머무르려고 한다는 것이었다. *한정적(definite)*과 *화제(topic)*라는 전문적 용어를 사용하여, 이 대화에서 무슨 얘기가 오가고 있는 것인지 간단히 설명하라.

2. 다음 경고를 제공하기 전에 화제의 예비적 도입이 불필요한 이유는 무엇인지 설명하라: *Keep* your head *down*와 *Mind* the step. 여기에서 밑줄 친 구들은 한정적이다.

3. 유사 분열문은 도치될 수 있다. 예를 들어, *The meteorite was what hit the sofa*. 이것은 이 장에서 논의된 예 *What hit the sofa was the meteorite*와 비교하라. 전제가 같은가, 아니면 다른가? (암시(힌트): *The meteorite was what hit the sofa*에 의해 함의되면서 *The meteorite wasn't what hit the sofa*에 의해 함축되는 명제를 발견하도록 노력함으로써 시작하라. 다시 말해서: 그것이 전제하는 것이 무엇인지 찾아내라.)

4. 톰은 그가 기억하는 대로, "It was the ATlas that Lucy borrowed"라고 말한다. 톰이 틀렸다. 여러분은 누가 무엇을 빌렸는지 분명히 안다. (a) 매리는 지도를 빌렸고 (b) 루시는 사전을 빌렸다. 다음을 완전한 문장이 되도록 채움으로써 톰을 어떻게 바로잡을 것인지 나타내라.

   "No, you're wrong: ________________________________".

   여러분의 완성이 관련되는 시나리오는 (a)와 (b) 중에서 어느 것인가? 이것은 이 장에서 논의된 *it*-분열문들의 전제 배열 방식과 어떻게 맞아 들어가는가?

5. (9.11c)의 뒤쪽 절반에 따라, *The scheme was liked by the conspirators*는 'The conspirators liked the scheme'을 함의한다. 그러나 (9.12)의 첫줄에 따라 *The scheme was liked by the conSPIrators*는 'Someone liked the scheme'을 함의한다.

*The scheme was liked by the conSPIrators*가 'The conspirators liked the scheme'도 함의하는 것은 사실이다. 이 예들과 주변 텍스트를 잘 살펴보고 (9.12)에서 덜 제보적인 함의 'Someone ...'가 인용된 이유를 확인하라. 단순히 그것이 강세 음절 *SPI* 때문이라고 말하지 말라; 그것은 이 연습문제에서는 부차적인 문제다. 그 대신, 이 예들에 관해 말하여진 것의 논리를 이해하려고 노력하라.

6. 예 (9.18)은 *Did YOU come by coach?*라는 질문을 가지고 있었다. 다른 것들 가운데서, 그것은 'one or more came by coach'를 전제한다. 어떤 다른 전제가 *Was it YOU who came by coach?*(*it*-분열문에 기반을 둔 질문)에 의해 나타내지는가? 이 장 속에는 찾아볼 답이 없다. *it*-분열문이 더 적절하다고 느껴질 상황들에 대해 생각해보라.

추천 논저

포괄적이고 쉬운 설명이 허들스턴 · 풀럼(Huddleston and Pullum, 2002)의 제16장 정보 포장에 관한 장에 주어져 있다. 이 분야의 이론들에 대해 더 많이 알고 싶다면, 스워트 · 후프(Swart and Hoop, 2000)이 훌륭한 최신의 개관이 될 것이다. 그것은 알기 쉽게 쓰여졌지만 그렇다고 해도 부분적으로는 아주 어려운 곳도 있다. 루스(Rooth, 1996)는 초점 강세를 집중적으로 다루고 있다. 그의 논문은 어려운 전문적 자료뿐만 아니라 많은 흥미로운 예들을 담고 있기도 하다.

연습문제 권장 답안

Suggested answers to the exercises

제1장

1. *arriving*은 '에 있는 것(being in/at)'이 아닌 장소로부터 '에 있는 것(being in/at)'인 장소로의 변화를 표의한다. *leaving*은 그 반대의 전이를 표의한다. 즉 '에 있는 것(being in/at)'인 장소로부터 '에 있는 것(being in/at)'이 아닌 장소로의 변화. 마찬가지로, *learning*은 무엇을 '알고 있는 것(knowing)'의 상태로의 전이이며, *forgetting*은 반대로의 변화, 즉 무엇을 '알고 있는 것(knowing)으로부터 '알고 있는 것(knowing)'이 아닌 것으로의 변화다. 문맥에 관련되지 않는 단어 의미의 고려는 의미론의 일부다.

2. 확신할 수는 없지만 그 등급은 아마도 낮았다고 볼 수 있다. "You passed"나 "You did very well"이라고 단순히 말하지 않고 그 대신 낙제의 가능성을 불러일으킴으로써, 선생님은 등급이 낙제점에 가까울 만큼 낮았음을 암시한다. 아마도 선생님은 "You got a low grade"라고 말하지 않았을 것인데, 그렇게 하면 당황스럽게 하거나 상처를 줄 수 있을 것이기 때문이다. 우리가, 사용됐을 수 있는 선택적 발화들을 고려할 필요가 있었기 때문에, 그리고 불확실한 결론 때문에, 이것은 화용론적 추리가 된다.

3. Pick the right lock은 '바른 자물쇠를 선택하라' 또는 '자물쇠를 열쇠 없이 열어라'를 의미할 수 있다. 적어도 두 개의 명제가 관련된다. 그 문장이 가

질 수 있는 각각의 가능한 의미에 대해 하나씩. 또 *right*를 '오른쪽'이라는 개념의미로, 그리고 *lock*을 '머리카락 엉킨 것'이라는 개념의미로 보면 우리는 추가적인 의미를 얻을 수 있다 — 그러면 더 많은 명제들이 얻어진다.

4. 'not trust', 'not regard', 'not like'에서 동사 그 자체는 'not'의 작용역(scope) 속에 있지 않다. 그러나 'prove not'과 'persuade not'에 대해서는 다른 어떤 것이 'not'의 작용역 안에 있다.

5. 비상식적인 분석은 '(not good) enough'와 같은 괄호 묶기를 가질 것이다. 그러나 *good enough*는 'adequate'을 의미하고 주어진 표현에서 'not (good enough)'와 같이 부정되는 것이 타당하다; 'not'에 의해 표현되는 부정은 선택적으로 부정 접두사 *in-*으로 부호화될 수 있고, 그래서 전체 표현은 'inadequate'과 동의적이다.

7. 함의는 다음과 같다. 2⇒1, 3⇒4, 4⇒3.

제2장

1. (a) They were soundless. (b) They were silent. (c) They were noiseless. (a⇒b)&(a⇒c)&(b⇒c)&(b⇒a)&(c⇒a)&(c⇒b)

2. *awake*와 *asleep*는 상보대립어다. 왜냐하면 *She is awake*는 *She is not asleep*를 함의한다; *She is not awake*는 *She is asleep*를 함의한다; *She is asleep*는 *She is not awake*를 함의한다; *She is not asleep*는 *She is awake*를 함의한다. 필자는 *half-awake, half-asleep, dozy*를 'awake'와 'asleep' 사이의 중간지대 같은 것을 표의한다기보다 awake에 속하는 다소 다른 방식들이라고 받아들인다. **He's dozy but still asleep*와 대조적으로, *He's dozy but still awake*는 의미론적으로 문제가 없음을 보라. 그리고 다음과 가상적인 대화도 충분히 가능하다고 본다. "You're asleep." "No, I'm not, but I admit I'm dozy/half-asleep/only half-awake."

3. 왼쪽 줄에 있는 형용사들은 등급화할 수 있는 것들이다. 그리고 *quite*의 "어조완화사"로서의 개념의미가 등급화가능성에 대한 테스트가 될 수도 있었다: *How clever is your sister? It is too late now. Families are getting smaller. This is very unusual.* 다른 줄에 있는 항목들은 상보쌍들의 구성원들(*right-wrong, finished-unfinished, impossible-possible*)이거나 암묵적 최상급(*alone*)이거나 양쪽 모두(*impossible*)이고, 상보대립어들과 암묵적 최상급은 "극대화사"들의 수식을 받을 수 있다.

5. *young, miserable, pleasant, unpalatable, tasty*를 질문에 쓰면 편견이 들어 있는 의미를 얻게 된다. '근력(muscular)'의 의미에서 *weak*와 *strong*을 쓰면, *weak*만이 편견 있는 *how*-질문을 만들어낸다. 그러나 음료수와 의약품과 같은 예에서의 '섭취물의 효용' 의미에서는, *strong*과 *weak*가 모두 선입관이 있는 *how*-질문을 만들어낸다. "How strong is that tea?" "It's not strong; it's weak."는 정상적인 대화라고 생각된다. 마찬가지로 "How weak is that tea?" "It's not weak; it's strong."도 그렇다.

6. 만일, 보기에 그렇듯이, *royal visitor*가 방문할 왕족 인사를 표의한다면, 그런 사람은 왕족이기도 하고 방문객이기도 할 테니까 교집합적으로 취급될 수 있다. *royal correspondent*는 중의적이다. 데카르트와 편지를 주고받았던 크리스티나 여왕은 교집합적 체계에 들어맞는다. 왕족이 아니지만 규칙적으로 왕실 사람들에 대해 보도하고 있는 언론인(통신원)의 경우는 교집합적으로 분석될 수 없을 것이다. 그런 사람은 *correspondent*에 의해 표의되는 집합에 속하지만 *royal*에 의해 표의되는 집합에서는 그렇지 않다. *correspondent*에 의해 표의되는 *heavy eater*는 중의적이다. 음식에 탐닉하지만, 몸무게가 많이 나갈 수도 있고 그렇지 않을 수도 있는 그런 사람은 비교집합적인 경우를 예시하고; 만일 그 *eater*가 무게가 많이 나간다면 교집합적 해석도 작용을 한다. *wise fool*은 현명한 직업적 바보(피에로나 어릿광대)를 의미하면 집합적으로 취급될 수 있지만; 만일 현명하면서 어리석은 사람을 의미한다면 *fool*과 *wise*에 의해 표의되는 집합들 사이에 교집합이 없는 모순이다. 아니면 같은 사람의 다른 측면들을 함께 거론하여 대비시키는 재치 있는 말이겠다. (그리고 아마도 교집합적으로 분석될 수는

없을 것이다.)

제3장

1. 필자의 판단에는, 원형 *shoe(신발)*는 *upper(갑피)*와 *sole(밑창)*을 가지고 있다; 그것들은 다시, *upper*는 *tongue(혀)*을 가지고, *sole*는 *heel(굽)*을 가지고 있다. 어떤 영어 화자들에게는, *heel*이 *sole*의 부분이라기보다, *shoe*의 직접적인 부분일 수 있다. 그것은 여러분이 직관에 맞는다고 생각하든 그렇지 않든 다음과 같이 말하는 것이 나을 것이다. "shoe는 upper를 가지고 있으며, sole는 heel을 가지고 있다"; 아니면 "shoe는 upper와 sole을 가지고 있다; 그리고 sole는 heel을 가지고 있다". 아마도 *laces(레이스)*나 *ties(매듭), straps(가죽끈), fastener(잠그개)*는 여러분의 원형 shoe의 부분들일 것이다.

2. 만일 그 진술이 의미와 관련한 영어 지식의 유능한 사용자의 합당한 반영으로 받아들여진다면, *옆면*은 *윗면*과 *아랫면*과 *앞면*와 *뒷면*에 대한 상위어다. 그 진술은 후자의 넷을 *옆면*의 다른 종류들로 부른다. 그리고 양립불가성의 관계가 *옆면*의 이 네 하의어들 사이에 유지된다. 그 진술에서 각 줄을 따라오는 "정의"들은 상위어(side)와 수식어(예를 들어, 'that is down')이고, 그것은 하의어 의미들의 유형이다. *옆면*의 다른 수식어들은 네 하의어들을 불가능하게 만든다.

3. *mother*와 *father*는 양립불가능하다. *This is my mother*는 *This is not my father*를 함의하며, *This is my father*는 *This is not my mother*를 함의한다. 그러나 우리는 함의들을 부정문들로부터 긍정문 쪽으로 얻지 않는다. 예를 들어 내 어머니가 아닌 누군가는 내 아버지일 필요가 없고 내 고모나 사촌 아니면 지나가던 나그네일 수 있다. 반의어라는 용어는 형용사나 부사 쌍들 사이의 양립가능성을 위한 것으로 제한적으로 쓰인다; *mother*와 *father*는 명사다.

4. 몇 가지 최초의 생각: (a) "여기서는 마시말로를 팔지 않아요. 여기는 신발 가게거든요"는 분명한 거부일 것이다. 그러나 단어 *신발(shoe)*의 의미를 존중하는 느낌이 든다. 반면에, 다음의 거부는 의미 면에서 특이하다는 생각이 든다. "?여기서는 샌들을 팔지 않아요. 여기는 신발 가게거든요" 그리고 여기서는 *샌들*을 *슬리퍼*나 *부츠*로 대체해도 그만큼 이상할 것이다.

(b), (c), 그리고 홑따옴표를 친 (d). 전체적 상위어로서 *shoes₁*(또는 *footwear*) 즉 '밑창(sole)을 가진 신는 것(발 의복)'을 가진 뒤집어진 나무 그림을 그리라. 그 아래 세 개의 갈래에 *shoes₂*, 곧 '발만 덮는 신는 것', *boots*, 곧 '적어도 발과 발목을 덮는 신는 것', 그리고 *sandals*, 곧 '바람이 통하는 신는 것'. *shoes₂* 아래 갈래들로부터 매달려있는 하의어들은 *clogs* '나무로 만든 신발', *trainers*와 *sneakers*(*sneakers*와 *trainers*는 동의어 쌍이다.) *boots* 아래의 하의어들은 *football boots* 곧 '풋볼을 위한 신발'과 *gumboots*를 포함한다. 만일 여러분이 그 단어를 안다면, *jandals* 곧 '방수가 되는 최소한도의 샌들'은 *sandals*의 하의어다. (*jandals*는 많은 호주인들이 *thongs*라고 부르는 것의 뉴질랜드 영어 단어다. 다른 곳에서는 영어 화자들에게 *shower shoes*나 *flip flops*라고 한다.) *galoshes*와 *slippers*가 포함해야 할 다른 단어들이 될 것이다.

5.

가산	물질
(a) There is a paper lying on my desk. How many glasses shall I wash? Whole cheeses are on sale at the stall.	We use too much paper. It can be expensive to recycle glass. Feta cheese is used in spinach pies.
(b) broadsheet(보통크기 신문), tabloid (타블로이드판 신문), goblet(굽 없는 잔), wineglass(포도주 잔)	newsprint(신문 용지), typing paper (타이핑 용지), window glass(창유리), bullet-proof glass(방탄 유리), gouda (하우다 치즈), gorgonzola(이탈리아산 고급 치즈)

'준비된 진술(논문 등)'이라는 의미를 가진 *paper*의 다른 가산적 의미가 있

다. 그 하의어 중 하나로 *conference paper(학술대회 논문)*가 있다. *spectacles(안경)*와 동의적이고 *bifocals(이중 초점 안경)*와 *sunglasses(선글라스)*와 같은 하의어들의 상위어인 *glasses*는 가산명사지만 단일 형식을 가지지 않는다. 따라서 여기서의 답의 부분으로서는 그리 옳지 않다. 필자는 가산명사 *cheese*에 대해서, 주먹만한 크기의 밀랍으로 봉해진 공 모양의 것으로부터 천으로 포장한 크고 둥근 것까지 다양한 범위의 종류를 알기는 하지만, 적절한 하의어를 알지 못한다. 아마도 여러분은 이것들 중 몇에 대한 단어들을 알 것이다.

물질명사들은 재료나 물질을 표의한다. 가산명사들은 사물의 종류들을 표의한다. 신문, 유리 음용 용기, 치즈가 생산되는 틀(formats).

제4장

1. 그 공무원의 사임 — 두 달 이상이 지난 뒤 — 이후의 상황에 대해 말할 때, 그 문장 ?*The minister resigned the civil servant(그 장관이 그 공무원을 사임했다)*는 그것에 대한 올바른 이해가 다음과 같다면, 사동문으로 여겨질 수 있을 것이다. '그 장관에 의한 행동이 그 공무원의 사임을 직접적으로 유발했다'. 이 상황은 *The minister made (the civil servant resign)(그 장관이 (그 공무원이 사임하-)-게 했다)*과 같은 두 절 구성으로 기술될 수 있었을 것이다. 왜냐하면 이것은 직접과 간접 사동을 모두 포괄하는 것이니까 그렇게 할 수 있다. 그러나 너무나 나중에 일어났기 때문에, 만일 그 공무원이 5월에 사임하게 한 것이 그 장관의 2월의 발표라면 그 사동은 간접적이라고 보는 것이 더 그럴듯하다. 그렇다면, 한 절 문장 ?*The minister resigned the civil servant(그 장관이 그 공무원을 사임했다)*는 그것에 대해 말하는 적절한 방법이 아닐 것이다. 왜냐하면 한 절 사동문들은 직접 사동을 부호화하기 때문이다. 2002년 2월로 되돌아가서 ?*Who is going to be resigned next(다음에는 누가 사임될 것인가)?*는 아마도 '누가 다음에 사임하도록 될 것인가?'를 의미하는 질문이 아니라, 사람들에게 단어 *resign(사임하다)*의 의미에 대해서 생각하고 그 장관의 명백한 횡포에 대해 생각해 보게 하는 한 방법으로서, 그 질문의 비적형성을 통해 사람들의 관심을 끄

는 수단일 것이다.

2. 달걀로서, 험프티는 그것의 '거대한 추락(great fall)' 이전에는 (손상되지 않은 채로) "하나(함께)"였다. 군사들은 험프티를 하나(함께함)라는 이런 이전의 상태로 돌아가게 하는 데 실패했다. *붙이다(put)*는 인용된 가사에서 사동 완성 동사다. 복귀 부사 *다시(again)*는 주절의 행동 동사 *put*보다 '험프티가 붙어 있다'라는 내포된 명제를 수식한다.

3. 문장 (a)와 (b)는 비대격이다. 왜냐하면 그 주어의 지시대상은 그 행동을 의식적으로 수행하지 않기 때문이다. 그것은 *carefully*를 가진 문장들의 특이성으로부터 확인된다. **The kite carefully flew,* **My heart carefully sank.* 문장 (c)는 비능격이다. 읽은 것은 학생들이 의식적으로 하고 조심스럽게 할 수 있는 그런 것이다.

4. (a) 행위. (b) 완성. (c) 성취. (d) 상태. (e) 한 번 멈추는 것에 대해서 말할 때는 성취다. 왜냐하면 다음과 같은 표현은 '음악이 작아졌지만 계속되었다'를 표현하는 수용 가능한 방식이 아니며: **The music stopped stopping (그 음악은 멈추기(작아졌지만 계속이어지기)를 멈추었다)*; 또한 복귀적 *again*이 직접적으로 작용하기 때문이다. *The music was stopping*은 습관적인 것('the music kept stopping'을 의미; 6장을 보라)으로 해석하지 않으면, 또는 예정된 멈춤과 관련하여 말하여진 것이라면, 수용 가능하지 않다. 습관적 해석에서는, *The music stopped*가 행위가 된다. (f) 성취. (g) 행위. 그렇다. *the violin*은 한정적 직접 목적어다. 그러나 그 행위를 한정하는 것은 아니다. *Khalid played the violin*은 바이올린이 "끝날" 때까지 그가 연주를 하는 상황을 부호화하지 않는다. (*Khalid played the sonata*를 비교하라.)

5. *learn your lines(대사를 외다)*에서, 그 상황은 'knowing your lines(대사를 알고 있다)'를 도달점으로 가진 완성이다. 그 도달점이 당도될 때만 여러분은 *finish(끝내다)*한 것이다. 그러나 그 글을 배우기를 *stopping(그만두기/*

멈추기)하는 것은 끝내는 지점 이전에서든 그 끝점에서든 어디에서나 일어날 수 있다. 그러면 *finish(끝내다*)는 '그 도달점에 당도해서 stop(그만두다/멈추다)'한다는 것을 뜻한다. *playing teenage roles(10대 배역을 연기하다*)는 행위다. 행위는 도달점을 가지지 않는다; 그러므로 *stop(그만두다*)와 *finish(끝내다*) 사이의 의미 차이는 (b)에서 아무런 의의를 가지지 못한다.

6. (a)에서 "재료" 논항(밀가루와 양념의 혼합된 양을 지시하는 *this(그것*))은 *sprinkle(끼얹다*)의 직접 목적어다. 그것은 도달점을 상정한다. 일단 세 식탁용 큰 스푼이 전부 끼얹어지면, 그 작업은 완성된다. (후속적인 부드러운 혼합은 밀가루-양념 혼합을 끼얹음에서 빠진 복숭아들에도 뿌릴 수 있다.) (b)에서 처소 논항(그 주형 바닥을 지시하는 *it(그것*))은 *dust(가볍게 뿌리다*)의 직접 목적어다. 전체 버터 발린 부분에 가볍게 뿌려졌을 때 종결되며, 요리사가 이것을 완성할 때 부엌에 있는 밀가루를 전부 써버리지는 않았을 가능성이 충분히 있다.

제5장

1. 육친인 자기 아버지가 한 일에 당황하여 그녀의 얼굴이 "엉겨 붙었다". *피는 물보다 진하다*라는 말은 가족의 유대가 다른 사람들보다 더 중요하다고 단정한다. 그러므로 그것은 Diski의 어머니의 당황이 특별히 그녀 자신의 아버지의 행동에 의해 산출되었기 때문에, 그 진함이 그 엉겨 붙은 것을 더 불쾌하게 만들면서 더 통렬했었다고 암시할 수 있을 것이다. 은유적 해석은, 어떤 그림에 대한 계속된 조사가 끊임없이 새로운 특징을 밝혀낼 수 있는 방식과 마찬가지로 제한이 없는 것 같다. 대조적으로 'grimace(얼굴을 찡그리다)'라는 단어의 문자적 해석은 거의 가공(elaboration)의 여지가 없는, 거의 즉각적인 의미론적 부호 해독의 문제인 면이 크다. 여러분이 은유적 해석을 얼마만큼 받아들일 수 잇는가는 은유적 보조관념에 대한 여러분의 백과사전적 지식의 범위에 의존한다; 여러분이 은유적 해석을 얼마나 받아들일 것인가는 관심과 끈질김에 달려 있다.

2. *부리*들을 보조관념으로 사용하고 '새들은 부리를 가졌다'는 전제에 의존하는 환유

3. *He's a tube light*는, 형광등이 스위치 조작에 반응하는 것이 지연되는 것과 비슷하게, 문제의 사람의 알아듣는 반응이 늦다는 것을 전달하기 위해 의도되었다. 요구되는 정보는 그 즈음에 피지에서의 평균적인 "tube lights"의 두드러진 특징과 관련하여 전제적이다. 그것들은 켜지는 것이 늦고 일반적으로 다소 어둡다.

4. *like*의 두 번의 출현은 직유라고 불리는 종류의 은유를 암시한다. 그러나 벌들은 문자 그대로 쏘며, 그것은 *벌처럼 쏘는 것*이 비유적이라기보다는 문자적임을 의미한다. 그러므로 은유가 아니다. 그러나 무하마드 알리는 암묵적인 주어였으며 — 그는 *내가 벌처럼 쏜다*고 말했을 수도 있다 — 그것은 *(벌처럼) 쏘다*가 그의 주먹들의 성질을 전달하기 위한 보조관념으로, 은유적으로 사용되고 있었음을 의미한다. 만일 동사 *dance*가 '음악에 맞춰 시간 내에 움직이다'만을 의미한다면 나비는 그것을 하지 않으며 알리도 권투를 할 때 그렇게 하지 않았다. 그것은 춤과 나비들의 움직임의 직유 비교를 은유적으로 만들며, 그래서 또한 그의 링에서의 움직임과 춤추는 것 사이의 비교도 은유적이 될 것이다. (권투는 짝을 지어 행해진다는 것은, 권투선수들은 서로의 움직임에 "가락을 맞춰" 서로의 둘레를 선회한다는 것 또한 은유적 해석을 뒷받침해 준다; 그리고 알리의 빠르고, 경쾌하고, 끝없이 다양한 발놀림은 그 은유적 보조관념 *나비*에 의해 잘 표현되었다. 그러나 많은 영어 사용자들에게, *dance*는 오래 전에 나비들의 그것과 같이 '반복된 이리 저리 경쾌하게 돌아다니면서 움직이다'라는 추가적인 개념 의미를 — 반복된 은유적 사용으로부터 — 획득했다. 전제 속에 그것을 가지면, *(내가) 나비처럼 춤춘다*는 단순히 문자적으로 받아들여질 수도 있을 것이다. 무하마드 알리의 원칙의 앞쪽 절반에 대한 답으로는 선택의 자유가 있다. 그것은 전제에 의존한다.

제6장

1. *recently*는 *yesterday*를 포함하는 과거 시간군과 어울린다. **He is happy recently*, *?He shops at the corner store recently*, **I will do it recently*가 수용 가능하지 않은 것을 보라. (예 (6.20)과 연결하여 *recently*는 현재 완료형들과 함께 사용될 수 있다는 것이 언급되었었다. 예를 들어, *I have been over the Forth Rail Bridge recently*는 그 여파 — 내가 그 다리를 건넌 것과 발화시인 지금 사이의 구간 — 가 상대적으로 짧지만, 짧은 것으로 평가되는 그 여파의 구간이 모두 지금 이전임에 유의하라. 그것은 그 여파가 과거 시제에 있음을 말해주는 것이다. *soon*은 표 6.2에서 과거와 미래 시간과 어울리는 것이 수용 가능하지만 현재와는 안 된다는 점에서 *then*과 유사하다. **I'm eating cake soon*은 지시가 현재를 향하고 있다면 좋지 않지만 *I'm catching a train soon*에서의 미래 지시와는 좋다. 이 두 문장 모두가 형식으로는 현재 진행이지만 말이다. 그런 경우들에서 *soon*은 '지금 이후로의 짧은 시간'이라는 의미와 함께 직접적으로 발화시에 닻 내려진다. 그러나 *soon*이 *It began to rain, but stopped soon*에서처럼 과거 지시와 더불어 사용되면 그 화시는 간접적이고 *soon*은 '그 시간 이후의 짧은 시간'을 의미한다. 그 예에서, '그 시간'은 과거 시제형 *began*이 화시적으로 가리키는 시간이다.

2. *Arthur's a tyrant*는 상태 절이고, 그래서 그것은 통상적으로 상대적으로 오래 지속되는 상황을 표현한다. 그리고 개연적으로 아서의 인격에 관한 판단을 표상할 것이다. *Arthur's being a tyrant*는 다른 문장보다 더 길다. 그것은 추리의 화용론적인 해석을 촉발한다. 왜 화자는 더 짧은 쪽을 선택하지 않은 것일까(아마도 그 둘 사이의 의미들 사이에 있을 수 있는 차이에 연결되는 것을 신호하기 위해서)? 보통 상태를 부호화하는 데 기여하는 동사 BE는, 더 긴 문장에서 마치 그것이 행위동사인 것처럼 (예6.17b)와 연결된 장에서 언급된 "잠정성" 해석을 요청하면서 현재 진행으로 표시되어 왔다.

3. 동사 *told*는 과거 단순이다; *had saved*는 과거 완료다; *were dying*은 과거

진행이다.

before time of report

——————————— time of report ———

The Gov. saves $$$ ↑

The co. told the Gov. ... ↑

People die early.

그 보고는 일찍 죽는 것이 지속되는 동안 회색 막대가 얼마나 멀리 오른쪽으로 연장되어야 하는지에 대한 확실성을 허용하지 않는다. 어쩌면 사람들은 보고의 시간에 여전히 이 원인으로 일찍 죽을 것이다; 아마도 이른 흡연 사망은 그 회사가 정부에 그것에 대해 말하기 전에 이미 멈추었었다; 아마도 그 죽음들은 말하는 것과 보고하는 것 사이의 어떤 시간에 멈추었다. 그 회사는 정부에 "People are dying early" 또는 "People were dying early" 또는 "People have been dying early" 가운데 무엇이라고 말했을까? 도식을 그리기 위해서는 그 회사가 정부에 "You have saved a lot of money"나 "You saved a lot of money" 중에 무엇을 말했는지 아는 것도 도움이 될 것이다. 이 두 가능성들은 둘 다 과거 완료로 보고될 수 있는데 예 (6.21b)와 연계해서 언급될 수 있다.

4. (c)에는 *You said you would ...*나 *You said you were going to ...*가 가능하다. 전날의 요구는 *Will you ..., Would you ..., Can you ..., Could you ...*나 다양한 다른 요구형들 가운데 어떤 것이었을지도 모른다. 여러분이 *You are going to ...*라고 말함으로써 질문을 했다면 그것은 놀라울 것이다. 왜냐하면 그것은 높은 정도의 확신, 어쩌면 확정을 암시하기 때문이다. 여러분의 친구가 여러분에게 그 책을 가져오기로 정해질 수 있다. 그러나 만일 여러분이 요구를 말로 표현할 때 그런 종류의 확정을 보여준다면 사람들은 여러분을 불량배나 최면술사로 짐작할 것이다.

제7장

1. 양태 동사 없는 무표적인 기술이 더 강하다. 화자가 사태에 대한 직접적인 정보를 가지고 있지 않지만 증거로부터의 추리에 기초하여 결론을 제시하고 있을 때 양태를 사용하는 것이 적절하다. 그러므로 양태 표지의 존재는 화자가 실제로 알고 있지 않고 추론에 의존하고 있다는 결론을 유도한다. 다만 *must*는 *might*보다 더 많은 확신을 나타낸다는 점이 함께 제시된 것이다.

2. *They must be made from buckwheat*는 의무적(메밀이 사용되는 것에 대한 요구 내지는 강한 권유) 또는 인식적(화자가 증거 — 아마도 색깔이나 맛 — 로부터 메밀이 재료라는 것을 추론하고 있다).

*We must get up early tomorrow*는 의무적이다. 내일 혹시 일어날지도 모르는 일은 인식적 *must*를 정당화하기에는 너무 불확실하다.

*The email needn't have been sent*는 어느 해석과도 관련될 수 있다. 의무적으로는 이메일을 보내는 것에 대한 아무런 요구가 없다는 것; 인식적으로는 이메일이 아직 보내진 적이 없다는 것이 가능하다는 것

*I can hear you now*는 "역량"(7.1.3절의 마지막 부근에서 언급된)을 가리킨다. 소리 층위, 전달과 이해 조건들이 여러분으로부터 오고 있는 것이 지금 들려지고 있다는 것을 의미하고 있다. 어떤 의미론 연구자들은 이 종류의 양태를 의무적인 것에 가까운 것으로 받아들인다. 물리학과 생리학이 (권위 있는 존재의 허가가 무엇을 일어나게 하는 방식과 유사하게) 무엇인가가 일어나도록 허용한다. 다른 사람들은 그것을 동적 양태(역시 7.1.3절에서 언급됨)로 분류할 것이다. 그 예가 이례적 용법이라는 것에 대한 지시자는 의미에 많은 영향을 주지 않고 양태를 제거하는 가능성이다. *I hear you now*는 *I can hear you now*의 환언이다.

허가가 주어지는 것을 보고하기 위해 *might*를 사용하는 것이 가능하지만, Biber 외(1999: 491)는 그들이 조사한 대화와 학술 영어의 방대한 표본들에서 *might*의 거의 모든 예가 인식적이라는 것을 발견했다. *They might or might not make it*의 의무적 해석은 다소 받아들이기 어려운데, 왜냐하면 사람들이 성공하거나 성공하지 못하도록 허가가 주어지는 것을 상상하기

가 어렵기 때문이다.

*You better apologise*는 의무적이다. 이것은 *You had better ...*나 *You'd better ...*의 축약된 형식이다. 관용어 *had better*는 인식적 양태를 표현하는 데 사용되지 않는다; Huddleston and Pullum(2002: 196)을 보라. (이것을 관용어라고 부르는 이유들 가운데 하나는 *had*를 포함하고 있음에도 불구하고, 그것이 과거에 대해 말하는 데 사용되지 않기 때문이다.)

3. 이것에 대해서는 수많은 정답이 가능하다. 여기에 그 중 약간만 제시한다.

*Guests may check in between 3pm and midnight*는, 만일 호텔의 누군가가 접수대에 있는 신참 직원에게 사람들이 숙박 수속을 하러 찾아올 것으로 예상되는 때에 대해 설명하고 있다면, 인식적이다. 그러나 만일 이것이 허용되는 숙박 수속 시간대를 보여주는 공지라면, 의무적이다.

만일 택시 기사가 승객이 첼로 케이스를 싣는 것을 도우면서, *You must be a musician*이라고 말한다면 그 해석은 거의 틀림없이 인식적이다. 같은 문장이, 만일 음악 선생님이 "제가 주식중매인이 된다면 즐겁게 일할 수 있을지 궁금해요"라고 말하는 유망한 학생에 대한 대답으로 말하여진다면 그것은 아마도 의무적일 것이다.

만일 어떤 신참이 은제 골동품에 관한 유의해야 할 흥미로운 점들에 대해 조언을 듣고 있다면, "Look at it with a magnifying glass; there should be a hallmark"에서의 'should'는 아마도 인식적일 것이다. 그러나 *There should be a hallmark*를 전통적으로 검증 각인이 찍히는 금속(백금, 금, 은) 이외의 어떤 것에 품질 보증 표시를 위해 압력을 가하기 위해서 사용하는 누군가는 그 문장을 의무적으로 사용하고 있는 것일 것이다.

4. 의무적 *may not*은 *can't*와 유사하다. 부정은 더 넓은 작용역을 가진다. 'not (possibly (they have an invitation))'. 그러나 인식적 *may not*(예 (7.28c)를 보라)은 *mustn't*과 같은 행태를 보인다. 양태가 넓은 작용역을 가진다. 'possibly (not (they have an invitation))'. 상대적 작용역의 비교를 위해서 *may*가 'possibly'로 표상된 것은 문제되지 않는다. 같은 단어를 (7.28b)에서는 *can*에 대해 사용했다. *may*와 *can*의 의미들은 가능성의 개념을 공유

하는데, 표 7.1에 나타난 그것들의 핵심 의미에서 '부정이 배제된다'는 부분이 바로 그것이다.

5. 기술된 상황에서 *The witness may* | *not be named*는 의무적이다. 이때 상대적 작용역은 'possibly (not (the witness be named))'다. 이것은 *may*의 일반적인 배열 방식(이 장의 연습 문제 4를 보라)과 다르다. 그 경우에는 해석이 의무적일 때 부정에 대한 넓은 작용역이 있었고, 인식적 해석과 더불어 양태에 대한 넓은 작용역이 있었다.

6. |B ∩ H|는 작은 수다. (*B*는 보트(boats)의 집합을 나타내고 *H*는 문제의 항구(harbour)에 있는 것들의 집합을 나타낸다). 이 장의 (7.29)의 예들을 보라. *few*를 양수적 양화사로 받아들이면, 화자는 단지 항구에 작은 수의 보트들이 있었다고 말하고 있는 것이다; 항구는 그리 보트로 붐비지 않는 것으로 보였다. 교집합만이 고려된다. 항구에 있지 않은 보트들은 계산 바깥에 남겨져 있다. 어떤 수가 작은 수인가? 그것은 화자에 의해 화용론적으로 결정되고, 화자가 익숙한 항구의 크기, 보트들의 밀도에 관련되며, 또 그것들이 자동차나 개미나 성채가 아니라 보트라는 사실에 관련되며, 그리고 수신자가 그런 경우에 작은 수로 여길 것인지에 대한 화자의 생각에 관련된다.

7. 이것은 이 장에 나온 예 (7.34b)에 비교될 만하다. 양화사 *one*이 더 넓은 작용역을 가질 수도 있는데 왜냐하면 그것이 주어 명사구 속에 있기 때문이다. 이 해석에서, 그 문장은 어떤 생산물도 그것에 의해 테스트 받는 것을 피할 수 없는 하나의 다용도 기계를 기술하고 있는 것이다. 'there is one machine (as for every product (the machine tests it))'. 그러나 *each*가 더 넓은 작용역을 가지는 반대 경향이 있을 수 있다. 'as for every product (there is one machine (the machine tests that product))'. 이 해석에서 우리는 모든 생산물이 하나의 기계에 의해 테스트 된다고 확신하지만, 각 생산물의 다른 유형들에 대해 다른 기계가 있거나 제한된 수만큼의 두 가지 용도의 테스트 기계가 있을 수도 있을 것이다; 아니면 두 대의 다목적 테스

트기가 있을 수도 있다; 또는 ...

제8장

1. 함축: '나는 당신이 잘 아는 사람이고 내 목소리를 들으면 당신이 나인 줄 알아차릴 것입니다.' 이 말은, 만일 여러분이 낯선 사람이나 조금 아는 사람의 집 문을 두드리고 있다면 특이한 대답이 될 것이다. 양의 격률이 위배되고 있는 것으로 보이는데, 왜냐하면 아무런 새 정보가 제공되지 않기 때문이다. 그러나 이것은 목소리가 즉각적으로 알아차릴 수 있어야 하기 때문에 아무 정보도 필요치 않다고 신호하는 것으로 받아들여진다면 합리적인 것으로 보일 수 있다. 이렇게 하는 이유들로는: 시간 절약을 위해; 관계없는 사람에게는 정보를 부인하기 위해; B가 전화할 것이라는 것을 A가 기억하지 못한 것에 대해 A를 당황하게 하는 것을 피하기 위해.

2. 각각, 양과 방법.

3. B의 "I don't know"는 질의 격률을 충분히 충족시킬 수 없다는 것에 대한 인정이다. 그것이 그 함축에서의 'perhaps'에 대한 기초가 된다. 그런 변명이 또한 A로 하여금 B가, 바라던 부분에 대해 단순히 명확한 지시를 주지 않은 것으로부터 아무 것도 추론하지 못하게 주의를 환기시킨다. 그것은 말하자면 B가 너무나 작은 양의 정보를 제공하는 것처럼 보인다는 것이다. 연관성도 역할을 한다. 사회언어학 책들에 대해 질문을 받았을 때 심리언어학 책들에 대해 말하고 있는 B는 다음과 같은 추론에 의해 협력적으로 받아들여질 수 있다. 즉 B는 언어학의 또 다른 긴 이름을 가진 하위분야의 책이 거기에 있는 것이 연관성이 있는 것일 수 있다고 생각함에 틀림없다; 같은 주제의 전문가를 위한 하위분야들은 유사한 이름을 가질 수 있다.

4. 방법. 그가 말하고 싶었던 것을 확신하기는 어렵다. 그러나 아마도 그것은 *I fully agree with you(나는 당신에게 전적으로 동의합니다)*에 의해 표현되었을 수 있다. 그것은 더 적은 단어를 가지고 있고, 모든 그런 부정소들

(*not*, *dis*-과 *fail*과 *less* 속에 있는 감추어진 것들)의 처리를 필요로 하지 않는다. 강조의 *Yes!*가 그 자체로 충분했을지도 모른다. 그러나 동의를 표현하는 이런 방법들의 어느 쪽도 다음 함축을 전달하지는 않는다: '나는 언어 구사에 능해서 보통 사람들을 혼란스럽게 할 수 있다.' 어쩌면 이것이 본래 취지였을 것이다.

5. ?"Her name isn't Moira and his Jon — it's the other way round: his name is Jon and hers is Moira". 이것은 말이 안 된다; 그러므로 예 (8.12e)는 순서의 함축을 전달하지 않는다. 만일 여러분이 이와 같은 부인이 그럴 듯하게 일어날 수 있는 이상한 시나리오를 그려볼 수 있다면, 예 (8.12e)가 그 맥락에서는 순서를 함축할 것이다.

6. *It seeped into the basement*와 그것의 부정 *It didn't seep into the basement*는 둘 다 '그것이 유동성 물질(유체)이었다'는 추론을 산출한다. 이 추론은 취소될 수 있다. 예를 들어 *It didn't* ^{v}*seep into the basement; wet rot is a fungus; it GREW there*. 나아가, 문장에서의 추론을 동사 *tell*로 보고하는 것은 부적절하다. 만일 X가 *It seeped into the basement*라고 말한다면, 이것을 다른 사람에게 *X told that the stuff in the basement was a fluid*라고 보고하는 것은 잘못일 것이다. 그보다는 *X spoke about the stuff in the basement as if it was a fluid*라고 말하는 것이 나을 것이다. 이 세 가지 이유로, 이 추론은 전제다. '그것이 지하실로 천천히 들어갔다'는 추론은 함의인데, 그 이유는 그것이 모순 없이 취소될 수 없기 때문이다 (**It seeped into the basement in a sudden rush*). 그리고 그 문장의 부정 짝으로부터 추론될 수 없기 때문이다(*It didn't seep into the basement*). *tell*을 함의를 보고하기 위해 사용하는 것이 아무 문제가 없다는 것에 유의하라. 만일 X가 나에게 *It seeped into the basement*라고 말한다면, 이것을 다음 문장을 이용하여 보고하는 것은 아무런 문제가 없을 것이다. *X told me that it went into the basement slowly.*

7. 버스 운전자에게 담배를 피우지 말도록 하는 경고 화행이 감사 화행의 부

분으로 제시함으로써 누그러뜨려지고 있다. 감사는 수신자가 버스 회사에 의해 감사를 받을 무슨 일을 한 것으로 전제한다. 그런 완화가 없다면, 담배 피우는 습관이 없는 승객들이 마치 그들이 담배를 피우지 말도록 경고 받을 필요가 있다는 명백한 추정에 의해 모욕감을 느낄 수도 있을 것이다.

8. (a) 질문, 명령. (b) 명령, 제안. (c) 질문, 진술. (d) 진술, 동정이나 위로의 표현. (e) 명령, 진술. (f) 명령, 위로의 표현. (g) 질문, 진술('I have never let you down'과 동치로, 이것은 수사적 질문(rhetorical question)이라고 불리는 것이다). (h) 진술, 추천.

9. 고유명칭들은 대개 그 이름의 소유자의 존재에 대해 인지하고 있음을 전제한다. 대화가 진행되면서, B가 Brooke Shields에 대해 이전에 들어본 적이 없고, 따라서 시도된 지시가 실패했으며, 그것의 전제가 충족되고 있지 않음이 명백해졌다. (이름이 존재 전제를 유발하지 않을 문장들도 있다. 예를 들어, *I wonder if anyone would call their child Able Baker Charlie?*)

제9장

1. 그 전에 그 사람에 대해 들어본 적이 있고 그를 만나는 것을 생각할 수 있을 법한 대부분의 사람들에게 적어도 이 세상에 있는 Hamish Hendersons 가운데 한 사람이 충분히 저명했다. 그는 담화의 시작에서부터 잠재적인 화제였다. 사람들의 이름들은 정관사 *the*가 쓰이지 않고도 한정적인 것으로 여겨진다. *the Hamish Henderson*이라고 말하면서 필자는 필자가 이미 그 이름을 가진 주목할 만한 사람에 대해 알았다는 것을 나타내고 있었다. 그의 반응은 그런 이름을 가진 사람이 많다는 것을 암시하면서 그것을 억제했다.

2. 각자가, 곧 바로 한정적 지시를 정당화해 주는, 하나의 머리를 가지고 있다는 점은 원형적인 대화자들에 대해 합리적인 가정이다. 그리고 걸음에 대한 경고는 수신자가 그것을 직접적으로 경험하는 것이 가능한 상황 — 예

를 들면 눈으로 보거나, 막대기로 두들겨보거나 해서 — 에서 전형적으로 주어질 것이고, 그 다음에는 더 많은 수고 없이 다시 그것을 배경의 일부로 만들 것이다. 답은 단순히 이 종류의 경고들이 서둘러 공표되어야 했을 것이라는 것이 아니다. 위험이 쉽게 닥치기 어려운 곳에서는 비한정적인 것이 완벽히 가능할 것이다: *Careful, there's a snake in there.*

3. (이 장에서 논의된 종류의) 전제들은 유사 분열문에 대해서나 도치된 유사 분열문에 대해서나 동일하다. 주어진 예는 'Something hit the sofa'를 전제한다.

4. "No, you're wrong: Lucy borrowed the DICtionary."나 "No, you're wrong: it was the DICtionary that Lucy borrowed."는 둘 다 Tom을 바로잡는 합리적인 방법들이다. 그것들 둘 다 시나리오 (b)에 관련되는데, 거기에서 Lucy는 지도는 아니지만 무엇을 빌렸다. Tom의 *it*-분열문은 'Lucy borrowed something'을 전제하고 그것은 시나리오 (a)보다는 (b)에 더 가깝다.

5. (9.11)에 있는 예들의 취지는 능동문과 피동문이 서로 함의한다는 것이었다. (9.11c)에 나타난 피동문으로부터의 함의는 그 자체가 (9.12a)에 제시된 덜 제보적인 문장을 함의한다. 즉 *The conspirators liked the scheme*이 'Someone liked the scheme'을 함의한다. 덜 제보적인 것이 (9.12a, a')에서 제시되어야 했던 것은, 왜냐하면 거기에 있었던 문제가 *The scheme was liked by the conSPIrators*에 의해 전제되어 있는 것 — 단순히 함의되어 있다고 하기보다는 — 이었기 때문이다. 전제는 문장 그 자체뿐만 아니라 그것의 부정으로부터도 추론될 수 있는 것이다. 부정문 *The scheme wasn't liked by the conSPIrators*는 실제로는 'The conspirators liked the scheme'과 모순이 된다. 그러나 그 부정문은 'Someone liked the scheme' 이라는 추론(함축으로서; 8장을 보라)을 허용한다. 그것은 긍정문으로부터의 인용된 덜 제보적인 함의와 동일한 것이다. ((9.12a')의 부정문으로부터의 추론은 함의라기보다는 함축이다. 왜냐하면 그것은 취소될 수 있기 때

문이다: *The scheme wasn't liked by the conSPIrators; and, to be honest, nobody liked it*.)

6. 만일 *it*-분열문으로 된 질문이 단 한 사람에게 건네어진 것이면, 그것은 'only one came by coach'를 전제한다. 만일 그것이 집단에게 건네어지면, 그것은 'only one group came by coach'를 전제한다. 이것은 "총망라성(exhaustiveness)"이다. 그것은 *it*-분열문을 이 장에서 논의된 다른 구조들과 구별하는 의미의 특질로서 말하여진 것이다.

관련 논저 목록

Bibliography

Austin, J. L. (1962), *How to Do Things with Words*, Oxford: Oxford University Press.

Biber, Douglas, Stig Johansson, Geoffrey Leech, Susan Conrad and Edward Finegan (1999), *Longman Grammar of Spoken and Written English*, Harlow: Pearson.

Blakemore, Diane (1992), *Understanding Utterances: an Introduction to Pragmatics*, Oxford: Blackwell.

Cann, Ronnie (1993), *Formal Semantics*, Cambridge: Cambridge University Press.

Croft, William and Alan Cruse (2004), *Cognitive Linguistics*, Cambridge: Cambridge University Press.

Cruse, Alan (2000), *Meaning in Language*, Oxford: Oxford University Press.

Dowty, David (2000), '"The garden swarms with bees" and the fallacy of "argument alternation"', in Y. Ravin and C. Leacock (eds), *Polysemy: Theoretical and Computational Approaches*, Oxford: Oxford University Press, pp. 111-28.

Fellbaum, Christine (2000), 'Autotroponymy', in Y. Ravin and C. Leacock (eds), *Polysemy: Theoretical and Computational Approaches*, Oxford: Oxford University Press, pp. 52-67.

Giegerich, Heinz J. (1992), *English Phonology: an Introduction*, Cambridge: Cambridge University Press.

Grandy, Richard, E. (1987), 'In defense of semantic fields', in E. LePore(ed.), *New*

Directions in Semantics, London: Academic Press, pp. 259-280.

Grant, Lynn and Laurie Bauer (2004), 'Criteria for re-defining idioms: are we barking up the wrong tree?' *Applied Linguistics*, 25: 38-61.

Grice, H. Paul (1975), 'Logic and conversation' in P. Cole and J. L. Morgan (eds), *Syntax and Semantics*, vol. 3, New York: Academic Press, pp 41-58.

Grice, H. Paul (1989), *Studies in the Ways of Words*, Cambridge, MA: Harvard University Press.

Griffiths, Patrick (1986), 'Early vocabulary', in P. Fletcher and M. Garman (eds), *Language Acquisition*, 2nd edn, Cambridge: Cambridge University Press, pp. 279-306.

Groefsema, Marjolein (1995), '*Can*, *may*, *must* and *should*: a relevance theoretic account', *Journal of Linguistics*, 31: 53-79.

Grundy, Peter (2000), *Doing Pragmatics*, 2nd edn, London: Edward Arnold.

Horn, Laurence R. (1984), 'Toward a new taxonomy for pragmatic inference: Q-based and R-based implicature', in D. Schiffrin (ed.) *Meaning, Form and Use in Context (Georgetown University Round Table on Language and Linguistics)*, Washington: Georgetown University Press, pp. 11-42.

Huddleston, Rodney and Geoffrey K. Pullum (2002), *The Cambridge Grammar of the English Language*, Cambridge: Cambridge University Press.

Imai, Mutsumi (2000), 'Universal ontological knowledge and a bias toward language-specific categories in the construal of individuation', in S. Niemeyer and R. Dirven (eds) *Evidence for Linguistic Relativity*, Amsterdam: Benjamins, pp. 139-60.

Kearns, Kate (2000), *Semantics*, Basingstroke: Macmillan.

Keenan, Edward L. (1996), 'The Semantics of determiners', in S. Lappin (ed.), *The Handbook of Semantic Theory*, Oxford: Blackwell, pp. 41-63.

Klein, Wolfgang (1992), 'The present perfect puzzle', *Language*, 68: 525-52.

Lappin, Shalom (2001), 'An Introduction to formal semantics', in M. Aronoff and J. Rees-Miller (eds) *The Handbook of Linguistics*, Oxford: Blackwell, pp. 369-93.

Leech, Geoffrey, Paul Rayson and Andrew Wilson (2001), *Word Frequencies in Spoken and Written English*, Harlow: Pearson Education.

Levin, Beth and Malka Rappaport Hovav (1998), 'Morphology and lexical semantics', in A. Spencer and A. M. Zwicky (eds), *The Handbook of Morphology*, Oxford: Blackwell, pp. 248-71.

Levinson, Stephen C. (2000), *Presumptive Meanings: the Theory of Generalized Conversational Implicature,* Cambridge, MA: MIT Press.

Lycan, Williams G. (2000), *Philosophy of Language*, London: Routledge.

Lyons, John (1977), Semantics, 2 vols, Cambridge: Cambridge University Press.

McArthur, Tom (1992), *The Oxford Companion to the English Language*, Oxford: Oxford University Press.

McMahon, April (2002), *An Introduction to English Phonology*, Edinburgh: Edinburgh University Press.

Miller, George A. and Christiane Fellbaum (1991), 'Semantic networks of English', *Cognition*, 41: 197-229.

Miller, Jim (2002), *An Introduction to English Syntax*, Edinburgh: Edinburgh University Press.

Palmer, Frank (1990), *Modality and the English Modals*, 2nd edn, London: Longman.

Papafragou, Anna (2000), *Modality: Issues in the Semantics-Pragmatics Interface*, Amsterdam: Elsevier.

Quirk, Randolph, Sidney Greenbaum, Jan Svartvik and Geoffrey Leech (1985), *A Comprehensive Grammar of the English Language*, London: Longman.

Roach, Peter (2000), *English Phonetics and Phonology*, 3rd edn, Cambridge: Cambridge University Press.

Rooth, Mats (1996), 'Focus', in Shalom Lappin (ed.) *The Handbook of Contemporary Semantic Theory*, Oxford: Blackwell, pp. 271-97.

Saeed, John I. (2003), *Semantics*, 2nd edn, Oxford: Blackwell.

Searle, John R. (1975), 'Indirect speech acts', in P. Cole and J. L. Morgan (eds), *Syntax and Semantics*, vol. 3, New York: Academic Press, pp. 59-82.

Searle, John R. (1979), *Expression and Meaning: Studies in the Theory of Speech Acts*, Cambridge: Cambridge University Press.

Sperber, Dan and Deirdre Wilson (1995), *Relevance: Communication and Cognition*,

2nd den, Oxford: Blackwell.

Stalnaker, Robert C. (1999), *Context and Content*, Oxford: Oxford University Press.

Stern, Josef (2000), *Metaphor in Context*, Cambridge, MA: MIT Press.

Swart, Henriëtte de (1998), *Introduction to Natural Language Semantics*, Stanford: CSLI.

Swart, Henriëtte de and Helen de Hoop (2000), 'Topic and Focus', in Lisa Cheng and Rint Sybesma (eds), *The First Glot International State-of-the-Article Book*, Berlin: Mouton de Gruyter, pp. 105-30.

Tenny, Carol (2000), 'Core events and adverbial modification', in C. Tenny and J. Pustejovsky (eds), *Events as Grammatical Objects: the Converging Perspectives of Lexical Semantics and Syntax*, Stanford, CA: CSLI, pp. 285-334.

Tenny, Carol and James Pustejovsky (2000), 'A history of events in linguistic theory', in C. Tenny and J. Pustejovsky (eds), *Events as Grammatical Objects: the Converging Perspectives of Lexical Semantics and Syntax*, Stanford, CA: CSLI, pp. 3-37.

Trask, R. L. (1993), *A Dictionary of Grammatical Terms in Linguistics*, London: Routledge.

Traugott, Elizabeth Closs (2000), 'Semantic change: an overview', in L. Cheng and R. Sybesma (eds), The Fir*st Glot International State-of-the-Article Book*, Berlin: Mouton de Gruyter, pp. 385-406.

van der Auwera, Johan and Vladimir A. Plungian (1998), 'Modality's semantic map', *Linguistic Typology*, 2: 79-124.

Vendler, Zeno (1967), 'Verbs and times', *Linguistics in Philosophy*, Ithaca, NY: Cornell University Press, pp. 97-121.

Verschueren, Jef (1999), *Understanding Pragmatics*, London: Arnold.

Wales, Roger (1986), 'Deixis', in P. Fletcher and M. Garman (eds), *Language Acquisition*, 2nd edn, Cambridge: Cambridge University Press. pp. 401-28.

Wilson, Deirdre and Dan Sperber (2004), 'Relevance theory', in L. R. Horn and G. Ward (eds), *The Handbook of Pragmatics*, Oxford: Blackwell, pp. 607-32.